Rolf Esser

Hardware
Software
Klangdateien

Impressum

Autor: Rolf Esser © 2024
Umschlaggestaltung, Layout, Grafik: Rolf Esser © 2024

Druck und Distribution im Auftrag des Autors:
tredition GmbH, Heinz-Beusen-Stieg 5, D-22926 Ahrensburg

ISBN Paperback: 978-3-384-19669-9

Rolf Esser

Hardware
Software
Klangdateien

Acht Einheiten zum
Thema „Musik und Computer"

Inhalt

Einleitung

Immer öfter fragen sich Erzieher und Lehrer heute, was Kinder und Jugendliche eigentlich antreibt. Das mag daran liegen, dass der Altersunterschied zwischen Pädagogen und den ihnen Anbefohlenen in den letzten Jahrzehnten ständig größer geworden ist, da junge Lehrer kaum eingestellt wurden. Es liegt sicherlich aber auch daran, dass wir in einer Zeit kultureller Ambivalenz leben. Einerseits wird Bildung immer noch im Sinne eines traditionellen Werte-kanons begriffen, andererseits stehen diesen Werten völlig andere Lebenspläne und -umstände gegenüber. Am Beispiel des Familienbegriffs lässt sich dies leicht nachvollziehen. Patch-work-Familien lassen sich kaum einordnen in das unterschwellig immer noch vorhandene, aber überkommene Familienbild früherer Generationen. Und allein erziehende Mütter und Väter sind heute fast zur Regel geworden.

Die gesellschaftliche Landschaft und damit das, was die Kultur dieser Gesellschaft ausmacht, ist unübersichtlich geworden. In einem solchen Umfeld müssen Kinder und Jugendliche ihren Platz suchen. Wenn es nur das wäre! Gleichzeitig müssen sie sich orientieren in einer media-len Welt, in der das Image wichtiger geworden ist als das reale Sein. Sie sind einer Flut von Eindrücken ausgesetzt, die nicht als Angebot, sondern als Forderung daher kommen. Es gilt „in" zu sein und daher „muss" man diese oder jene Voraussetzung erfüllen. Das fängt an bei der angesagten teuren Markenkleidung, die in Massen ganz individuell gekauft auf diese Wei-se zur Uniform wird. Ähnlich ist es mit dem Handy-Boom. Das Handy muss abgefahren, hip und cool sein, um einmal im aktuellen Code zu bleiben. Und es muss Eigenschaften haben, die weit jenseits dessen sind, was man bisher unter „Telefon" verstanden hat. Ein Handy ist Statussymbol und Sozialisierungsinstrument zugleich.

Schon Arno Plack hat in den 1960er-Jahren sinngemäß formuliert, dass eine Gesellschaft ge-nau das bekommt, was sie verdient. Nach der *Shell Jugendstudie 2000* wirken sich soziale Ungleichheiten für Jugendliche im Familienleben und im Freizeitbereich aus. Es überrascht nicht, dass der Rat Gleichaltriger oft wichtiger als der der Eltern ist. In diesem Zusammen-hang wirkt das Handy sozialisierend, denn die Peergroups definieren sich über ihre Kontakte innerhalb der Medien.

Tatsächlich haben Jugendliche Interessen, die der Komplexität der heutigen Gesellschaft ent-sprechen und die Ältere zu ihrer Zeit gar nicht haben konnten, weil es die Möglichkeiten dazu nicht gab. Mit Medien gehen sie wie selbstverständlich um, der Computer ist für sie ein Handwerkszeug wie früher für Opa der Gartenspaten. Damit kennen sie sich aus und lassen auf diesem Gebiet so manchen ihrer Lehrer „alt" aussehen. Über die Massenmedien wie Fern-sehen und Internet holen sich Jugendliche heute Informationen und Impulse für ihre Freizeit-gestaltung, die wiederum maßgeblich für ihre Persönlichkeitsentwicklung ist. Das kann in Konkurrenz zu den Einflüssen des Elternhauses und der Schule stehen. Aber auch hier zeigt sich: Die soziale Herkunft gibt den Ausschlag für das gesamte Freizeitverhalten.

In gut situierten Familien beschäftigen sich Jugendliche eher mit Lesen oder mit kreativen künstlerischen Aktivitäten. Jugendliche aus sozial benachteiligten Familien hingegen verwirk-lichen sich in der Gleichaltrigengruppe. Besonders männliche Jugendliche aus der Unter-schicht verbringen ihre Freizeit vorrangig mit Computerspielen und Fernsehen. Oft hat dies gravierende negative Folgen im Hinblick auf Schule und Berufsausbildung. Den sozialen Schichten entsprechend gestaltet sich auch das Gesundheitsverhalten Jugendlicher. Ungesun-de Ernährung, mangelnde körperliche Bewegung und regelmäßiges Zigarettenrauchen ist un-ter Jugendlichen aus der Unterschicht weit häufiger verbreitet als in höheren Sozialschichten.

Eine weitere Studie des Münchner Meinungsforschungsinstituts *Iconkids & Youth* zeigt ebenfalls das ambivalente Gesicht unserer Gesellschaft. Laut Armutsbericht der Bundesregierung 2008 ist inzwischen jeder vierte Deutsche arm oder er muss durch staatliche Leistungen vor Armut bewahrt werden. Das betrifft natürlich auch und gerade die Kinder und Jugendlichen. Andererseits - so die Studie - hat die Jugend so viel Geld wie nie. Mehr als 22 Milliarden Euro haben die Sechs- bis 19-Jährigen pro Jahr zur Verfügung. Davon geben sie das Meiste (4,4 Milliarden Euro) für Kleidung aus, an zweiter Stelle folgen die Ausgaben für Unterhaltung und Vergnügen, den dritten Platz nehmen mit 2,2 Milliarden Euro die Handykosten ein. Eben so viel Geld sparen die Jugendlichen aber auch.

Diese Angaben decken sich weitgehend mit Untersuchungen zum Freizeitverhalten Jugendlicher. Medien und soziale Kontakte untereinander spielen eine große Rolle.

Freizeitbeschäftigung	Angaben in %
selbst Musik machen	17,7
Telefonieren	36,8
Computer spielen	41,7
Einkaufen / Bummeln gehen	54,9
Fernsehen / Video / DVD ansehen	63,5
Internet surfen / E-Mails / chatten	66,3
Musik hören	81,9
sich mit Freunden treffen	85,4

Musik hat offensichtlich eine große Bedeutung im Leben der Jugendlichen, allerdings nur in Form des Konsums. Es ergibt sich die Frage, wie man die offensichtliche Medienkompetenz der jungen Menschen in einen qualifizierten und qualifizierenden Musikunterricht einbinden kann. Schaut man sich einmal die Richtlinien Musik für die Hauptschule NRW an, so traut man seinen Augen nicht. Sie stammen. Dort ist in der Ausgabe von 1989 unter „Aufgaben und Ziele" die Rede von „Lied und Stimme" und „der Freude im musikalischen Umgang z. B. mit dem Geburtstags-, Tanz- oder Wanderlied". Am modernsten geht es noch in den Richtlinien Musik für die Gesamtschule NRW von 1999 zu. Auffällig ist allerdings, dass in allen diesen Unterrichtkonstrukten die derzeitige Befindlichkeit der Jugendlichen kaum einbezogen wird. So muss ein an den Interessen Jugendlicher ausgerichteter Musikunterricht schon von der Ausgangslage her scheitern.

Zeitgemäßer Musikunterricht kann nur erfolgreich sein, wenn er die Kinder und Jugendlichen mitnimmt, indem er ihre Interessen aufgreift und diese umleitet in eine ergebnisorientierte praxisbezogene Arbeit. Jugendliche können mit Medien hervorragend umgehen, also müssen Medien unbedingt ins Zentrum auch des Musikunterrichts rücken. Auf dem (Um)weg über die Medien aber kann man fast problemlos sogar zu Mozart, Ravel und Cage gelangen. Und Lehrer und Schüler finden über die gemeinsame Sache wieder zueinander. Vielleicht ein wenig zu optimistisch gedacht, aber wir sollten es zumindest versuchen. Dazu soll dieses Werk anleiten, das weniger als Aufgaben- oder Übungssammlung, sondern als Handbuch zum Einstieg in die Musikwelt des Computerzeitalters zu verstehen ist.

Zur Geschichte der Computermusik

Bereits in früheren Jahrhunderten hat man sich schon Gedanken über die Zusammensetzung von Musik gemacht. So wurde im 17. Jahrhundert der Zusammenhang von Musik und Zahlenordnungen betrachtet und es gab erste Überlegungen zu mechanischen Musikinstrumenten, etwa in den Schriften des Jesuitenpaters und Musikgelehrten Athanasius Kircher oder von Caspar Schott.

Mit Musikautomaten beschäftigte man sich nach 1770 besonders in Frankreich, England und der Schweiz. So baute der Franzose Jacques de Vaucanson 1737 einen mechanischen Flötenspieler, der ein Repertoire von zwölf Liedern hatte und auf einer mechanischen Stiftwalze mit zwei Bewegungsrichtungen basierte.

Auch der Name Mozart taucht in diesem Zusammenhang auf. Er soll sich ein „Musikalisches Würfelspiel" ausgedacht haben, eine „Anleitung, Walzer oder Schleifer mit zwei Würfeln zu componieren ...". Übertragen auf einen Computer bedeutet das, der Computer würfelt, indem er Zufallszahlen erzeugt. Die gewonnenen Zahlen entsprechen Noten. Gleichzeitig werden Regeln programmiert, nach denen die „gewürfelten" Noten ausgewählt werden. Solche Regeln können sich an Harmonien orientieren oder an Tonfolgen. Mathematiker haben darauf hingewiesen, dass musikalische Experimente aufgrund mathematischer Gesetzmäßigkeiten möglich sind, etwa die von dem russischen Mathematiker Andrei Andrejewitsch Markow eingeführten Markow-Ketten, die sich mit Übergangswahrscheinlichkeiten einzelner Elemente beschäftigen.

Folgerichtig wurde der vierte Satz der ersten entstandenen Computerkomposition (1955/1956), die Illiac-Suite für Streichquartett von Lejaren A. Hiller und Leonard M. Isaacson, auch „Markow Chain Music" benannt. In dieser Komposition dominieren Kompositionsregeln wie sie etwa in der Zwölftontechnik angewendet werden. Bei Hillers zweitem Projekt, der „Computer Cantata", kam ein spezielles Kompositionsprogramm namens „MUSICOMP" zur Anwendung.

Weitere Experimente in den USA zur computerisierten Musik fanden große Beachtung. Im Zuge der Erforschung der Klangsynthese machte sich Max V. Matthews einen Namen. Mit dem Programm „MUSIC" konnten Klänge erzeugt und moduliert werden. Unter dem Titel „The Technology of Computer Music" lieferte Matthews eine gründliche Beschreibung der Programmiersprache „MUSIC V", die in den 1970er Jahren auf dem Gebiet der Computer-Klangsynthese Maßstäbe setzte. Max Matthews war es auch, der 1970 zusammen mit John R. Pierce den ersten Hybrid-Synthesizer (analog/digital) baute, den „GROOVE".

Ende der 1970er Jahre ging man dazu über, Systeme zu entwickeln, bei denen ein Computer einen anderen Klang-Computer steuerte. Hervorzuheben sind hier die Arbeiten des englischen Electronic Music Studios und des Pariser Klangforschungsinstitut IRCAM. Giuseppe di Giugno entwickelte dort ab 1976 mehrere digitale Synthesizer unter Beratung von Pierre Boulez. An der Universität Toronto wurde der SSSP-Digital-Synthesizer von einer Forschungsgruppe konstruiert. In Australien wurde der Fairlight CMI entworfen. Gleichzeitig wurde von den Amerikanern Jon Appleton, Sydney Alonso und Cameron Jones das Synclavier entwickelt.

Anfang 1983 einigten sich führende Hersteller der Musikindustrie auf einen einheitlichen Standard, um die Vernetzung und Steuerung von Computern und elektronischen Musikinstrumenten zu ermöglichen. Es entstand die Schnittstelle „Musical Instrument Digital Interface", kurz MIDI, gleichzeitig auch ein Verfahren zur Aufzeichnung von Daten.

Immer mehr Komponisten gingen dazu über, Computer für Kompositionen einzusetzen. Rechnergenerierten Partituren entstanden mit Hilfe der Partitursynthese. Ausgangspunkt war die Erkenntnis, dass in jeder schematische Komposition wie etwa dem Kontrapunkt Algorithmen stecken. Programmiersprachen wie Fortran dienten dazu, solche strukturellen Gesetzmäßigkeiten in Programme zu gießen.

Klangerzeugung

Parallel zur Computerentwicklung wurde auch die Musikelektronik immer leistungsfähiger. Die fortschreitende Digitalisierung ermöglichte nun neue Verfahren der Klangerzeugung. Als Beispiele seien additive Synthese und Frequenzmodulation genannt.

Unter **additiver Synthese** versteht man die Möglichkeit, Klänge (= Kurven) durch Addition einzelner Töne (= Sinuskurven) zusammenzusetzen. Durch Auswahl und Variation z. B. der Amplitude[1] der einzelnen Kurven ergibt sich eine Vielzahl von verschiedenen Klängen. Das Problem ist jedoch, dass sich ein Klang, z. B. der auf dem Klavier angeschlagene Ton a' (mit der Grundschwingung 440 Hz), während seiner Dauer ändert. Ein echter Klavierklange kann durch eine solche einfache Synthese nicht entstehen. Beachtet werden muss zum Beispiel, wie lange es braucht, bis sich der Ton aufgebaut hat (Einschwingvorgang). Zusätzlich trägt farbiges Rauschen, das aus fast unendlich vielen Teilschwingungen mit einem Frequenzmaximum besteht, in besonderem Maße zum Klang bei.

1. Additive Synthese von Frequenz 1 und Frequenz 2

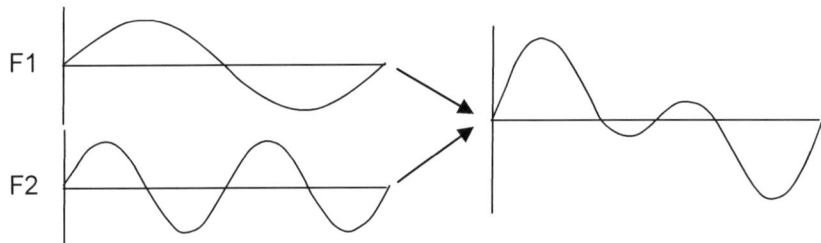

2. Frequenzmodulation von Frequenz 2 durch Frequenz 1

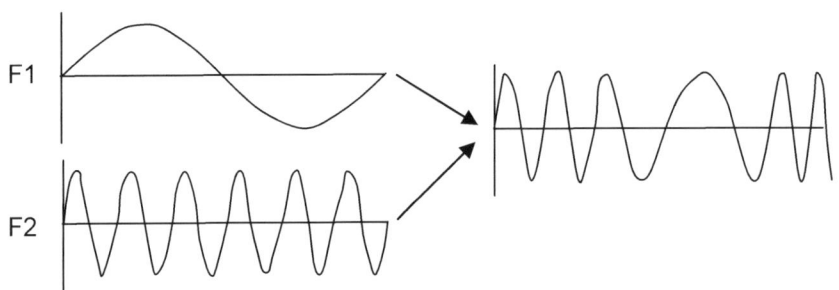

Besonders wichtige Merkmale von Toneigenschaften sind die zeitlichen Unterschiede beim Auf- und Abbau von Obertönen. Obertöne sind Schwingungen, die ein Vielfaches des Grundtones betragen. Obertöne bestimmen wesentlich die Klangfarbe, beschrieben etwa mit Bril-

---

[1] Amplitude = Schwingungsweite, Ausschlag

lanz bzw. Dumpfheit, Helligkeit, Schärfe, Spitze beschrieben. All dies muss bei einer digitalen Klangerzeugung abgebildet werden. Für eine vollwertige additive Synthese ist die separate Beeinflussung aller Merkmale notwendig. Ob eine gemeinsame Hüllkurve[2] für alle Obertöne, oder die einzelne Programmierung für mehrere Obertöne eines Klanges - die Klangergebnisse unterscheiden sich deutlich in der Qualität. Mit zunehmender Rechenleistung der Computer(instrumente) gelingt das immer besser, wenngleich die natürliche Tonerzeugung dem immer noch voraus ist.

Die Synthese eines Tones durch **Frequenzmodulation** ist weniger aufwändig als die additive Klangsynthese und außerdem eine flexiblere Technik. Ändert sich die Frequenz eines Tones in gleichmäßigen Abständen (periodisch), so bezeichnet man diese Tonhöhenschwankungen als Vibrato. Man sagt, der Ton sei frequenzmoduliert. Nähern sich **Trägerfrequenz** und **Modulationsfrequenz**, so ergeben schon wenige Wellenformen vielerlei Ergebnisse. Träger- und Modulationsschwingung können bei der Frequenzmodulation aus jeder Art von Schwingung bestehen, sodass sich so völlig neue Klänge synthetisieren lassen.

Weitere Möglichkeiten digitaler Klangerzeugung:

* Amplitudenmodulation
* Wellenform-Synthese
* Physical Modelling
* Sound-Sampling
* Granularsynthese (Glisson-Synthese, Pulsar-Synthese)

Sampling

Ein weiterer wichtiger Baustein in der Geschichte heutiger Computermusik ist das Sampling. Sound-Sampling ist ein digitales Verfahren zur Speicherung von Klängen. Wellenformen (Frequenzen) werden dabei durch entsprechende Wandler in binären Code (Computercode) umgewandelt. Das war nur möglich durch den enormen Zuwachs der Speicherkapazitäten von Computern und digitalen Instrumenten.

Begonnen hat das Zeitalter des Sampling 1979 mit den bereits oben erwähnten sündhaft teuren Systemen Fairlight CMI und Synclavier. 1981 kam der Emulator hinzu. Mitte der 1980er Jahre wurden Sampler wie der Ensoniq Mirage oder der Akai S-612 auch für Bands und Einzelmusiker (z. B. für Homerecording) erschwinglich. So konnte man nun mit einem Sampler selbst aufgenommen Klängen nutzen, aber auch den Klang anderer Musikinstrumente im Studio und auf der Bühne simulieren. Endlich konnte der Keyboarder nahezu natürlich klingende klassische Instrumente wie Streicher und Bläser per Tastatur spielen. Die synthetischen Sounds elektronisch gesteuerter Drum-Machines wurden durch gesamplete echte Schlagzeugklänge ersetzt, die dann direkt oder mit einer automatischen Rhythmik abgerufen werden konnten.

Die Sample-Technik wurde immer erschwinglicher. Viele Firmen brachten entsprechende Geräte heraus. Die Popmusik der 1980er Jahre war geprägt von Sample-Sounds. Ab Mitte der 1990er Jahren war Sampling im 16Bit-Format Standard. In der Studiotechnik professioneller Musikstudios hielt Ende der Neunziger die digitale Aufnahmetechnik endgültig Einzug. Heutzutage werden Samples meist direkt am Computer verwaltet und mit Hilfe eines Audio-Sequenzers oder Software-Samplers abgespielt, wodurch die Hardware-Sampler weitgehend aus den Studios verschwunden sind. Bandmaschinen findet man in den Studios kaum noch,

---

[2] Hüllkurve = im Musiksynthesizer eine Steuerspannung für den Verlauf der Lautstärke oder Klangfarbe eines Tons

wobei man betonen muss, dass es durchaus noch Freunde analoger Klänge gibt, die auf die alte Technik setzen, weil sie vermeintlich oder tatsächlich wärmer klingt.

A. Lerneinheiten

1. Einheit - Der Computer

1.1 Der Computer wird zur Musikstation

Jeder, der einen Computer[3] besitzt, weiß, dass man damit Musik wiedergeben kann. Selbst aus einem Notebook erschallen Klänge, denn es enthält kleine Lautsprecher zur Wiedergabe. Der große PC[4] hat entweder einen Monitor mit Lautsprechern, oder es stehen neben dem Monitor auf dem Schreibtisch kleine Spezialboxen. Nicht zuletzt kann der Computer auch direkt mit einem Kopfhörer oder der Stereoanlage verbunden werden.

Schon beim Einschalten meldet sich etwa ein Betriebssystem wie Windows XP mit einem markanten Klang. Ist der Computerfreund dann im Internet unterwegs, stößt er oft genug auf Webseiten mit Soundbeilage[5]. Gerade wegen der Musik sind Jugendliche ja gerne im Internet. Auf Plattformen wie *MySpace* kann man ohne Ende Musik anhören. Bei *YouTube* können Musikvideos angeschaut werden und anderswo kann man Musik auch direkt legal herunter laden. All das - wohlgemerkt -, weil der Computer in der Lage ist, die entsprechenden Signale aufzufangen und hörbar oder sichtbar zu machen.

Warum kann der Computer so gut mit Musik umgehen? Um diese Frage zu beantworten, müssen wir zunächst einmal genau unterscheiden zwischen dem Hören von Musik am PC und der Verarbeitung von Musik durch den PC. Wir hören Musik immer noch mit unseren Ohren durch entsprechende Schallwandler wie Lautsprecher oder Kopfhörer. Anders gesagt: Wir hören die in Luftschwingungen umgewandelten elektrischen Signale. Musikhören ist ein analoger[6] Vorgang. Musik als Schallereignis ist technisch gesehen immer analog. Bei den früheren Vinyl-Schallplatten konnte man dies förmlich sehen. Der Schall wurde in eine Schallplattenrille gepresst, die wiederum von einer Nadel abgetastet wurde.

Anders verhält es sich mit Musik, die der Computer verarbeitet. Wir kennen es ja von der Audio-CD. Da gibt es keine Rille, sondern die Signale werden für das Auge unsichtbar durch winzige Vertiefungen (Pits) und Flächen (Lands) dargestellt. Diese Signale sind digitaler[7] Art. Der Computer verarbeitet ausschließlich digitale Werte. Aus dem ursprünglichen analogen Schallsignal eines Musikereignisses wird durch Umwandlung ein digitaler Wert, der sich etwa in den Kombinationen von Zahlen ausdrückt. Ein solches Zahlenmuster bezeichnet man als Binärcode[8], ein Code, mit dem Nachrichten durch Abfolgen von zwei verschiedenen Symbolen (zum Beispiel 1/0 oder wahr/falsch) dargestellt werden können. Eine Sinfonie von Beethoven, die auf CD veröffentlicht, also digitalisiert wurde, ist für den Rechner daher nichts anders als eine riese Abfolge von Nullen und Einsen (0001110010101000001111000…), auf der CD dargestellt durch Pits und Lands.

Wir halten fest:

1. Wir hören Musik als analoges Schallereignis, das durch Luftschwingungen an unser Ohr gelangt.
2. Wir speichern und verbreiten heute Musik überwiegend in digitalisierter Form.
3. Der Computer als digitales Medium ist gut geeignet für den Umgang mit digitaler Musik.

---

[3] Computer = von lat.: computare, zusammenrechnen
[4] PC = Personal Computer (persönlicher, privater Computer)
[5] Sound = Klang
[6] analog = entsprechend, gleichartig
[7] digital = von lat. *digitus* = Finger; mit Fingern zählend
[8] Code = Vorschrift zur Nachrichtenübertragung; binär = zweiteilig, aus zwei Einheiten bestehend

1.2 Analog - digital

Wenn aus dem Internet Musik auf unseren Computer gelangt, so sind die Musiksignale zunächst analog. Denn über die Telefonleitung werden Spannungszustände übermittelt, genauso wie die Lautsprecherleitung es vom Verstärker bis zum Lautsprecher tut. Damit kann der PC aber wenig anfangen, genau so wenig wie mit dem Gesang in der Grafik oben.

Damit der Computer Musik aus dem Internet oder das oben dargestellte Schallsignal „versteht", muss es für ihn gewissenmaßen übersetzt werden. Dazu dient ein **Analog-Digital-Umsetzer** oder **ADU**, oft auch als A/D-Wandler bezeichnet. Er setzt nach unterschiedlichen Methoden analoge Eingangssignale in digitale Daten um, die dann weiterverarbeitet oder gespeichert werden können.

Umgekehrt wird ein **Digital-Analog-Umsetzer** oder **DAU** (auch D/A-Wandler) verwendet, um digitale Signale in analoge Signale umzusetzen. Quelle der Signale wäre z. B. - wie oben in der Grafik dargestellt - eine CD, die angehört werden soll.

Wir halten fest:

Analoge und digitale Signale müssen jeweils in die andere Form umgesetzt und getrennt verarbeitet werden. Ein Computer enthält bereits A/D-Umsetzer und D/A-Umsetzer und kann daher mit analogen und digitalen Signalen gleichermaßen umgehen.

1.3 Hardware

Ein Computer setzt sich aus vielen Bestandteilen zusammen, die man als **Hardware** (harte Ware) bezeichnet. Mit diesem Oberbegriff ist die maschinentechnische Ausrüstung eines Systems gemeint. Der Computer ist also als System zu verstehen, in dem unterschiedliche „Maschinen" zusammenarbeiten, die von einem gemeinsamen Gehäuse zusammen gehalten werden. Diese Gehäuse können sehr unterschiedlich ausfallen und bestimmen das Aussehen des Computers. Verschwunden ist fast gänzlich das so genannte Desktop[9]-Gehäuse. Es überwiegt der Tower[10] in verschiedenen Ausformungen: Mini-Tower (klein), Midi-Tower (mittel), Maxi-Tower (groß). Bei einigen PC-Herstellern findet man auch gar kein Gehäuse mehr. Man sieht nur die Tastatur und den Monitor. Alle Computer-Innereien sind bei solchen Modellen im Monitor[11] verstaut. In Notebooks oder Laptops bildet alles zusammen eine Einheit.

PC-System

Ein komplettes Computersystem setzt sich zusammen aus dem Gehäuse (Ausnahmen siehe oben) mit den darin untergebrachten „Maschinen", dem Monitor und der Tastatur. Zudem ist für viele User[12] der PC auch ein Objekt für Experimente und modische Strömungen geworden. Case-Modding[13] ist eine solche Erscheinung. Dahinter verbirgt sich das Verändern der äußeren Erscheinungsform des PCs zwecks optischer Aufwertung. Das beginnt bei der Innenbeleuchtung mit blauen Leuchtröhren und führt mit-

---

[9] Desktop = auf dem Tisch
[10] Tower = Turm
[11] Monitor = Bildschirm
[12] User = Benutzer
[13] Case-Modding = von engl. *case* = Gehäuse, engl. modification = Veränderung

18

unter zu bizarren Ergebnissen. Das alles darf aber nicht darüber hinweg täuschen, das heutige PCs aus dem täglichen Leben nicht mehr wegzudenken sind. Im Geschäftsleben gehören sie in fast allen Berufen zum täglichen Handwerkszeug. In der Schule werden sie gleichberechtigt neben Büchern und Heften eingesetzt. Im Privatleben nehmen sie neben dem Fernseher und der Musikanlage breiten Raum ein. Der Besuch im Internet ist fast selbstverständlich geworden.

1.4 Innenleben

1.4.1 Netzteil

Wie schon angedeutet wurde, sind es ja gerade die Innereien eines Computers, die ihm seine besonderen Fähigkeiten verleihen. Ein wichtiger Bestandteil eines Rechners ist das **Netzteil**, denn ohne Strom findet kein Datenverkehr statt. Nicht unterschätzen sollte man die Leistungsfähigkeit eines Netzteils. Je mehr Komponenten man einbaut, desto mehr Strom wird benötigt. Und bestimmte hochwertige Teile ziehen besonders viel Strom. Die Leistung eines Netzteils wird in Watt (W) angegeben. Für einen gut ausgestatteten PC benötigt man schon ein Netzteil ab 350 W. Ein solches Netzteil besteht aus einem abgeschlossenen Gehäuse mit Lüftungsöffnungen. Ein eingebauter Lüfter sorgt für die stetige Abfuhr der doch sehr heißen Luft im Netzteil. Ein dicker Kabelbaum mit allen im Computer benötigten Steckverbindungen sorgt für Verbindung. Ein Anschluss fürs Netzkabel und ein Netzschalter komplettieren das Netzteil.

PC-Netzteil

1.4.2 Hauptplatine

Nun aber zu den „Maschinen", die das Computer-Innenleben ausmachen. Die grundlegende Komponente ist die **Hauptplatine** (engl. Mainboard). Auf ihr sind die einzelnen Bauteile wie Hauptprozessor (CPU), Speicher, der BIOS-Chip, Schnittstellen-Bausteine und Steckplätze für Erweiterungskarten und Speicherbausteine montiert. Wir wollen an dieser Stelle nicht weiter auf die Fachbegriffe eingehen. Suche dir ihre Bedeutung einfach im Internet. **Merken wollen wir uns:** Die Hauptplatine führt erstens alle Bestandteile des Computers zusammen und ermöglicht ihre Zusammenarbeit. Die Hauptplatine verbindet zweitens den PC mit der Außenwelt.

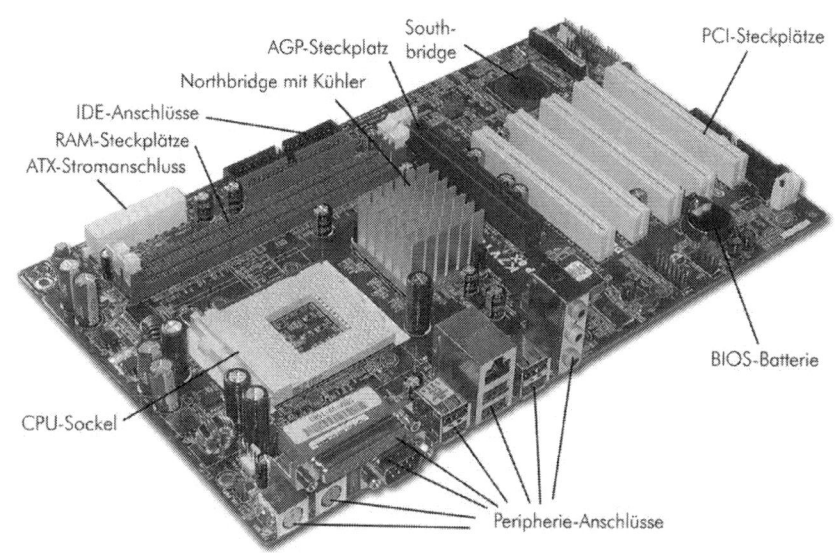

AGP-Steckplatz
South-bridge
Northbridge mit Kühler
IDE-Anschlüsse
RAM-Steckplätze
ATX-Stromanschluss
PCI-Steckplätze
BIOS-Batterie
CPU-Sockel
Peripherie-Anschlüsse

Die Leistungsfähigkeit des Rechners richtet sich nach dem Hauptprozessor, die zentrale Verarbeitungseinheit eines Computers, die in der Lage ist, ein Programm auszuführen. Zusätzlich sollte ein PC noch viel Arbeitsspeicher (RAM) aufweisen, damit heutige umfangreiche Programme schnell geladen werden können und Platz zum Arbeiten haben.

1.4.3 Prozessor

Auf der Hauptplatine hat der Prozessor (CPU[14]) seinen Sitz. Der Prozessor ist das Rechenzentrum des Computers. Von ihm hängt es ab, wie schnell die Daten verarbeitet werden. Mit aktuellen CPUs hat man sicher in einem Musik-PC keine Probleme, aber auch etwas ältere Modelle reichen meistens noch gut aus. Unbedingt sollten Marken-Prozessoren wie Intel Pentium IV oder AMD Athlon verwendet werden. Absolute Billigprozessoren, die nur für Office-Anwendungen geeignet sind, reichen vielleicht gerade für MIDI, aber nicht, wenn wir Hard Disc-Recording betreiben, also auch Audio-Aufnahmen machen. Es ist in jedem Fall ratsam, zunächst einmal den PC zu testen, den man bereits hat. Dazu kann man Demo-Versionen professioneller Musik-Software einsetzen. Falls es da hakt, muss ein neuer Computer her.

Vielfach neigen Laien dazu, sich das maximal Mögliche anzuschaffen. Bei Prozessoren wären das Exemplare in 64-Bit-Technik. Unter 64-Bit-Technik versteht man Prozessorarchitektur, deren Wortbreite 64 Bit beträgt. Mehr Geschwindigkeit erreicht man damit kaum, weil die Software auch entsprechend ausgelegt sein muss. Zwar gibt es Windows XP in einer 64-Bit-Version, bei den Anwendungen aber sieht es mager aus. Besonders im Bereich der Musik-Software wird man da derzeit kaum fündig werden. Der offensichtlichste Vorteil von 64-Bit-Prozessoren ist momentan, dass man Hauptspeichergrößen von mehr als 4 GB ansprechen kann. Andere Vorteile sind ohne optimierte Software erstmal nicht gegeben. Also macht es keinen Sinn, eine solche CPU zum entsprechend hohen Preis anzuschaffen.

Anders sieht es mit Dual Core Prozessoren aus (Pentium D bzw. Athlon Dual Core), die zwei unabhängige Prozessorkerne vereinen. Dies kann ähnlich wie beim Hyperthreading[15] zu Leistungszuwächsen führen, wenn mehrere Prozesse gleichzeitig ablaufen. Da es hierbei jedoch anders als Hyperthreading wirklich um zwei physikalisch vorhandene unabhängige Recheneinheiten geht, kann der Zuwachs der Leistung im günstigstens Fall tatsächlich 100% betragen.

1.4.4 Festplatten

Äußerst wichtige Bestandteile des Computer-Innenlebens sind Festplatten. Es ist durchaus angebracht, hier von der Mehrzahl zu reden, da im Regelfall mindestens zwei Festplatten verbaut werden.

Eine Festplatte, kurz auch HDD (von engl. Hard Disk Drive), ist ein Speichermedium, das binäre Daten auf die Oberfläche einer sich sehr schnell drehenden Scheibe schreibt. Die Scheibe besteht aus einer speziellen nicht

Innenleben einer Festplatte

---

[14] CPU = engl. Central Processor Unit
[15] Hyperthreading = Technik, die es einem 1
(unabhängig ablaufende Teile eines Progran

magnetischen Legierung (meist Aluminium), die mit einer besonders dünnen magnetisierbaren Beschichtung aus Eisenoxid oder Kobalt versehen ist. Diese Beschichtung der rotierenden Plattenoberfläche wird entsprechend der aufzuzeichnenden Information mit einem Schreibkopf magnetisiert. Umgekehrt erfolgt das Auslesen der Information durch Abtastung der Magnetisierung der Plattenoberfläche mittels des Lesekopfes. Schreib- und Leskopf bilden eine Einheit. Das Festplattengehäuse ist massiv und staubgeschützt, aber nicht luftdicht. Staub kann für irreparable Beschädigungen der Plattenoberfläche sorgen. Durch eine mit einem Filter versehene kleine Öffnung oder (bei neueren Platten) eine elastische Membran kann bei Temperaturänderungen oder Luftdruckschwankungen ein Druckausgleich erreicht werden.

Als Schnittstelle der Festplatte zum Computer war bis vor kurzem noch die parallele ATA (oder IDE, EIDE)-Schnittstelle üblich. Heute wird im Desktop-Bereich hauptsächlich die serielle SATA-Schnittstelle eingesetzt. Gegenüber dem begrenzten ATA-Standard von zwei Anschlussmöglichkeiten mit je einmal Master- und Slave-Konfiguration bietet SATA bis zu 10 Schnittstellen. Der Umstieg von der parallelen zur seriellen Schnittstelle war aufgrund der immer höheren Übertragungsgeschwindigkeiten nötig, da bei einer parallelen Datenübertragung mit zunehmender Geschwindigkeit die Laufzeitunterschiede der einzelnen Datenpakete immer größer werden. Mit SATA sind hohe Übertragungsraten nun möglich.

Neben den fest eingebauten Festplatten haben sich in jüngster Zeit externe Festplatten verbreitet, die über USB2 an den PC angeschlossen werden. Die Platten sind sehr kompakt mit einem eigenen Gehäuse und haben den Vorteil, dass man sie überall mit hinnehmen kann.

Für unseren Musik-PC sollten wir mindestens zwei möglichst große Festplatten einbauen. Eine weitere exteren Festplatte kann der Datensicherung und dem eventuellen Austausch mit anderen Musikern dienen. Die beiden internen Festplatten können im so genannten RAID-Verbund betrieben werden. Darunter ist zu verstehen, dass alle gespeicherten Inhalte einer Platte automatisch auf der anderen spiegelbildlich gesichert werden. Das bedeutet hohe Datensicherheit, ist aber vielleicht in der Einrichtung ein wenig zu kompliziert. Da es nämlich verschiedene RAID[16]-Stufen gibt, muss man schon sehr genau wissen, wie man vorgeht. Eine falsche Anordnung kann am Ende mangelnde Ausfallsicherheit und Geschwindigkeitsnachteile bringen.

Einfacher ist folgende Vorgehensweise: Man partitioniert eine Festplatte etwa so, dass drei oder vier Partitionen entstehen.

1. Partition C: - nur für das Betriebssystem und systemnahe Programme
2. Partition D: - für alle Musikprogramme
3. Partition E: - für Sound-Bibliotheken (Samples u. ä.)
4. Partition F: - für die Abspeicherung von Projekten und Songs

Die zweite Festplatte wird nur formatiert, nicht partitioniert und dient ausschließlich der Datensicherung. Auf ihr werden ein zweites Mal alle Projekte und Songs und weitere wichtige Daten abgespeichert. Zusätzlich sollte man sich ein Image-Programm anschaffen, das ganze Partitionen sichern kann (z. B. Acronis True Image Home). Dann kann man in regelmäßigen Abständen Images[17] aller Partitonen der ersten Festplatte erstellen und diese ebenfalls auf der zweiten Platte abspeichern. Auf diese Weise wird das komplette System ständig gesichert und kann bei einem eventuellen Daten-Crash wieder hergestellt werden.

---

[16] RAID = engl. Redundant Array of Independent Disks = weitläufige Anordnung unabhängiger Platten
[17] Image = engl. Bild, Abbild

1.4.5 Grafikkarte

Grafikkarte

Damit man auch sehen kann, was man am Computer macht, schließt man an die Hauptplatine einen Monitor an. Früher war dies ein unförmiger Röhrenmonitor, heute ist es meistens ein Flachbildschirm, der auch in großer Ausführung (22 Zoll) für den Normalverbraucher erschwinglich geworden ist. Möglicherweise hat die Hauptplatine schon in ihrem Chipsatz eine Grafikausgabe integriert. In der Regel jedoch will man eine höherwertige und hochauflösende Grafikausgabe. Besonders dann, wenn man auf seinem PC auch

Spiele ausführen will, ist es zwingend nötig, den Computer mit einer leistungsfähigen **Grafikkarte** zu bestücken. Grafikkarten sind im Grunde Rechner im Rechner, denn sie haben eigene Prozessoren (GPU = Graphics Processing Unit) und Speicher zur Berechnung der jeweiligen Grafikleistung, die angefordert wird. Grafikkarten werden als PC-Erweiterungskarten über die Bussysteme ISA, VLB, PCI, AGP oder über PCI-Express mit der Hauptplatine verbunden.

1.4.6 RAM

Da wir uns mit dem Thema „Musik und Computer" beschäftigen, sollten wir uns dringend klar machen, dass **RAM-Speicher** eine besonders wichtige Komponente ist. Schon mancher Computer-Freund hat sich nach dem Einbau von mehr Speicher gewundert, wie schnell sein Gerät nun geworden ist. Da wir - wie wir später sehen werden - mit dem PC auch Audio-Dateien verarbeiten wollen, kann man nie genug Speicherplatz haben, denn Audio-Dateien können irre groß werden. Heutige Speichergrößen werden nur noch in Gigabyte (GB) angegeben. Alles andere kann man vergessen, zumal allein moderne Betriebssysteme schon eine Menge Speicher schlucken. Nun kann man nicht einfach beliebig viele und große Speicherriegel einbauen. Man muss schauen, wieviele Steckplätze das Mainboard dafür ausweist und wie diese verwaltet werden. Auch sollte man wissen, was das Betriebssystem dazu sagt. Windows 2000, Windows XP, Windows Server 2003 und Windows Vista unterstützen in den Standardvarianten mit 32-bit maximal 4 GB RAM. Die Advanced-, Enterprise- und Datacenter-Produkte sowie die 64-bit-Versionen können mehr Speicher addressieren, wobei die Grenzen hier von den jeweiligen Versionen abhängen und bis zu 1 Terrabyte (TB) reichen können. Allerdings scheitert der Gebrauch von mehr als 4 GB in der Regel an den Chipsätzen der Mainboards, die größeren Speicher nicht ansprechen können. Wenn möglich, sollten wir versuchen, unseren Musik-PC mit mindestens 4 GB auszustatten.

1.4.7 Soundkarte

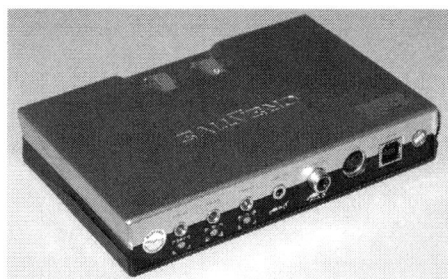

PCI-Soundkarte

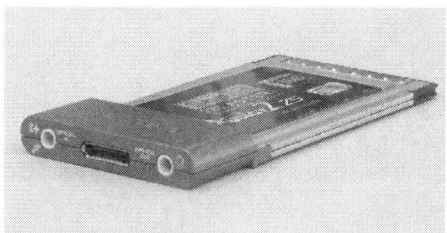

externe USB-Soundkarte

PC-Card-Soundkarte

Will man den PC fürs Musikmachen einsetzen, so ist die **Soundkarte** (von engl. Sound = Klang) ein unverzichtbarer Bestandteil der Hardware. Grundsätzlich unterscheidet man zwischen internen und externen Lösungen. Der Anschluss erfolgt intern über den PCI- bzw. PCI-Express-Bus oder extern über die USB-Schnittstelle oder (bei Notebooks) den PCMCIA- oder ExpressCard-Steckplatz, im professionellen Bereich auch über FireWire. Einige Soundkarten lagern das Anschlussfeld in ein Frontmodul (5,25″-Einschub) oder ein externes Gehäuse aus, die sogenannte „Breakout Box".

Eine Soundkarte hat die Aufgabe, Tonsignale aufzuzeichnen und künstlich Klänge zu erzeugen und diese zu mischen, zu bearbeiten und wiederzugeben. Allerdings gilt dies nur beschränkt. Zwar gibt es einerseits Soundkarten, die einen Synthesizer oder in einem speziellen Speicherbaustein (Wavetable) Klangmuster enthalten, die als Grundlage zur Tonerzeugung dienen. Andererseits gibt es gerade im professionellen Musikerbereich Soundkarten, die lediglich dazu dienen, Klänge aufzunehmen und andere Geräte zwecks Tonerzeugung anzusteuern.
Aktive, also tonerzeugende Soundkarten, findet man eher in PCs für den Massenbedarf (Consumer). Passive Karten, die nur der Aufnahme und Steuerung dienen, sind unter Profimusikern verbreitet.

Solche professionellen Karten, die in Tonstudios zum Einsatz kommen, werden auch als **Recordingkarten** bezeichnet. Solche Karten können zumeist mehrere Kanäle getrennt aufnehmen, was beispielsweise bei Schlagzeugaufnahmen oder Aufnahmen von mehreren Musikern bzw. Schallquellen gleichzeitig sinnvoll ist. Sie können grundsätzlich gleichzeitig wiedergeben und aufnehmen. Außerdem werden höherwertige A/D- und D/A-Wandler verwendet als bei Consumer-Sound-karten. Die Qualität des aufgenommenen Signals steht in diesem Marktsegment im Vordergrund. Der auf Consumer-Soundkarten übliche Gameport für den Anschluss eines Joysticks ist bei professionellen Karten nicht vorhanden.

Häufig existiert neben analogen und digitalen Ein- und Ausgängen auch eine mehrkanalige digitale Audioschnittstelle im ADAT[18]- oder (seltener) TDIF[19]-Format, über die man die Karte mit externen Wandlern und digitalen Mischpulten verbinden kann. Zur Vermeidung von Störgeräuschen durch die elektromagnetischen Felder im Inneren des Rechners werden die A/D- und D/A-Wandler bei professionellen Geräten häufig in externen Gehäusen („Breakout Box") untergebracht. Einige Modelle (so zum Beispiel das im professionellen Bereich weit verbreitete Pro Tools/TDM-System[20]) verfügen außerdem über DSP-Chips, die den Hauptprozessor des Rechners bei der Verarbeitung der Audiosignale unterstützen.

---

[18] ADAT = Alesis Digital Audio Tape
[19] TDIF = TASCAM Digital Interface
[20] Pro Tools = eine Sound-Technologie der Firma Digidesign; TDM = Time Division Multiplex

23

Auf ein besonders wichtiges Merkmal einer Soundkarte sollte man als Musiker achten: die MIDI-Schnittstelle. Sie ist die Verbindung des Computers zu externen Instrumenten wie Keyboards und umgekehrt. Über MIDI werden auch die Musik-Programme im PC angesteuert.

Recording-Karte Terratec EWS88MT mit externem Anschlussmodul

A = digitaler Eingang
B = digitaler Ausgang
C = seperater Analog-Ausgang (z. B. für Systemklänge)
D = Anschluss für externes Modul
E = 1. Audio-Eingang für CD-Laufwerk
F = 2. Audio-Eingang für CD-Laufwerk
G = EWS-Connect: Sync IN (für mehrere Karten)
H = EWS-Connect: Sync OUT
I = externes Anschlussmodul (wird mit 5 m langem Kabel verbunden)
J = Audio-Eingänge
K = Audio-Ausgänge
L = MIDI IN
M = MIDI OUT

Die Terratec EWS88MT ist eine professionelle PCI-Recording-Karte ohne eigene Klangerzeugung. Sie dient ausschließlich der MIDI-Steuerung und der Aufnahme von Klängen und ihrer Wiedergabe. Es können gleichzeitig 8 Kanäle aufgenommen und wiedergegeben werden bzw. je 4 Stereokanäle. Besonders praktisch ist das externe Anschlussmodul, das durch die lange Kabelverbindung an beliebiger Stelle fern vom PC untergebracht werden kann.

1.4.8 Schnittstellen

Damit ein Computer von uns angesprochen werden oder er die Ergebnisse seiner Rechenprozesse nach außen geben kann, benötigt er geeignete Verbindungswege. Solche Verbindungen werden in der technischen Sprache als Schnittstellen bezeichnet. Die **Schnittstelle** oder auch **Interface** ist der Teil eines Systems, der der Kommunikation dient.

Im System eines Computers handelt es sich zunächst um Hardware-Schnittstellen. Hardware-Schnittstellen sind Schnittstellen zwischen physikalischen Systemen in der Elektrotechnik und Elektronik. Da ein PC ein offenes System ist, das aus Komponenten verschiedener Hersteller zusammengesetzt werden kann, müssen Industrienormen dafür sorgen, dass die Vernetzung der Komponenten problemlos ist. Man unterscheidet zwischen paralleler und serieller Hardware-Schnittstelle, je nach dem, ob mehrere Bits gleichzeitig (parallel) oder nur eine Bit nach dem anderen (seriell) übertragen werden können.

Beispiele für genormte Hardwareschnittstellen in Computern:

PCI-Bus

Peripheral Component Interconnect, meist PCI abgekürzt, ist ein Bus-Standard zur Verbindung von Peripheriegeräten mit dem Chipsatz eines Prozessors. Eine Soundkarte kann in den PCI-BUS gesteckt werden.

SCSI

Das **Small Computer System Interface** ist eine standardisierte parallele Schnittstelle für die Verbindung und Datenübertragung zwischen Peripheriegeräten und dem Computer-Bus. Ein wesentliches Merkmal von SCSI ist die Möglichkeit, mehr als zwei Geräte anschließen zu können.

PCI-Steckplätze (Quelle: Wikipedia)

USB

Der **Universal Serial Bus** ist ein serielles Bussystem zur Verbindung eines Computers mit externen Geräten. Mit USB ausgestattete Geräte oder Speichermedien können im laufenden Computer-Betrieb miteinander verbunden (Hot-Plugging) und angeschlossene Geräte und deren Eigenschaften automatisch erkannt werden.

Firewire

FireWire (auch bekannt als i.Link oder IEEE 1394) ist eine von Apple entwickelte digitale Schnittstelle mit besonders schneller Datenübertragung.

AGP

Der **Accelerated Graphics Port** ist ein Anschluss zur direkten Verbindung der Grafikkarte mit dem Chipsatz/Northbridge.

SATA

Serial ATA (SATA, auch **S-ATA/Serial Advanced Technology Attachment)** ist eine serielle Schnittstelle für den Datenaustausch zwischen Prozessor und Festplatte.

1.5 Betriebssystem

Damit unser Computer überhaupt seinen Betrieb aufnimmt, benötigt er - wie der Name schon sagt - ein Betriebssystem. Ein Betriebssystem ist die Software, die alle Betriebsmittel des Computers wie Speicher und Ein- und Ausgabegeräte verwaltet und die Ausführung von Programmen steuert. Der englische Fachbegriff dafür lautet Operating System (OS). Betriebssysteme bestehen in der Regel aus einem Kern (engl. Kernel), der die Hardware des Computers verwaltet, sowie grundlegenden Systemprogrammen, die dem Start des Betriebssystems und dessen Konfiguration dienen. Zu den Systemkomponenten zählen Boot-Loader, Gerätetreiber, Systemdienste, Programmbibliotheken und Systemprogramme.

Wenn man keinen fertigen PC mit bereits vorinstalliertem OS kauft, dann muss man sich als Musiker leider auch mit dem leidigen Thema der Installation befassen. Darüber sollen an dieser Stelle aber keine weiteren Ausführungen gemacht werden. Es kann allerdings nicht schaden, wenn man sich in dieser Hinsicht ein wenig Ahnung aneignet, denn spätestens wenn die Software mal streikt, ist guter Rat teuer.

Bei der Wahl des Betriebssystems hat man derzeit nicht sehr viele Auswahlmöglichkeiten. Wer viel Geld ausgeben kann und will, wird sich einen Apple Mac mit OS anschaffen, der Studio-PC schlechthin. Dann wird es aber auch software-mäßig teuer. Ein Linux-PC kommt nicht in Frage, weil es kaum ernsthafte Musikanwendungen gibt und die Treiberunterstützung der professionellen Soundkarten noch nicht ausreichend ist. Also bleibt im Grunde für die Mehrzahl der Anwender nur ein Musik-PC auf der Basis von Windows. Ob man Windows 10 oder 11 nimmt hängt davon ab, welche Anwendungen und Treiber es gibt. Vermutlich ist Windows 10 dafür im Augenblick noch besser geeignet. Für Musiker-Zwecke reicht die Home-Version von Windows völlig aus.

Fazit: Für unsere musikalischen Zwecke reicht ein solider und gut ausgestatteter PC mit einem Betriebssystem, das sich anerkanntermaßen bewährt hat.

1.7 Kabel und Stecker

Computer-Fans und Musiker kennen das Problem: Nichts geht ohne die richtigen Kabel und Steckverbindungen. Für das Musizieren am und mit dem PC gilt das natürlich im doppelten Sinn. Beide Welten haben ihre eigenen Systeme, die es zu beachten gilt. Aktive Musiker mit Bühnenerfahrung wissen es: Nichts ist wichtiger als ein großer Vorrat an Steckern, Kabeln, Anschlüssen und Adaptern aller Art. Im Prinzip gilt dies auch für den Verbund Musik und PC. Und gerade Computer können sehr empfindlich auf falsche Beschaltungen oder Stromverbindungen reagieren, was im Extremfall zum kompletten Ausfall der Festplatte und damit zum schmerzlichen Datenverlust führen kann. So ist es zum Beispiel nicht unproblematisch, MIDI-Kabel im laufenden Betrieb umzustecken, denn sie führen einen 5-Volt-Strom, der elektronischen Bauteilen schon den Garaus machen kann.

Es ist sicher nicht falsch, für den Notfall einen vernünftiger Lötkolben oder eine kleine Lötstation bereitzuhalten. Mit ein wenig Geschick kann man kleine Fehler wie Kabelbrüche oder abgerissene Stecker selbst wieder zusammen löten. Alle Arbeiten, die im Zusammenhang mit Strom führenden Leitungen und Teilen stehen, sollten aber unbedingt vom Fachmann ausgeführt werden. Es könnte **lebensgefährlich** werden, in diesem Bereich herumzubasteln!

Bei Steckern und Kabeln gibt es für die Beschaltung eine Unzahl von Normen. Auch die Kontaktbelegungen sind durchaus nicht einheitlich. Ebenso vielfältig sind die Benennungen der einzelnen Adern bei Tonleitungen: (+) und (-), **heiß** und **kalt**, (+) **Phase** und (-) **Phase** sind In Umlauf. Für (+) sagt man auch "**Life**".

Irreführend sind eigentlich die Bezeichnungen (+) und (-), da diese für den Gleichstrom (Batteriepole!) gelten, wir es aber bei Tonleitungen mit Wechselstromverhältnissen zu tun haben. Ich möchte sie dennoch verwenden, weil es für Laien anschaulich ist.

Beim Selberlöten muss man also sehr genau auf die Polungen der einzelnen Steckerarten und den entsprechenden Buchsen achten. Meist sind die Nummern eingegossen. Besonders ist darauf zu achten, dass bei den Buchsen die Durchnummerierung spiegelbildlich zu den Steckern geschieht (jeweils von der Lötseite betrachtet). Ein fehlerhaftes Kabel, ein defekter Stecker, eine falsche Beschaltung oder Bedienung können Projekt bereits im Ansatz zum Scheitern bringen. Ja, selbst beim Einlegen einer Batterie in ein Gerät - etwa einem Stimmgerät oder einer Fernbedienung - will die genaue Polung beachtet sein.

Die folgende Auflistung zeigt die wichtigsten Stecker- und Kabelarten.

1.7.1 Steckerarten Musik

Für alle angegebenen Stecker gibt es jeweils auch entsprechende Buchsen. Natürlich gibt es noch jede Menge weiterer Stecker für den Spezialbedarf. Die hier genannten sind die im Bereich der Musikelektronik am häufigsten anzutreffenden.

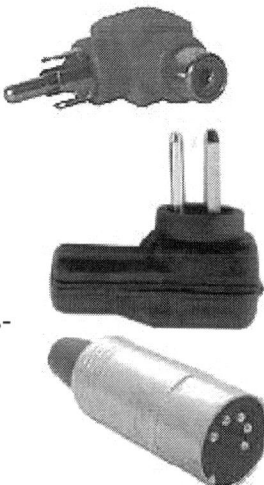

- Der **Cinch-Stecker** wird beim Anschluss von HiFi-Geräten verwendet. Bei Instrumentalanlagen kommt er kaum vor, da zu klein, zu wacklig und ohne ausreichende Zugentlastung.

- Der **Lautsprecher-DIN-Stecker** ist nur zum Anschluss von HiFi-Boxen geeignet, da wenig belastbar.

- Der **DIN-Stecker (Dioden-Stecker)** ist in 3- oder 5-poligen Ausführungen gängig. Sonderformen gibt es bei Computern. Er findet seinen Einsatz als Tonleitungsverbindung (mono/ stereo) im HiFi-Bereich. Im Musikinstrumentenbereich wurde er für die MIDI-Schnittstelle eingeführt. Leider, muss man sagen, da er nicht sicher verriegelbar ist. Die Beschaltung der Pole ist je nach Zweck unterschiedlich.

- Der **Klinkenstecker** ist sicher der im Musikerbereich am meisten eingesetzte Stecker. Er eignet sich für Instrumentenkabel aller Art (Gitarre, Bass, Keyboard), wird aber auch oft als Lautsprecherstecker benutzt. Vorsicht bei Verlängerungen mit Kupplungen, die nicht sehr sicher halten und sicheren Kontakt herstellen. Klinkenstecker gibt es in Mono- und Stereoausführung. Die Buchsen können mit einem Schalter versehen sein. Der normale Klinkenstecker hat einen Durchmesser von 6.3 mm. Eine kleinere Ausführung (3,5 mm) ist allen sicher bekannt von dem Kopfhörer am MP3-Player.

- Der **XLR-Stecker** ist der im Musik-Profibereich am häufigsten anzutreffende Stecker. Er wird besonders für symmetrische Tonleitungen verwendet, die durch die Symmetrierung sehr lang sein können, ohne dass es zu Störeinstreuungen kommt. Aber auch für Lautsprecherleitungen eignet sich diese Steckerart, wobei sich die Schaltungsart grundsätzlich unterscheidet. Verwendet man diesen Stecker sowohl für Ton- als auch für Lautsprecherleitungen, so empfiehlt sich eine deutliche Unterscheidung in der Kabelfarbe, sonst gibts Überraschungen. Der Stecker wird von verschiedenen Firmen mit variierten Systemen der Zugentlastung und der Steckerverschraubung angeboten. Der XLR-Stecker ist äußerst robust, entlastet das Kabel sicher und hat eine automatische Verriegelung. Die Belegung der Pole bei Tonleitungen ist nicht einheitlich. In Amerika und Europa unterscheiden sich die Normen. Wichtig ist, dass die **Kabel in einem System** eine **einheitliche Polung** haben, damit es nicht zur Phasenumkehr kommt. Der XLR-Stecker wird der deutlichen Abgrenzung wegen als male (männlich) bezeichnet, die entsprechende Buchse oder Kupplung als female (weiblich). Wer hätte das gedacht, nicht wahr?

- Der **Speakon-Stecker** hat sich im Profibereich als sichere Steckverbindung für Lautsprecherkabel durchgesetzt. In gibt es in 2- und 4poliger Ausführung.

1.7.2 Steckerarten PC

- Der **USB-Stecker** ist die Verbindung zum **Universal Serial Bus (USB)**, ein serielles Bussystem zur Verbindung eines Computers mit externen Geräten. Mit USB ausgestattete Geräte oder Speichermedien können im laufenden Betrieb miteinander verbunden (Hot-Plugging) und angeschlossene Geräte und deren Eigenschaften automatisch erkannt werden.

- Der 9-polige Sub-D-Stecker (hier als Adapter abgebildet) verbindet die serielle Schnittstelle RS-232 des Computers mit externen Geräten. In modernen PCs wird diese Schnittstelle kaum noch genutzt. Sie diente zum Beispiel für den Anschluss von Modems, die im Zeitalter von DSL kaum noch Verwendung finden. Allenfalls einige analoge Telefonanlagen müssen noch über RS-232 programmiert werden.

- **RJ-Steckverbindungen** (Registration Jack = genormte Buchse) dienen der Telekommunikationsverkabelungen. Die RJ-Steckverbindungen werden heute weltweit für Telefon- und Netzwerkverbindungen verwendet. Üblicherweise werden diese Stecker in Verbindung mit verdrillten Kabel-Adern (Twisted Pair) benutzt.

- Der 36-polige **Centronics-Stecker** verbindet die parallele IEEE-1284-Schnittstelle zur bidirektionalen Übertragung von Daten zwischen PCs und unterschiedlichen Peripheriegeräten (Drucker, Fax, Scanner, Laufwerke etc.). Auch dieser Stan-

dard ist veraltet, da moderne Geräte alle den USB-Anschluss nutzen.

- Der **FireWire-Stecker** verbindet die von Apple entwickelte serielle FireWire-Schnittstelle (auch bekannt als i.Link oder IEEE 1394). Eingesetzt wird FireWire heute vor allem zur Übertragung von digitalen Bildern (z. B. Industriekamera, FireWire-Kamera) oder Videos (z. B. DV-Camcorder) in einen PC, aber auch zum Anschluss externer Massenspeicher wie DVD-Brenner und Festplatten oder zur Verbindung von Unterhaltungselektronikkomponenten. Auch sehr viele Audio-Interfaces für den Einsatz in der Musikproduktion werden für den FireWire-Anschluss angeboten.

1.7.3 Steckerarten Strom

- Der **Schukostecker** (Schutzkontakt) ist der bei uns verwendete Stecker für Strom führende Leitungen (230V). Geräte aus Japan oder USA haben einen Flachstecker ohne Schutzleiter, können aber bei uns angeschlossen werden, wenn das Gerät auf unser Stromnetz umgestellt ist. Da Fehler in der Stromversorgung im Musikbereich katastrophale Folgen haben können (Mikrofon unter Spannung o.ä.), rate ich noch einmal dringend davon ab, hier irgendetwas selbst zu machen, es sei denn, du bist gelernter Elektriker.

- **Kaltgeräte-Stecker** (Euro-Stecker) findet man in der Regel an Verstärkern und Geräten wie Keyboards und Effekten, wenn sie kein festes Kabel haben. Sie haben eine eher flache Bauform und sind dreipolig, aber nicht verriegelbar.

-
- Der **Eurostecker** wurde entwickelt, um universell in Europa schutzisolierte Geräte der Klasse II mit geringem Strombedarf an das Stromnetz anzuschließen. Er kann mit Ausnahme von Großbritannien, Irland, Zypern und Malta in ganz Europa eingesetzt werden. Um dieses Ziel zu erreichen, verzichtet er, im Gegensatz zu Schutzkontaktsteckdose (Schuko), auf einen Schutzleiter. Typische Anwendungsgebiete des Eurosteckers sind schutzisolierte Geräte geringerer Leistung, wie beispielsweise Radios und Leuchten. Aber auch viele Geräte aus dem Bereich Musik verwenden einen solchen Stecker.

1.8 Kabel Musik und PC

Auch Kabel sind ein nicht unwesentlicher Faktor in einer PC-Musik-Umgebung. Fast 90% aller Fehler und Probleme entfallen auf Kabel und Stecker. Man sollte sich daher seine Kabel sehr genau ansehen.

Das **Kabel für Tonleitungen** besteht aus einer dicken, gummiähnlichen Kunststoffummantelung. Diese soll stabil, aber nicht steif sein. Ein gutes Kabel hat in diese Hülle eingearbeitete Textil-, Gewebe-, oder Kevlarfäden, was die Reißfestigkeit enorm erhöht.

Innerhalb dieses Mantels finden wir zunächst ein Kreuzgeflecht aus Kupfer als Abschirmung, manchmal gibt es darunter noch zusätzlich eine Alufolie. Unter diesem Schirm findet sich oft noch eine dünne leitende Karbonschicht, die Knistergeräusche verhindert. Nun stoßen wir auf die eigentlichen Tonleitungen im Innern des Kabels. Sie haben wiederum einen Kunststoffmantel. Darin eingebettet viele dünne Einzeldrähte, damit das Kabel insgesamt flexibel bleibt. Diese Einzeldrähte bestehen aus sauerstoffarmem oder -freiem Kupfer. Manchmal sind sie noch versilbert. Bei vieladrigen Kabeln, etwa Multicores, sind diese Innenleiter ebenfalls mit jeweils einer eigenen Abschirmung versehen. Wer oft Kabel gelötet hat, kennt den Unterschied zwischen Billigware und Qualitätskabeln genau. An dieser Stelle lohnt sich Sparen kaum.

Bei den Kabeln ist die Unterscheidung zwischen Musik und PC nicht mehr so eindeutig. Viele elektronische Musikinstrumente arbeiten auf digitaler Basis, während der PC als Multimedia-Gerät auch alle Eigenschaften einer Musikstation aufweist.

- **Tonkabel, einadrig abgeschirmt**, geeignet für alle Mono-Tonleitungen, etwa als Gitarren- oder Mikrofonkabel. Es gibt Spezialmaterial, das hochflexibel und trittfest ist, ein großer Vorteil, etwa beim Bühneneinsatz.

- **Tonkabel, zweiadrig abgeschirmt**, geeignet für symmetrische Tonleitungen (XLR) oder Stereo-Tonleitungen. Mehradrige Kabel gibt es in allen Größenordnungen, speziell auch für Muftikabel.

- **Kabel, zweiadrig**, geeignet für Lautsprecherleitungen. Polung beachten: gleiche Farbe an gleichen Pol des Lautsprecheranschlusses, andernfalls schwingen die Lautsprechermembranen in entgegengesetzter Richtung (gegenphasig), wobei (vereinfacht ausgedrückt) die Töne auf der Strecke bleiben. Grundsätzlich eignet sich jedes zweiadrige Elektrokabel ab 2 x 1,5 mm Adernquerschnitt. Bei der Polung ist die Farbcodierung der Elektrokabel sehr hilfreich. Man kann z.B. für die Verbindung der Bühnenlautsprecher zu den Endstufen zur deutlichen Kennzeichnung orangefarbenes Elektrokabel kaufen. Das gibt es in Baumärkten manchmal sehr preiswert gleich auf einer Kabeltrommel, was ungemein praktisch ist. Kabelgewirr kann gar nicht erst entstehen.

- **Steuerkabel**, alle Kabel, die kein direktes Audiosignal weiterleiten wie z.B. Midikabel, DMX-Kabel, die Fernbedienung für die Nebelmaschine usw. Sie sind nicht ganz so anspruchsvoll in bezug auf das Kabel. Wichtig ist, daß die einzelnen Adern gut isoliert sind und normalen mechanischen Belastungen widerstehen können.

- **Digitalkabel.** In letzter Zeit wird alles Digitalisiert. Das stellt besondere Anforderungen an Kabel. Wir können 3 verschiedene Arten unterscheiden: S/PDIF (einadrig geschirmt), AES/EBU (zweiadrig geschirmt) und Lichtleiterkabel (hier wird durch eine Glasfaser nur Licht übertragen - können nur fertig konfektioniert gekauft werden). Ähnlich den Linekabeln wird für S/PDIF ein gut geschirmtes unsymmetrisches Kabel verwendet, AES/EBU Verbindungen werden mit einem zweiadrigen geschirmten Kabel ermöglicht. Bei Digitalen Kabeln sollte kein analoges Kabel verwendet werden, sonder speziell für die digitale Übertragung entwickelte Leitungen, die entsprechend hoch leitfähiges Material (spezielle Kupferlegierungen) besitzen.

- **Multicorekabel** können aus allen möglichen Kabelarten bestehen. Multicorekabel werden als Verlängerung der bestehenden Kabel angesehen und dienen zur Verbindung einer Vielzahl von Kabelverbindungen von der Bühne zum Mischpult und zurück. Das oben gesagte (alle bis auf Lautsprecherkabel) gilt auch hier. Multicores sind besonders extremen mechanischen Belastungen ausgesetzt, und wer schon einmal ein Multicorekabel selbst gelötet hat, wird nie wieder auf ein Multicorekabel treten. Wieviel Leitungen benötigt werden hängt von den Erfordernissen jedes einzelnen ab, natürlich sollte eine angemessene ´Reserve´ für zukünftige Anwendungen etc. eingerechnet werden, sonst muß schnell ein neues her.

- In einem **USB-Kabel** werden vier Adern benötigt. Zwei Adern übertragen dabei die Daten, die anderen beiden versorgen das angeschlossene Gerät mit einer Spannung von 5 V. Der USB-Spezifikation entsprechende Geräte dürfen bis zu 100 mA oder 500 mA aus dem Bus beziehen, abhängig davon, wie viel der Port liefern kann, an den sie angeschlossen werden. Geräte mit einer Leistung von bis zu 2,5 W können also über den Bus mitversorgt werden. Je nach Kabellänge muss der Querschnitt der beiden Stromversorgungsadern angepasst sein, um den zulässigen Spannungsabfall einzuhalten. Verlängerungsleitungen sind daher nicht unproblematisch.

1.8.1 Stromkabel

- **Kabel, dreiadrig**, wird als Stromkabel für Elektroanschlüsse mit Schutzkontakt (Schuko) genutzt. Codierung: **Schwarz** (oder **Braun**) = **Phase**, **Blau** = **Null-Leiter**, **Gelb/Grün** = **Schutzleiter** (Masse).

- Bei **zweiadrigen Kabeln** (Bild siehe oben) für Gleichstrom sind die Farben der Adernisolation oft rot für Plus (+) und schwarz für Minus (−), bei Kabel für Netzspannung/Wechselstrom meistens braun und blau, auch dann, wenn bei steckbaren Netzanschlussleitungen blau nicht immer der Neutralleiter ist.

1.8.2 Unterschiedliche Kabel für unterschiedliche Signale

Gruppe	Eigenschaften	Zu beachten
Mikrophon-Signale	Dazu zählen wir den Output von Mikrofonen und elektrifizierten Saiten-Instrumenten. Die Ausgangsspannungen sind recht gering (< 1 Volt), die Signalquellen haben einen eher hohen Ausgangswiderstand und die fliessenden Ströme sind sehr gering.	Wegen der niedrigen Spannungen und hohen Widerstände sehr störungsempfindlich, aber unempfindlich gegen Kurzschlüsse.
Line-Signale	Dies sind Signale, die bereits vorverstärkt sind, aber noch keinen Lautsprecher betreiben können. Z.B.: Ausgänge von Keyboards und CD/MD/Multi-Tracker, Effekt-Sendeausgänge an Verstärkern und Mischpulten, Mischpult-Ausgänge. Die Spannungen sind ebenfalls noch nicht hoch (< 2 Volt), aber hier haben wir es mit eher niedrigen Ausgangswiderständen zu tun. Dafür fliesst dann auch etwas mehr Strom als bei den Mic-Signalen.	Recht robuste Elektrik, aber einen Lautsprecher-Ausgang auf einen Line-Eingang zu legen bedeutet meist Tod für den Empfangenden.
Lautsprecher-Signale	Das wären dann die Signale, die eben genug Leistung für den Betrieb eines Lautsprechers liefern, eben Amp-Ausgänge. Da sind nun die Spannungen deutlich, nämlich bis zu 20...30 Volt, die Ausgangswiderstände können bis unter 1 Ohm gehen. Da fliesst schon ordentlich Saft durch das Kupfer.	Transistor-Systeme mögen keinen Kurzschluss, Röhren-Systeme keinen Leerlauf.

2. Einheit - Musik am PC und MIDI

Das Thema „MIDI" gehört einerseits in das Kapitel Schnittstellen. Andererseits kennzeichnet MIDI aber auch die Art und Weise, wie Musik unter Einsatz der MIDI-Schnittstelle erzeugt und aufbereitet werden kann. MIDI ist also wesentlicher Bestandteil des Musikmachens mit dem Computer. Wir wollen uns daher in diesem Kapitel ausführlich damit befassen, da es wichtig ist, das Ganze ein wenig zu verstehen.

2.1 Was ist MIDI?

MIDI kann die verschiedensten Geräte miteinander verbinden. MIDI vermittelt den Geräten eine allen verständliche Dateninformation. MIDI ist die Abkürzung für **Musical Instrument**

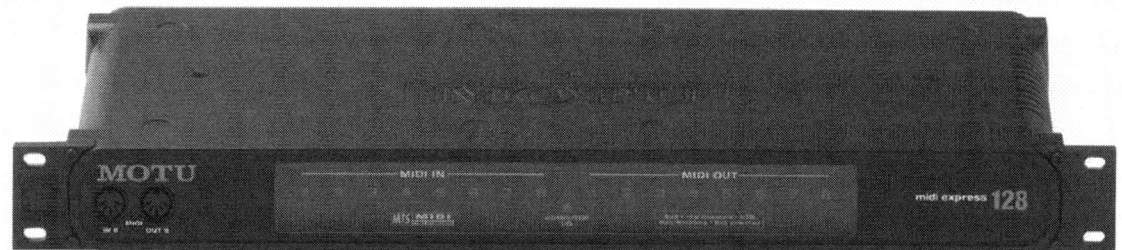

MIDI-Interface mit 8x MIDI In und 8x MIDI OUT

Digital Interface. Übersetzt heißt das "Digitale Schnittstelle für Musikinstrumente". Schnittstellen kennen wir bereits aus dem Computerwesen, und genauso funktioniert MIDI auch. Aber MIDI wurde genau auf die Bedürfnisse des Musikers zugeschnitten, der mit elektronischen Instrumenten und dem Computer musizieren will.

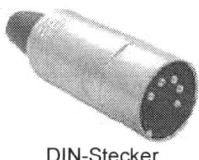

DIN-Stecker

Mitte der 1980er Jahre einigten sich die führenden Instrumentenherstellern in der International MIDI Association auf diesen gemeinsamen Nenner, so dass es nun möglich war, Geräte auch verschiedenener Hersteller miteinander zu verkoppeln oder sie per Computer anzusteuern. Das war auch dringend nötig, denn gerade zu der Zeit wurden die Keyboards digital, hatten die Homecomputer einen Boom, und die erste Musiksoftware in Form von Sequenzerprogrammen[21] kam auf den Markt.

2.1.1 MIDI-Standard

Der MIDI-Standard setzt voraus, dass alle MIDI-fähigen Geräte eine genormte Anschlussmöglichkeit besitzen und einen gemeinsamen Weg der Datenverarbeitung beschreiten, der im MIDI-Protokoll festgelegt ist. Die Anschlussmöglichkeit hat man durch die MIDI-Anschluss-Buchsen geschaffen, die den bekannten 5-poligen Stereo-DIN-Steckern und Buchsen entsprechen, aber anders beschaltet sind. In der Regel finden wir drei Buchsen an den Geräten:

1. MIDI-IN: Mit diesem Anschluss kann das Instrument Daten empfangen.
2. MIDI-OUT: Damit ist es möglich, Daten zu senden.
3. MIDI-THRU (= Through)[22]: An dieser Buchse werden die am Eingang anliegenden Daten nur durchgeschleift, d.h., man kann ein weiteres Gerät anschließen, wenn man es mit den gleichen Daten füttern will.

2.1.2 MIDI-Interface

Um MIDI-Instrumente mit einem Computer ansteuern zu können, muss man den Computer noch mit einem speziell für ihn beschaffenen Verbindungsglied, dem MIDI-Interface[23], ausrüsten. Moderne Soundkarten haben alle eine MIDI-Schnittstelle. Spezielle externe MIDI-Interfaces enthalten meist mehrere MIDI-Ins, -Outs und -Throughs, so dass man damit die Signale schon prima auf die Instrumente verteilen kann. Wem das - bei entsprechend großem Gerätepark - nicht ausreicht, kann sich eine so genannte MIDI-Patchbay[24] zulegen, ein elektronischer Verteiler mit vielen MIDI-Ein- und -Ausgängen und entsprechenden elektronischen Umschaltern. Eine solche Patchbay ermöglicht das Zusammenschalten der verschiedensten Gerätekonfigurationen, ohne dass die Kabel dauernd umgesteckt werden müssen.

---

[21] Sequenzerprogramm = Software zur Aufnahme, Wiedergabe und Bearbeitung von Daten zur Erstellung von Musik

[22] through = engl. durch

[23] Interface = engl. Nahtstelle, Schittstelle

[24] Patchbay = sinngemäß etwa: Verbindungskasten

2.1.3 MIDI-Verkabelung

IN   THROUGH   OUT

MIDI-Anschlussfeld an einer Soundkarte oder einem Keyboard, Kontaktbelegung

Für den Anschluss THROUGH hat sich die Abkürzung THRU eingebürgert. Die Verkabelung der MIDI-Instrumente erfolgt mit speziellen MIDI-Kabeln, die nach der MIDI-Norm beschaffen und verschaltet sind. Es gilt immer die Steckrichtung: OUT nach IN, IN nach OUT, THRU nach IN. Überhaupt soll man die MIDI-Kabel nur bei ausgeschalteten Geräten stecken, da über sie eine Spannung von 5 Volt geleitet wird. Ansonsten (trotz elektronischer Entkopplung der MIDI-Schnittstelle) kann eventuell ein Kurzschluss entstehen und die Anlage beschädigt werden. Insgesamt muss die Gesamtverkabelung der MIDI-Anlage wohl überlegt sein, denn diese Art der Datenübertragung hat ihre eigenen Grenzen.

Die MIDI-Schnittstelle ist nämlich eine serielle Schnittstelle. Computerkenner wissen, dass dies für den Datenfluss nicht so günstig ist. Schnelle Computer zeichnen sich aus durch parallele Datenübermittlung. Die serielle Schnittstelle ist - um einen Vergleich zu benutzen - die schmale Landstraße, während die parallele Schnittstelle einer 8-spurigen Autobahn ähnelt. Daten im MIDI-Verbund werden also schön der Reihe nach rübergereicht. Zu lange MIDI-Kabel oder eine zu umfangreiche Vernetzung bremsen den Datenfluss daher.

2.1.4 Datenverarbeitung und -übertragung

Die MIDI-Instrumente übergeben sich die Daten genau wie Computer im binären Code, der über die Kabel in Form von Spannungszuständen gelangt. Binär heißt, dass es nur zwei Zustände gibt: An/Aus oder 0/1. Jeder einzelne Zustand wird der Reihe nach gesendet und hat die Bezeichnung Bit (= Stück). Bei einem ausgehenden Signal hat das Bit 0 den höchsten Spannungszustand, der +5 Volt entspricht. Das Bit 1 hingegen hat den Niedrigpegel 0 Volt.

Beim Empfangsgerät werden die ankommenden Bits zu einer übergeordneten Einheit zusammengefasst. Acht Bits ergeben jeweils ein Byte. Byte ist ein englisches Kunstwort, abgeleitet von "by eight". Ein Byte ermöglicht die Übertragung von 256 An/Aus- oder 0/1-Kombinationen.

8 Bits = 1 Byte		0	1	0	0	1	0	0	1	
1 MIDI-Byte	Start	0	1	0	0	1	0	0	1	Stop

Das aus acht Bits gebildete Byte stellt für den MIDI-Empfänger ein Datenwort dar. Damit er auch weiß, wann dieses Wort anfängt und endet, fügt der Sender dem Datenwort noch jeweils ein **Start-Bit** und ein **Stop-Bit** am Anfang und Ende bei. Somit enthält das MIDI-Datenwort eigentlich 10 Bits, man nennt es aber vereinfachend dennoch Byte.

Nun kann man sich vorstellen, dass schon bei einem einzigen angeschlagenen Ton auf einer Keyboard-Taste jede Menge Bits übertragen werden, immer eins nach dem anderen. Auch der

Anschlag des Tones selbst ist schon Dateninformation und heißt **Note on**. Lässt man die Taste los, ist das der Befehl **Note off**.

In der MIDI-Norm ist die Übertragungszeit und Geschwindigkeit festgelegt. Für die Übertragung von 31250 Bits (= 1 kBaud) ist 1 Sekunde vorgesehen. Man nennt das Standard-Baud-Rate = 31,25 kBaud. Die Übertragungszeit für ein Bit beträgt damit umgerechnet 32 Mikrosekunden. Für das Datenwort mit seinen 10 Bits wird also eine Übertragungszeit von 320 Mikrosekunden benötigt.

Computer wären in der Lage, jeweils ganze Bytes zu senden und zu empfangen, und zwar mit einer sehr viel höheren Übertragungsrate. Aber selbst wenn wir die MIDI-Anlage mit einem Computer verbinden, hat das Interface die Aufgabe, den parallelen Datenstrom in einen seriellen umzuformen. Jeder wird nun begreifen, warum die MIDI-Schnittstelle langsam ist und keineswegs perfekt. Bei großen MIDI-Anlagen und umfassenden Verkabelungen über THRU-Buchsen ist das sogar hörbar. Die Laufzeiten zwischen den einzelnen Komponenten variieren, es bilden sich Verzögerungen. Die Kabel selbst dürfen nicht sehr lang sein.

2.1.5 Weitere MIDI-Eigenschaften

Was kann MIDI noch, außer Instrumente zu verbinden? Trotz der genannten Schwachstellen hat MIDI viele Vorteile. Man kann mit einem Masterkeyboard[25] nicht nur mehrere andere Komponenten ansteuern, sondern auch spezielle Klangeigenschaften per MIDI übermitteln, z.B. die **Anschlagstärke (Velocity)** eines Tones. Die Keyboards der verschiedenen Generationen sind sehr unterschiedlich ausgerüstet, sie bleiben oft hinter den MIDI-Möglichkeiten zurück. MIDI ist nämlich auch in der Lage zum Beispiel bei einem achtstimmigen Expander[26] acht unterschiedliche Sounds **gleichzeitig** anzusteuern.

2.1.6 MIDI-Norm

Damit ein MIDI-Instrument dazu in der Lage ist, muss es in einer bestimmten Betriebsart (Mode) funktionieren. Vier verschiedene Modes sind möglich. Mit ihnen wird die Zuordnung der Stimmen und der MIDI-Kanäle (Channels) festgelegt. Im MIDI-System kann auf 16 Channels gesendet und empfangen werden. Es stehen sozusagen 16 einzelne Telefonleitungen zur Verfügung. Sie sind von 1-16 durchnummeriert und können an den Geräten eingestellt oder in der Computer-Software programmiert werden. Vom jeweiligen Mode, in dem das Instrument arbeitet, hängt die Verteilung der Daten auf die Kanäle ab. Die Betriebsarten sind folgendermaßen ausgelegt (getrennt nach Empfänger/E - Sender/S):

Mono/Omni on
S - Die Daten einer Stimme werden auf einem MIDI-Kanal gesendet.
E - Die Daten aller MIDI-Kanäle werden monophon auf die Stimmen verteilt.

Mono/Omni off
S - Die Daten der Instrumentenstimmen werden auf getrennten MIDI-Kanälen gesendet.
E - Die MIDI-Kanäle werden den internen Instrumentenstimmen monophon zugeordnet. Es können bestimmte Stimmen einzelnen Kanälen zugeordnet werden.

Poly/Omni on
S - Die Daten werden auf einem MIDI-Kanal gesendet.

---

[25] Masterkeyboard = elektronisches Tasteninstrument ohne eigene Tonerzeugung (nur Steuerung)
[26] Expander = elektronische Klangerzeuger ohne spielbare Schnittstelle (Tasten)

E - Die Daten aller MIDI-Kanäle werden den Instrumentenstimmen polyphon zugeordnet.

Poly/Omni off
S - Die Daten für alle Stimmen werden auf einem Kanal gesendet.
E - Allein die Daten auf dem gewählten Kanal werden den Stimmen polyphon zugeordnet.

Der Poly-Mode ist am meisten verbreitet, während nur wenige Geräte im Mono-Mode arbeiten. Häufig ist noch vom **Multi-Mode** die Rede, der aber eigentlich nur eine besonders leistungsfähige Form des Poly-Mode ist.

Wir halten fest:

1. MIDI ist sowohl eine Schnittstelle, als auch ein spezielles Verfahren der Datenübertragung. MIDI wurde entwickelt für die Verbindung und Ansteuerung elektronischer Musikinstrumente.
2. MIDI unterliegt einer Norm, die alle Hersteller elektronischer Instrumente einhalten, damit die Geräte untereinander kommunizieren können.

2.1.7 MIDI im Heimstudio

MIDI hat eigentlich auch erst das Heimstudio-Wesen so richtig blühen lassen. Mit Computer und Sequenzerprogrammen ausgerüstet, kann der Musiker komplexe Kompositionen alleine einspielen, sie abspeichern und später über MIDI mit allen angeschlossenen elektronischen Instrumenten wieder abrufen. Das Sequenzerprogramm funktioniert wie ein Mehrspurtonband, aber digital. Hat man etwa ein Programm mit 24 Spuren, so kann man damit 24 unterschiedliche Instrumente bzw. Stimmen ansteuern. Kurze Teilstücke (Pattern) können frei zu Songs zusammengebaut werden. Eingespielte Passagen können beliebig oft abgespielt werden, Fehler können leicht korrigiert werden. Ist der Song fertig, kann er auf Festplatte abgelegt werden oder (nach weiterer Bearbeitung) auf CD aufgenommen werden. Der Musiker erspart sich so das Überspielen und den Verlust an Klangqualität, weil er das Original direkt aufnimmt. Und es ist beliebig wiederholbar und veränderbar! Über MIDI hinaus gehend kann aktuelle Software wie etwa **Cubase** oder **Logic** auch direkt Audiospuren aufnehmen, bearbeiten und speichern. Einzelne Parameter wie Tempo oder Lautstärke sind beliebig veränderbar. Selbst massive Klangverbiegungen durch Halleffekte, Kompressoren oder Klangregelung können direkt per Software vorgenommen werden.

Alles in allem ist MIDI schon eine erstaunliche Sache. Wer mehr darüber wissen möchte: Es gibt eine Menge einschlägiger Fachliteratur dazu. Auf dieses Thema noch genauer einzugehen, würde den Rahmen dieser Abhandlungen hier sprengen. Für die Einführung in unser Thema sollte es genügen. In der Praxis ist der Umgang mit MIDI weniger dramatisch als es zunächst scheinen mag, auch wenn du glaubst, nichts davon verstanden zu haben.

2.1.8 General MIDI

Hat man in seinem PC eine Soundkarte mit eigener Klangerzeugung oder ein Programm wie Roland Sound Canvas, dann ist es möglich, auf eine große Fülle standardmäßig festgelegter Klänge zuzugreifen. Dieser Standard, genannt General MIDI, kurz GM, wurde 1991 von der MIDI Manufacturers Association (MMA) und dem Japan MIDI Standards Committee (JMSC) als Erweiterung des MIDI-Standards festgelegt. Er löste das Problem, dass unterschiedliche MIDI-Geräte mit vorgegebenen Sounds (Presets) diese jeweils in eigener Weise organisierten. Wollte man etwa einen mit dem Keyboard A eingespielten MIDI-Song auf dem

Expander B abspielen, so kamen womöglich ganz schrille Klänge heraus, weil eben andere MIDI-Stimmen angesprochen wurden.

Mit GM wurde jeweils einem bestimmten Instrument eine bestimmte Programmnummer zugewiesen wurde. Alle GM-fähigen MIDI-Geräte und Programme verfügen über eine einheitliche Preset-Organisation. Ob verschiedene Kanäle bestimmte Programmnummern ansteuern oder via Program-Change Programme gewechselt werden, spielt keine Rolle mehr. Alle GM-Geräte haben Ihre Pianos und Streicher am gleichen Platz. Auch Controller-Funktionen wie Volume, Panorama oder Pitch Bend sind festgelegt. General MIDI gibt es in zwei Varianten. GM 1.0 spricht 128 Programmplätze bei 24-stimmiger Polyphonie an. GM 2.0 erweitert seit 1999 diese Spezifikation und es können nun mindestens 256 Klänge und 9 Drumkits erreicht werden bei 32-stimmiger Polyphonie.

General MIDI 1.0 - Klangtabelle

001 Piano 1	027 Jazz Guitar	053 Choir Aahs	079 Whistle	105 Sitar
002 Piano 2	028 Clean Guitar	054 Voice Oohs	080 Ocarina	106 Banjo
003 Piano 3	029 Muted Guitar	055 Syn Vox	081 Square Wave	107 Shamisen
004 HonkyTonk-Piano	030 Overdrive Guitar	056 Orchestra Hit	082 Saw Wave	108 Koto
005 E-Piano 1	031 Distortion Guitar	057 Trumpet	083 Synth Calliope	109 Kalimba
006 E-Piano 2	032 Guitar Harmonics	058 Trombone	084 Chiffer Lead	110 Bag Pipe
007 Harpsichord	033 Acoustic Bass	059 Tuba	085 Charang	111 Fiddle
008 Clavinet	034 Fingered Bass	060 Muted Trumpet	086 Solo Vox	112 Shannai
009 Celesta	035 Picked Bass	061 French Horn	087 5th Saw Wave	113 Tinkle Bell
010 Glockenspiel	036 Fretless Bass	062 Brass 1	088 Bass & Lead	114 Agogo
011 Music Box	037 Slap Bass 1	063 Synth Brass 1	089 Fantasia	115 Steel Drums
012 Vibraphone	038 Slap Bass 2	064 Synth Brass 2	090 Warm Pad	116 Woodblock
013 Marimba	039 Synth Bass 1	065 Soprano Sax	091 Polysynth	117 Taiko
014 Xylophone	040 Synth Bass 2	066 Alto Sax	092 Space Voice	118 Melodic Tom
015 Tubular Bell	041 Violin	067 Tenor Sax	093 Bowed Glass	119 Synth Drum
016 Dulcimer	042 Viola	068 Baritone Sax	094 Metal Pad	120 Reverse Cymbal
017 Organ 1	043 Cello	069 Oboe	095 Halo Pad	121 Guitar Fret Noise
018 Organ 2	044 Contrabass	070 English Horn	096 Sweep Pad	122 Breath Noise
019 Organ 3	045 Tremolo Strings	071 Bassoon	097 Ice Rain	123 Seashore
020 Church Organ	046 Pizzicato Strings	072 Clarinet	098 Soundtrack	124 Bird
021 Reed Organ	047 Harp	073 Piccolo	099 Crystal	125 Telephone 1
022 French Accordeon	048 Timpani	074 Flute	100 Atmosphere	126 Helicopter
023 Harmonica	049 Strings	075 Recorder	101 Brightness	127 Applause
024 Tango Accordeon	050 Slow Strings	076 Pan Flute	102 Goblin	128 Gun Shot
025 NylonStringGuitar	051 Syn-Strings 1	077 Bottle Blow	103 Echo Drops	
026 SteelStringGuitar	052 Syn-Strings 2	078 Shakuhachi	104 Star Theme	

General MIDI 1.0 -Klanggruppen

Piano	Bass	Reed	Synth Effects
Chromatic Perussion	Strings	Pipe	Ethnic
Organ	Ensemble	Synth Lead	Percussive
Guitar	Brass	Synth Pad	Sound Effects

General MIDI 1.0-Drumbelegung

0-34 unbelegt	44 Pedal Hi-Hat	54 Tambourine	64 Low Conga	74 Long Guiro
35 AcousticBass Drum	45 Low Tom	55 Splash Cymbal	65 High Timbale	75 Claves
36 Bass Drum 1	46 Open Hi-Hat	56 Cowbell	66 Low Timbale	76 Hi Wood Block
37 Side Stick	47 Low-Mid Tom	57 Crash Cymbal 2	67 High Agogo	77 Low Wood Block
38 Acoustic Snare	48 Hi-Mid Tom	58 Vibraslap	68 Low Agogo	78 Mute Cuica
39 Hand Clap	49 Crash Cymbal 1	59 Ride Cymbal 2	69 Cabasa	79 Open Cuica
40 Electric Snare	50 High Tom	60 Hi Bongo	70 Maracas	80 Mute Triangle
41 Low Floor Tom	51 Ride Cymbal 1	61 Low Bongo	71 Short Whistle	81 Open Triangle
42 Closed Hi-Hat	52 Chinese Cymbal	62 Mute Hi Conga	72 Long Whistle	82-127 unbelegt
43 High Floor Tom	53 Ride Bell	63 Open Hi Conga	73 Short Guiro	

Das Schlagzeug (Drums) wird bei GM immer auf MIDI-Kanal 10 gesendet. Man muss sich das so vorstellen, dass man auf jedem der 16 MIDI-Kanäle jeweils die Programmnummern der Listen ansprechen kann, auf Kanal 10 also alle Nummern der Drumbelegungs-Liste.

Dementsprechend sind auch auf einem MIDI-Keyboard die Tasten jeweils diesen Nummern zugeordnet, sodass man immer sofort weiß, wo z. B. Bass-Drum oder HiHat zu finden sind.

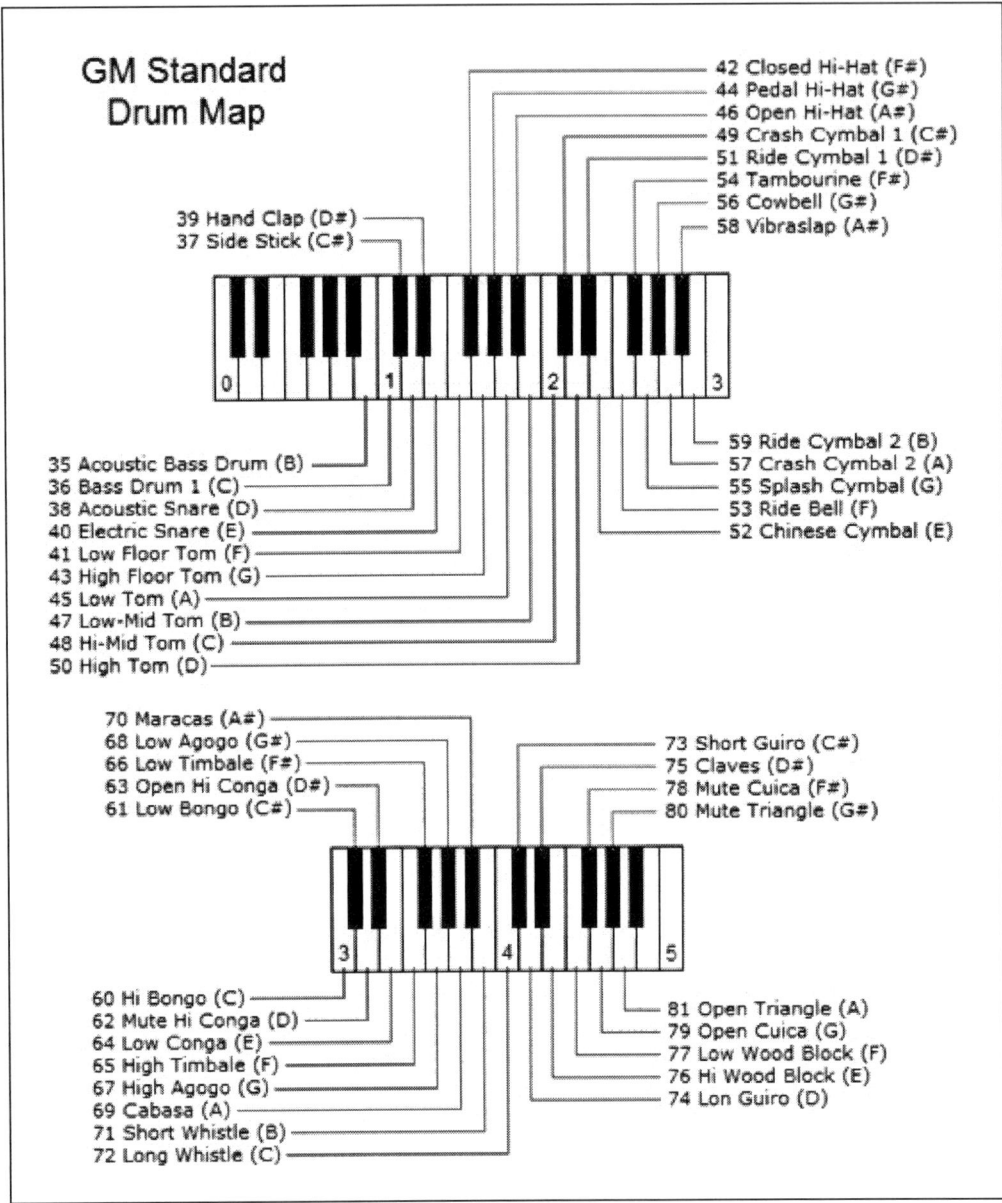

2.1.9 Zusammenfassung

1. MIDI-Daten beinhalten keine Audiodaten.
2. MIDI-Daten sind nur Steuerungsdaten für einen Klangerzeuger.
3. MIDI-Dateien kann man nur hören, wenn die MIDI-Daten einen Klangerzeuger ansteuern und dieser dann den Klang (den Sound, die Musik) erzeugt und wiedergibt.
4. Durch MIDI können mehrere Sound-Module und/oder Keyboards miteinander verbunden werden.
5. Der Computer wird per MIDI in die Klangumgebung eingebunden.
6. Mit MIDI ist man in der Lage, Computerprogramme wie Sequenzer anzusteuern. Umgekehrt können die Programme KLangerueuger steuern.
7. Es ist kaum möglich, Audio-Dateien (Wave, MP3-Files) direkt in MIDI umzuwandeln.

8. MIDI-Dateien können durch Aufnahme über die Klangerzeuger in Audio-Dateien umgewandelt werden.
9. Der GM-Standard sorgt für Klarheit in der Soundbelegung.

2.2 Hören, was passiert

MIDI basiert, wie wir nun wissen, auf reiner Datenverarbeitung. Wir geben unsere musikalischen Vorstellungen in Form von Daten über ein geeignetes Medium - etwa ein Keyboard - in den Computer ein. Im Computer können wir diese MIDI-Daten beliebig bearbeiten, verändern und abspeichern. Aber wir wollen ja auch hören, wie die von uns geschaffene Musik klingt. Im Folgenden sollen einige Möglichkeiten aufgezeigt werden, wie man den PC zum Klingen bringt.

2.2.1 Klang per Soundkarte und Stereoanlage

Wie in dem Kapitel „Der Computer" beschrieben wurde, gehört zur Standardausrüstung moderner PCs eine Soundkarte bzw. ein auf dem Motherboard vorhandener Soundchip. Allerdings muss man sich klar machen, dass für das Erstellen hochwertiger Musik mit dem PC ein Standardsound nicht ausreicht. Wir müssen sicherstellen, dass das Abhören der Musik möglichst auf der Qualitätshöhe von CD-Klang angesiedelt ist. Es sollte also eine entsprechend qualitative und MIDI-fähige Soundkarte in den PC eingebaut werden, wenn sie nicht schon vorhanden ist. Wenn wir an dieser Stelle von Soundkarten sprechen, so meinen wir jene, die auch einen Sound-Chip enthalten. Der Vorteil einer solchen Soundkarte besteht in ihren vielfältigen Anschlussmöglichkeiten, die so aussehen können:

- **MIDI In / MIDI Out** - Damit kann man die MIDI-Aufnahmen einspielen und anschließend wieder ein Soundmodul oder ein Keyboard ansteuern, um das Ganze abzuhören.
- **Line In / Line Out** - Damit kann man a(Signale in die Soundkarte führen und b) diese an eine Stereoanlage anschließen, um Klänge abzuhören. Dabei werden analoge Klangdaten durch Wandler auf der Soundkarte in digitale Klangereignisse umgewandelt und umgekehrt.
- **Digital In / Digital Out** - Über diese Anschlüsse kann man digitale Geräte - etwa DAT-Rekorder mit dem Computer verbinden und so wechselseitig direkt digital aufnehmen und wiedergeben.
- **CD In** - Hier kann man ein CD-Laufwerk anschließen und über den PC CDs hören.
- **Aux In** - Ein zusätzlicher Hilfseingang, der wie der Line In funktioniert.
- **Mikrofon In** - Der Name sagt es schon: ein Anschluss für ein Mikrofon zwecks Sprach-oder Gesangsaufnahme.

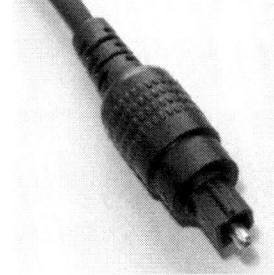

Die digitalen Ein- und Ausgänge bedürfen noch einer näheren Erklärung. Dabei handelt es sich um Anschlüsse nach der **S/P-DIF-Norm** (Sony/Philips Digital Interface). Das ist eine Bus- und Schnittstellen-Spezifikation für die Übertragung digitaler Audiosignale zwischen verschiedenen Geräten wie CD-Spieler, DAT-Rekorder, MiniDisc oder DVD-Player. S/P-DIF unterscheidet zwischen einem professionellen (professional mode, Type I) und einem Endverbrauchermodus (consumer mode, Type II). In den heimischen HiFi-Geräten kommt der Endverbraucher-Typ zur Anwendung. Hierfür werden als Steckverbinder verwendet

1. Cinch-Anschluss

2. der optische TOSLINK[27]-Anschluss
3. der optische 3,5 mm Klinkenstecker

In erster Linie wird man an einer Soundkarte zunächst die MIDI- und Line-Anschlüsse nutzen. Hat man die Soundkarte an eine Stereoanlage angeschlossen, so hat man schon eine gute Möglichkeit des Abhörens. Allerdings ist das nicht besonders komfortabel. Es geht besser!

2.2.2 Klang per Soundkarte und Mischpult

Will man nicht nur Musik mit einem MIDI-Keyboard einspielen, sondern zum Beispiel auch eine E-Gitarre, einen E-Bass oder Gesang aufnehmen, dann ist die Sache auf dem Weg über die Soundkarte äußerst mühsam. Man muss dauern die kleinen Ministecker umstöpseln (und dabei womöglich hinter den PC kriechen), kann das Ganze nicht so recht kontrollieren und hat kaum Einflussmöglichkeiten auf den Vorab-Klang. Das Abhören über eine Stereoanlage ist auch nicht unbedingt professionell. Die Boxen stehen irgendwo im Raum, der je nach Ausstattung wiederum den Klang beeinflussen kann. Wer ernsthaft in die Musikproduktion mit dem PC einsteigt, wird sich ohnehin von der üblichen Soundkarte (mit eigenem Soundchip) verabschieden und eine Recording-Karte wählen, die viel weiter gehende Anschlussmöglichkeiten auch für Mehrspuraufnahmen bietet. Dann allerdings muss man Möglichkeiten schaffen, die MIDI-gesteuerten Klänge (sofern sie nicht per Software im PC erzeugt werden) über ein entsprechendes Keyboard oder externe Klangmodule abhören zu können.

Eine gute Möglichkeit für die Vernetzung eines solchen Systems ist daher der Einsatz eines kleinen **Mischpultes**. Dieses wird über die Line-Ein- und Ausgänge mit der Soundkarte verbunden. Das Mischpult selbst bietet unterschiedliche Anschlüsse, an die man Gitarren oder Mikrofone anschließen kann. Sogar die Line-Ausgänge des Keyboards können ins Mischpult geführt werden, während die MIDI-Verbindung natürlich direkt zur Recording-Karte führt. Auf diese Weise kann jedes Instrument, das mit dem Mischpult verbunden wird, einzeln geregelt werden: auf Lautstärke, Klang, ja sogar auf Effekte kann Einfluss genommen werden. Zudem bietet jedes noch so kleine aktuelle Mischpult Kopfhörerausgänge. Das Abhören über **Kopfhörer** ist bei der musikalischen Arbeit am PC ohnehin fast Standard. Allerdings sollte dies unter Gehör schonenden Lautstärken geschehen. Auch hier gilt wieder, dass ein Feld- Wald- und Wiesenkopfhörer bei dieser Arbeit nichts zu suchen hat. Hochwertiges Gerät ist gefragt und kann jede Stereoanlage ersetzen. Der Einsatz von Kopfhörern empfiehlt sich bei der direkten Kompositionsarbeit und der Soundbearbeitung. Zudem kann man auch mitten in der Nacht arbeiten, ohne die lieben Nachbarn zu stören. Verbindet man das Mischpult zusätzlich noch mit einem speziellen **Kopfhörerverstärker**, so können mehrere Kopfhörer gleichzeitig angeschlossen werden und man kann sogar mit Freunden jammen und aufnehmen.

Ein ausschließliches Anhören der eigenen Klänge mit dem Kopfhörer bringt oft aber nicht genügend Erkenntnisse über den wahren Sound. Es ist also nötig, auch von Lautsprechern erzeugte Schallwellen an die Ohren dringen zu lassen. Im Idealfall nimmt man dazu so ge-

---

[27] TOSLINK = standardisiertes Lichtwellenleiter-Verbindungssystem für optische Signal-Übertragungen

nannte **Nahfeld-Monitore**. Nahfeld bedeutet, diese Lautsprecher stehen in unmittelbarer Nähe zum Hörer. Sind es aktive Lautsprecher, so enthalten sie bereits den Verstärker und können direkt an das Mischpult angeschlossen werden. Man erspart sich einen zusätzlichen Verstärker. Das Abhören über Lautsprecher ist das Maß aller Dinge beim Endmix (Mastering) der aufgenommenen Musik. Nur so kann man beurteilen, wie der Klang tatsächlich beim Hörer ankommt.

Es zeigt sich, dass der Einsatz eines noch so kleinen Mischpults viele Vorteile bringt. Nun kann man per Kofhörer oder direkt alles hören: seinen eigenen Gesang, das Spiel mit der Gitarre oder dem Keyboard. Das Mischpult macht es sogar möglich, die bereits aufgenommene Musik abzuhören und gleichzeitig dazu Neues einzuspielen. Nur über die Soundkarte wäre das schon ein Kunststück.

So ausgerüstet, macht die Arbeit rund um die eigene Musik am PC erst richtig Spaß und führt in der Regel zu guten, wenn nicht gar professionellen Ergebnissen. Viele Amateur-Musiker haben sich heute Heimstudios eingerichtet, in denen sie wirklich hervorragende Musik produzieren. Denn das ist das Schöne an der Geschichte „Musik und Computer": Ein Musiker kann ganze Orchester und Bands alleine einspielen. Das Zusammenspiel mit anderen Musikern sollte man dabei aber nicht vergessen.

3. Einheit - Keyboards, Synthesizer, Soundmodule

3. 1 Was ist ein Keyboard?

Übersetzt man den Begriff Keyboard, so würde es sinngemäß „Notenbrett" oder „Tastenbrett" heißen. Es handelt sich beim Keyboard zunächst also um ein Tasteninstrument. Nun sind auch Klavier oder Kirchenorgel Tasteninstrumente. Als Keyboard würde man sie nicht bezeichnen.

Der entscheidende Unterschied besteht in der Art der Tonerzeugung. Während ein Klavier natürliche Schallwellen durch den Anschlag der Hammermechanik auf die Saiten erzeugt, kommen die Töne bei Keyboards durch aufwändige elektronische Schaltungen zustande. Die Schaltungen können analog sein, also elektrische Signale (Schwingungen) verarbeiten und verbiegen. Sie können aber auch digital arbeiten, indem sie gespeicherte oder direkt aufgenommene Klangmuster (Samples) im binären Code weiter verarbeiten und so zu neuen Klängen gelangen. Im Extremfall kann man eine Toilettenspülung aufnehmen und diese dann mit seinem Keyboard über die Tastatur abspielen.

Ein weiteres Merkmal von Keyboards ist es, dass sie nicht - wie ein Klavier - nur einen bestimmten Klang erzeugen, sondern sie stellen in ihren leistungsfähigen Speichern eine Fülle aller nur erdenklicher Sounds bereit. Dabei gibt es zwei unterschiedliche Prinzipien: Einmal geht es um vordefinierte Festsounds, zum anderen um frei programmierbare Klänge. Der Musiker, der gerne auf bekannte und traditionelle Klänge zurückgreift,

findet in seinem Keyboard-Speicher schnell etwa komplette Bläsersätze, Streichorchester oder die gute alte Hammond-Orgel. Ein anderer Musiker liebt das Experiment und schraubt sich seine Töne gerne selbst zusammen. An seinem Keyboard kann er nach Herzenslust Einstellungen vornehmen, diese verwerfen oder speichern. Zusätzlich zu ihrer außerordentlichen Klangvielfalt bieten Keyboards noch ein breite Palette an Effekten wie Hall, Echo, Chorus oder Phaser.

Eine besondere Gruppe von Keyboards allerdings widerspricht diesen Vielfaltmerkmalen: 1. die **Stage-Pianos**, 2. die **Digital-Pianos**. Stage-Pianos sind transportable Instrumente für den Bühneneinsatz, die schwere Klaviere oder Flügel ersetzen sollen und gleichzeitig einen mehr

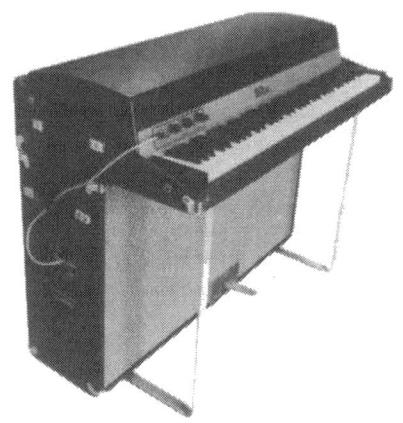

oder weniger originalen Piano-Sound bieten. Legendär ist das **Fender Rhodes-Piano** mit seinem ganz eigenen Klang, das nicht mehr hergestellt wird. Heutige Stage-Pianos liefern außer dem Piano-Klang auch noch abgespeckte Orgel- und Streicher-Sounds. Digital-Pianos hingegen sind mit einem orgelähnlichen Gehäuse ausgestattet und daher eher für den stationären Einsatz gedacht. Durch die digitale Klangverarbeitung kommen sie einem natürlichen Klavierklang schon sehr nahe.

Home-Keyboards (für Hobbymusiker) oder **Entertainer-Keyboards** (für Alleinunterhalter) können auch so genannte Styles (Stile) speichern. Das sind komplette Arrangements[28], die automatisch abgespielt werden, wenn man die Tasten drückt. Man lädt zum Beispiel einfach den Stil „Latin" und schon spielt man typisch südamerikanisch. In solche Keyboards sind in der Regel (abschaltbare) Lautsprecher eingebaut, so dass man das Gespielte direkt hören kann.

Ausnahmslos alle Keyboards enthalten die MIDI-Schnittstelle. Sie können also mit anderen MIDI-Geräten oder mit dem Computer verbunden werden. Was die Größe angeht, so gibt es sehr kleine und billige „Gerätchen" mit Mini-Tasten. Damit kann man zwar Töne spielen, aber sie eignen sich kaum für einen anspruchsvollen Einsatz. Auf jeden Fall sollte man die Finger von Tastaturen mit Mini-Tasten lassen, denn mit diesen Tastaturen ist das Erlernen einer guten Spieltechnik praktisch unmöglich. Diese Modelle eignen sich für den Urlaub, für die Straße und als Erweiterungstastatur bei chronischem Platzmangel, nicht aber als Haupt-Einspieltastatur. Durchgesetzt haben sich Keyboards mit 61, 76 oder 88 Tasten. Die Qualität der Tastaturen reicht vom einfachen Plastiksatz bis zur klavierähnlichen aufwändigen Hammermechanik bei Digital-Pianos oder Masterkeyboards (siehe unten).

Wir halten fest:

1. Keyboards gibt´s in allen möglichen Varianten, wobei auch die Preisunterschiede entsprechend groß sind.
2. Hobby- und Profimusiker können aus einem breiten Angebot auswählen. Manchmal verwischen die Grenzen.
3. Mit dem Begriff Keyboards meinen wir immer elektronische Tasteninstrumente, die nicht aus sich selbst heraus Schallwellen erzeugen können, egal wie sie klingen und was sie bieten. Tasteninstrumente mit natürlicher Tonerzeugung werden nicht als Keyboards bezeichnet.

3.2 Masterkeyboard

---

[28] Arrangement = Einrichtung eines Musikstücks für das Zusammenspiel von Instrumenten oder Gruppen

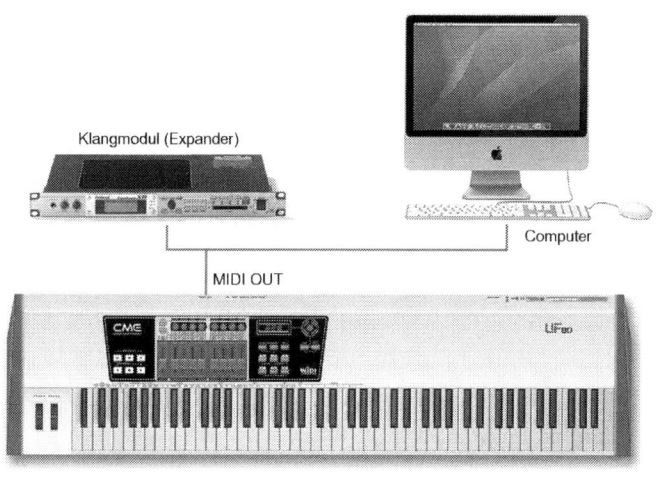

Klangmodul (Expander)

Computer

MIDI OUT

In erster Linie ist der Zweck eines Masterkeyboards (Hauptkeyboard) das Ansteuern der Klänge via MIDI - quasi als kreatives Zentrum zum Einspielen eigener Parts in den Sequencer bzw. als Steuereinheit für die Klänge von Soundmodulen oder Soundkarte.

Ein Masterkeyboard bietet normalerweise keine eingebauten Klänge an oder ist auf ein paar wenige Sounds beschränkt. Statt dessen wird viel Wert auf eine gut spielbare Tastatur und gut bedienbare Knöpfe bzw. Regler zur MIDI-Steuerung (Klangauswahl, Pitch Bend, Modulation, Lautstärke usw.) und entsprechender Speicherung der Einstellungen gelegt.

Musiker benutzen Masterkeyboards aus verschiedenen Gründen. Deshalb bietet der Markt eine große Vielzahl unterschiedlicher Modelle. Wer nach einer reinen MIDI-Tastatur zum Ansteuern einer Soundkarte, eines virtuellen Synthesizer-Programms oder eines Soundmoduls sucht, für den kommt wahrscheinlich ein einfaches MIDI-Keyboard mit 61 Tasten in Frage. Diese Modelle sind kompakt, leicht zu bedienen und bieten das Notwendigste, um kreativ mit dem Computer arbeiten zu können.

Wer schon ein paar tausend Euro in sein Equipment gesteckt hat und nun nach der perfekten MIDI-Zentrale sucht, für den lohnt sich der Blick auf höherwertige Modelle mit 88 Tasten und klavierähnlichem Spielgefühl, denn ein gutes Masterkeyboard ist etwas fürs Leben und eine hochwertige Tastatur ist wichtig für die Entwicklung einer guten Spieltechnik.

Egal für welches Masterkeyboard man sich entscheidet, der Umstieg auf eine andere bzw. höherwertige Tastatur ist in fast allen Fällen einfach und schnell erledigt. Der Wertverlust bei MIDI-Keyboards ist deutlich niedriger als der bei Synthesizern und professionelle Modelle sind auch für Normalsterbliche bezahlbar.

3.2.1 Unterschiede

Das mit Abstand wichtigste Feature eines Masterkeyboards ist natürlich die Bespielbarkeit der Tastatur. Wenn man schon ein bisschen Spielerfahrung besitzt, dann ist eine billige Klappertastatur sicherlich ein böses Hindernis beim Einspielen komplexer Parts.

Das Stichwort ist hier die **Gewichtung**. Neben den normalen Tastaturen, wie man sie in jedem herkömmlichen Keyboard oder Synthesizer findet, gibt es diejenigen mit leicht gewichteten oder gewichteten Tasten. Das Spielgefühl kommt dem auf einem Klavier deutlich näher und die Spieltechnik wird verbessert. Hammermechanik-Tastaturen sind denen in echten Klavieren nachempfunden, allerdings leider auch die teuersten.

Neben der Bespielbarkeit ist natürlich auch die Anzahl der Tasten entscheidend. Weniger Tasten ermöglichen kompakteres Design, passen auf jeden Schreibtisch, erfordern aber das häufige Wechseln der Oktavlage via Keyboard oder Sequenzerprogramm. Oder anders gesagt:

Man kann nicht auf Anhieb alle eventuell benötigten Töne spielen. Meist fehlen die besonders tiefen Lagen.

Ebenfalls sehr wichtig sind die integrierten MIDI-Kontrollmöglichkeiten, die es möglich machen, das Equipment vom Masterkeyboard aus zu steuern. Bessere Ausstattung erspart den häufigen Griff zur Maus bzw. zum Soundmodul. Anschlagdynamik bieten alle Modelle in dieser Klasse, allerdings nicht unbedingt **Aftertouch**[29] und Räder für **Pitch Bend**[30] und **Modulation**[31], wie man sie heutzutage an jedem Synthesizer findet.
Nicht zuletzt ist auch das mitgelieferte Zubehör nicht unwichtig. Ist ein **Sustain**[32]-Pedal im Lieferumfang enthalten, oder gar ein Keyboardständer? Brauche ich noch ein separates MIDI-Interface oder nur ein Adapterkabel? Welche Software wird mitgeliefert? Kann ich damit schon arbeiten oder muss ich mir noch ein Sequenzerprogramm kaufen?

Wer vorhat, das Gerät auch auf der Bühne oder im Übungsraum einzusetzen, der sollte sich auch Features wie **Transpose** (Tonartänderung), **Split-** (unterschiedliche Klänge für linke und rechte Hand) und **Layerfunktionen** (mehrere Klänge übereinander) ansehen. Diese Funktionen sind zwar in jedem modernen Sequenzerprogramm realisiert, aber im Liveeinsatz ohne Computer freut man sich, wenn das Masterkeyboard diese Funktionen schon integriert hat.

Musiklehrer raten ihren Schülern oft, so früh wie möglich auf eine gute Tastatur umzusteigen bzw. gleich mit einer Klaviertastatur zu beginnen, da diese für das Erlernen einer guten Spieltechnik äußerst wichtig ist. Musiker, die hauptsächlich MIDI-Recording betreiben, entscheiden sich auch aus diesem Grund immer häufiger zugunsten von Soundmodulen an Stelle von Tasteninstrumenten mit intergriertem Klang. Expander sind vergleichsweise billig und es ist besser, mehr Geld in ein gutes Masterkeyboards mit gewichteter Tastatur zu investieren.

Die selbe Entscheidung wird oft auch von Musikern getroffen, die schon einmal miterlebt haben, wie anfällig die Tastaturen in manchen Synthesizern im Vergleich zur restlichen Technik sind. Wenn irgend etwas kaputt geht, dann ist es zuerst die Tastatur. Leider muss in diesen Fällen fast immer das komplette Gerät eingesandt werden. In dieser Zeit können sie nicht einmal ihre bereits aufgenommenen Songs abspielen, denn es fehlt ja auch der dazugehörige Klangerzeuger.

3.3 Workstations

Mit den Workstations (Arbeitsstationen) schlug die Musikindustrie in den 1990er Jahren ein neues Keyboard-Kapitel auf. Sie sollen alles gleichzeitig in einem Gerät bieten: Masterkeyboard, Expander, Sampler, Drumcomputer, Sequenzer, ausgedehnte MIDI-Funktionen. Eine Workstation ist gewissermaßen die Wollmilchsau unter den Keyboards. Der Musiker benötigt nur noch ein einsames Tasteninstrument. Workstations wurden der Renner. **Korg** setzte zu Beginn dieser Welle mit der **M1** einen Standard. Kaum eine Firma, die ihr neues Keyboard dann nicht irgendwie Workstation nannte.

Ergänzen muss man noch, dass alle diese Keyboard-Entwicklungen nicht unbedingt auf die Gruppe „Bandmusiker" abzielen, sondern dass sich eine ganz andere Zielgruppe aufgetan hat. Das sind die so genannten „Homerecorder", also Musiker, die zu Hause allein im Kämmerlein (das manchmal ein ausge-

---

[29] Aftertouch = nachträglicher/zusätz
[30] Pitch Bend = Veränderung der Tol
[31] Modulation = Klangveränderung
[32] Sustain = Tonverlängerung

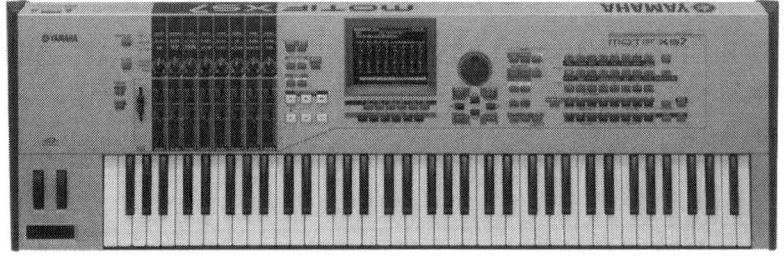

wachsenes Tonstudio ist) ihre Musik aufnehmen und solche Instrumente dabei natürlich vorzüglich einsetzen können, weil man damit jedes erdenkliche Instrument zur Verfügung hat und selbst in aller Ruhe die Sounds einspielen kann.

Allein der Umfang der Bedienelemente einer Workstation weist schon auf die Möglichkeiten eines solchen Keyboards hin. Die Bedienung wird erleichtert durch einen Bildschirm (Display), der oftmals auch berührungsempfindlich ist. So kann man sich direkt durch die Menüs und Programme hindurch tasten. Hinzu kommt die überwältigende Fülle von herausragenden Klängen, die aktuelle Workstations bereit halten und die - wenn es um Klangnachbildung geht - nahe beim Original liegen.

Eine Workstation bietet die Möglichkeit, Songs ohne einen Computer zu komponieren, aufzunehmen und abzuspeichern, denn sie enthält schon ein entsprechendes Sequenzerprogramm. Profi-Workstations sind zudem mit einem CD-Brenner ausgestattet, sodass man seine CD-Produktion quasi an einem Gerät bewerkstelligen kann. Aber natürlich ist eine Workstation auch voll MIDI-fähig.

3.4 Synthesizer

Ein Synthesizer[33] ist ein Klangerzeuger, der durch eine Steuerspannung (erzeugt z. B. durch ein Tasteninstrument) künstliche Töne herstellen kann (Klangsynthese). Die Klangsynthese ist eine Methode zur Herstellung künstlicher oder Abwandlung natürlicher Klänge. Man unterscheidet analoge von digitalen Synthesizern.

Die ersten Synthesizer waren naturgemäß analoge Geräte. Im Zuge der elektronischen Entwicklung fand man heraus, dass Wellenformen auch auf rein schaltungstechnischem Weg zu erreichen waren ohne den Aufwand des Tonwellen-Generators, wie er etwa bei der Hammond-Orgel eingesetzt wurde. Wenn also für jeden zu erzeugenden Ton eine entsprechende Schaltung zur Verfügung stand, konnte man den gesamten Bereich der Klaviertastatur abdecken. Allerdings nahm ein solches Konzept und die zu Beginn dazu gehörenden Röhrenschaltungen sehr viel Raum ein. Die ersten Geräte, die künstliche Klänge erzeugen konnten - die ersten Synthesizer - waren deshalb raumfüllende Monster, die allenfalls für Institute, aber kaum für Musiker geeignet waren. Außerdem handelte es sich um monophone Synthesizer, man konnte auf ihnen nur jeweils einen Ton nach dem anderen spielen.

3.4.1 Transistorschaltungen

Erst die Entwicklung des Transistors und die damit verbundene Transistorschaltung reduzierten das Ganze auf ein erträgliches Maß. Die ersten „Synthesizer" für den Massenmarkt waren in den 1950er und 1960er Jahren daher Transistororgeln, die alle irgendwie einen Orgelklang und seine Abarten zu imitieren suchten. Auch Zusatzinstrumente gab es, die durch ihre spezielle Klangfilterung wie Streichorchester klangen und auch so hießen.
Diese Instrumente arbeiteten fast ausnahmslos mit einer Frequenzteiler-Schaltung. Für die Töne der höchsten Oktave waren die entsprechenden elektronischen Schaltungen (Master-Oszillatoren) vorhanden. Die Signale der darunter liegenden Oktaven wurden davon mit Hilfe der Frequenzteilung abgeleitet. Das ist technisch nicht schwer. Der Kammerton A hat bekanntlich eine Frequenz von 440 Hz. Der Oktavton A darunter ist demnach leicht auf 220 Hz zu bringen.

---

[33] Synthesizer = zusammengesetztes Kunstwort aus „synthetisch" (zusammengesetzt) und „size" (engl. Maß, Größe)

Der Klang von Orgeln jener Zeit war aber keineswegs berauschend, da die Schaltungen und Filtermöglichkeiten noch recht bescheiden waren. So gingen die Entwickler daran, auf Grund dieser Erfahrungen auch transportable Synthesizer zu bauen, also Geräte mit umfassenden Filterungen, mit denen man in der Lage war, Klangspektren nachzubilden oder gar völlig neu zu formen.

3.4.2 Monophone Synthesizer

Jede Firma der Musikindustrie schlug ihren eigenen Weg ein. Aber ein Synthesizer der sich langsam herausbildenden Generation ragte aus der Menge hervor und wurde zur Legende: der **Minimoog**. In ihm waren all die Erfahrungen eingeflossen, die sein Entwickler **Bob Moog** schon Jahre zuvor mit seinen Riesensynthies in Modulbauweise gesammelt hatte. Der Minimoog wurde 1970 auf den Markt gebracht, war absolut klein und transportabel, und er hatte den Sound, der einen damals umhaute. So dick und fett und variabel war bisher noch kein Synthesizer mit seinen Klängen dahergekommen. Dieser unverkennbare Klang ergab sich aus der Tatsache, dass gleich drei Oszillatoren im Mini wohnten, die Rechteck- und Sägezahnwellen erzeugten. Es konnten also gleich drei Quellen zur Formung des Sounds verwendet werden. Diese konnten auch noch verschiedene Filter- und Modulationsstufen durchlaufen.

Auch die Bedienungsfreundlichkeit des Minimoog war sprichwörtlich. Es war ein **analoger Synthesizer**. Das bedeutet, dass der Klang durch das Durchlaufen der Wellenformen durch die elektronischen Schaltungen und Filter entsteht. Zur Bedienung dieser Schaltungen stehen dem Musiker **Schalter und Knöpfe** zur Verfügung, deren Zustand er direkt überblicken kann. Einen analogen Synthesizer erkennt man also daran (vereinfachend ausgedrückt), dass man sieht, was man tut. Die wesentlichen Bauelemente analoger Synthesizer sind **VCO** (Voltage Controlled Oscillator = spannungsgesteuerter Oszillator), **VCF** (Voftage Controlled Filter = spannungsgesteuerter Filter), **VCA** (Voltage Controlled Amplifier = spannungsgesteuerter Verstärker) und **LFO** (Low Frequency Oscillator). Die Größenanordnung der Steuerspannung nimmt also immer Einfluss auf die Klangformung. Je mehr Oszillatoren ein Synthesizer hat, desto voller und fetter ist der Klang, siehe Minimoog.

Wellenformen, die mit Oszillatoren erzeugt werden können:

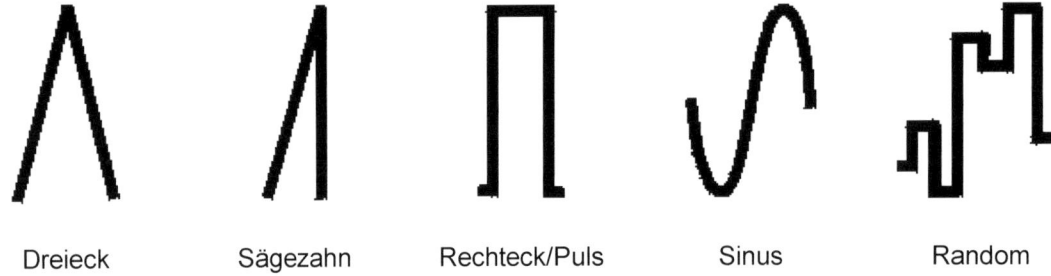

Dreieck   Sägezahn   Rechteck/Puls   Sinus   Random

So konnte der Musiker locker am Minimoog herumschalten und -drehen und das Ergebnis seines Tuns sofort am Klang messen. Es gibt kaum einen Synthesizer, der so tolle Bläser- oder Basssounds hervorbringt wie der Minimoog - auch heute noch, aber auch beim Erfinden von Klängen ist er super. In vielen modernen Sample-Keyboards findet man genau jene Sounds wieder: "Moog Bass" heißt es da oft. Auf den Platten von **Emerson, Lake & Palmer** wurde dem Minimoog ein Denkmal gesetzt. Viele der Emerson-Sounds übrigens wurden dem Minimoog vom Hersteller als Einstellungsvorschlag per Stylesheet[34] beigegeben.

Einen Nachteil hatte der Minimoog unbestritten: er war nur **monophon**. Man konnte auf der Tastatur nur jeweils einen einzelnen Ton anschlagen. So war der Minimoog daher immer nur ein Synthesizer für das Solospiel.

Die Herstellung des Minimoog wurde schon lange eingestellt. Aber: Es gibt ihn wieder! Als **Moog Voyager PSE** erfuhr er ein komplettes Re-Design, ist aber weiterhin ein monophoner analoger Synthesizer. Er enthält alle wesentlichen Klangeigenschaften und Funktionen des originalen Minimoogs, angereichert mit modernen Ausstattungen wie etwa der MIDI-Schnittstelle.

3.4.3 Polyphone Synthesizer

Der Fortschritt bei den Keyboards war nicht mehr aufzuhalten. Sicher ist sein Verlauf mit der ebenso rasanten Entwicklung im Computerlager zu sehen. Integrierte Schaltkreise (ICs) benötigten immer weniger Raum. Der Trend ging in Richtung **Polyphonie** (= Vielstimmigkeit), die Möglichkeit, auf dem Synthesizer wie auf der Orgel mehrere Stimmen gleichzeitig erklingen zu lassen. Auch hier war es **Moog**, dem die Vorreiterstellung zukam. Mit seinem **Polymoog**, der 1976 herauskam, erfüllte er die Wünsche vieler Musiker, mit den Synthiesounds auch breite Klangteppiche legen zu können.

Kurz darauf folgten auch andere Hersteller mit polyphonen Synthesizern, etwa **Sequential** mit dem legendären **Prophet V**, **Korg** mit dem **PS 3100** oder **Yamaha** mit dem **CS 80**. Allerdings hieß polyphon durchaus nicht, dass man alle Tasten gleichzeitig erklingen lassen konnte. Der Prophet war lediglich fünfstimmig polyphon, der CS 80 achtstimmig. Nur die Korg-Modelle und der Polymoog waren **vollpolyphon**, beim Korg gab's damals 48, bei Moog gar 71 Stimmen. Nun kann man einwenden, dass man so viele Finger doch gar nicht gleichzeitig zur Verfügung hat. Aber es könnte doch mal sein, dass man eine Soundeinstellung hat, bei der vorausgehende Töne gehalten werden sollen. Das ist aber nur bei voller Polyphonie möglich, beim Prophet würden beim Halten von mehr als fünf Tönen dann die neu angeschlagenen erklingen.

3.4.4 Digitale Synthesizer

In der Zeit des Polymoogs entstand auch der erste rein **digitale Synthesizer**. Das war der **RMI Keyboard Computer KCII**, den man 1977 bei uns für schlappe 20.000 DM erwerben konnte. Kein Wunder, dass das Ding nur ein Geheimtipp für reiche Musiker blieb. Der Name des Gerätes gibt schon den Hinweis auf den Unterschied zwischen analoger und digitaler Klangerzeugung. All die Filter und Schaltkreise des analogen Gerätes fehlen beim digitalen Synthesizer. Bei ihm werden rechnerisch ermittelte Grundwellenformen gespeichert. Aus diesen können neue Wellenformen und Lautstärkeverläufe errechnet werden. Es geschieht alles genau wie in einem Computer.

---

[34] Stylesheet = engl. Stilvorlage

Und noch ein weiterer Unterschied: Während die analogen Synthies ihre Klänge durch **subtraktive Synthese** erreichen, sind digitale Synthesizer in der Lage, Sounds durch **additive Synthese** zu erzeugen. **Subtraktiv** heißt, dass aus Grundwellenformen durch **Herausfiltern** neue Klänge entstehen. Beim **additiven Verfahren** werden durch **Zusammenfügen** von Basiswellenformen neue entwickelt. In dieser Hinsicht stand der RMI allein auf weiter Flur.

Bis etwa 1984 noch beherrschten die analogen Synthesizer in allen Variationen den Markt. In diesen allerdings hatten die japanischen Hersteller sich förmlich hineingeboomt und boten fast monatlich neue erweiterte Modelle zu erstaunlich niedrigen Preisen an. Etablierte Firmen wie Moog und Sequential konnten da nicht mithalten oder hatten die Entwicklung verschlafen. Zum Bedauern vieler Musiker verschwanden sie in der Versenkung.

Eine neue Synthesizer-Aera brach an. Die **digitalen** Geräte waren auf dem Vormarsch. Trotz der auch heute noch anerkannten Stärken der analogen Synthesizer bescherten sie den Musikern neue Klangwelten, angefangen beim **DX 7** von **Yamaha**. Insbesondere bestachen die neuen Synthies durch die glasklaren und transparenten Sounds im Bereich der percussiven Klänge, etwa bei Klavier- oder Glockennachbildungen. Auch die neue Art der Klangherstellung ließ viele Keyboarder nächtelang nicht schlafen.
Die digitale Ebene der neuen Keyboards brachte einige Vorteile: die Sounds konnten abgespeichert oder eingeladen werden. Außerdem war es durch eine neue Norm (siehe MIDI) nunmehr möglich, Keyboards auch verschiedener Gerätehersteller miteinander zu verkoppeln oder sie per Computer anzusteuern. Das kurbelte wiederum den Software-Markt gewaltig an. Lade-, Bearbeitungs- und Sequenzerprogramme waren plötzlich erhältlich, zunächst für den **C-64** von **Commodore**. Bald aber wurde hier in Deutschland der **Atari ST** zum führenden Steuercomputer für die Keyboard-Software.

3.5 Soundmodule (Expander[35])

Es blieb im Zuge der Digitalisierung nicht bei den Synthesizern in Form von Keyboards. Rund um die Tasten türmten sich immer mehr ergänzende Geräte auf. **Expander** erweiterten das Klangangebot der Keyboards ins Unermessliche. Ein Expander ist ein Synthesizer ohne Tastatur, der von einem anderen MIDI-Keyboard via MIDI angesteuert werden kann. Speziell Masterkeyboards eignen sich besonders zur Ansteuerung von Expandern. Über die Entstehung der Klänge machten sich die Musiker kaum mehr Gedanken. Sie waren halt da in diesen „Kisten".

Auch setzten sich immer häufiger Expander durch, die reine **Preset-Geräte** waren, d.h. in ihnen konnte man keine Klänge erstellen oder bearbeiten, sondern nur fertige Sounds abrufen. Beim sensationell günstigen **FB-01** von **Yamaha** standen fünf Soundbänke mit je 48 Sounds zur Verfügung. Der **Oberheim Matrix 1000** kam gleich mit 1000 Klängen daher. Die Erfahrung zeigt jedoch, dass eine solche KLangmasse kaum genutzt wird, weil man am Ende doch nur die Hand voll Sounds verwendet, die einem gut ins eigene Konzept passen.

3.6 Sampler

Wer nun glaubt, dass damit die Keyboardentwicklung zu einem Ende gekommen ist, täuscht sich. Die nächste Generation der Klangmaschinen bildeten die **Sampler**. Sampler sind digitale Geräte, die in der Lage sind, beliebige Klänge aufzunehmen und zu speichern. Die Aufnahme geschieht aber nicht wie beim Tonband, sondern wiederum digital. Das Schallereignis kann

---

[35] Expander = aus dem Sport als „Muskelstrecker" bekannt; hier: Ausdehnung, Erweiterung

mit einem Mikrofon oder einer anderen beliebigen Schallquelle aufgefangen und im Sampler zu einer computergerechten Information gewandelt werden. Anschließend kann man mit einem Keyboard diese Information aus dem Speicherchip des Samplers abrufen, das digitale Ereignis wird wieder gewandelt und über einen Verstärker hörbar gemacht. Es passiert in einem Sampler genau das, was uns mittlerweile durch CD oder CD-Brenner bekannt ist.

So ist es also möglich, in das Sampler-Mikrofon heftig hinein zu husten, es abzuspeichern und anschließend auf dem Keyboard in allen Oktaven den Husten zu spielen. Die Klangqualität hängt dabei von der Speichergröße und dem Auflösevermögen (sampling rate) des Samplers ab. Die Firma **Akai**, ursprünglich ein HiFi-Hersteller, brachte ca. 1985 mit dem **SG12** den ersten erschwinglichen und leistungsfähigen Sampler heraus.

Innerhalb weniger Jahre kamen erstaunliche Sampler auf den Markt, die hauptsächlich für **Natursounds** eingesetzt wurden. Dies war auf die immer ausgedehntere Speicherfähigkeit neuerer Computerchips zurückzuführen. Es ist kein Problem, mit einem Sampler ganze Orchester zu ersetzen. Vielfach geschieht das in der Plattenindustrie auch, allerdings ist der Anteil der Hardware-Sampler stark zurück gegangen. Gesamplet wird heute mit Software direkt im Computer.

3.7 Drumcomputer

Eine besondere Sorte von Expandern, die sich in den MIDI-Verbund einreihen, sind die Drumcomputer. Ein Drumcomputer, auch Drum Machine genannt, ist ein elektronisches Instrument zur Erzeugung perkussiver[36] Klänge. Die Klangerzeugung erfolgt subtraktiv analog oder digital mit Hilfe von Samples. Angesteuert wird die Klangerzeugung dabei über

- Interfaces (CV-Gate oder MIDI),
- eingebaute Pattern[37]-Sequenzer oder
- eingebaute Drum-Pads[38].

Ein mit Pads (druckempfindliche gummierte Flächen) ausgestatteter Drumcomputer entspricht einem elektronischen Schlagzeug. Die ersten Drumcomputer waren einfache Automaten, die nur vorprogrammierte Rhythmen wie Mambo, Tango usw. abspielen konnten. Zielgruppe waren zumeist Alleinunterhalter. Daher fand man Drumcomputer auch in Heimorgeln. Zu Beginn der 1980er Jahre erschienen die ersten frei programmierbaren Drumcomputer. Die Klangerzeugung war analog, weshalb die Klänge nicht sehr natürlich klangen. Ein berühmtes Beispiel für diese Art der Drum Machine ist die **Roland TR-808**. Rhythmen konnte man über den eingebauten Pattern-Sequenzer programmieren und das Abspielen per Schnittstelle mit anderen Geräten synchronisieren. Analoge Drumcomputer sind heute meist begehrte Sammlerstücke. Ihre Klänge, gerade, weil sie natürlichen Klängen nicht sehr ähnlich sind, werden heute noch vielfältig in der Pop- und Dance-Musik angewendet. Aus diesem Grund findet man sie häufig in Form von Samples in modernen digitalen Drum Machines.

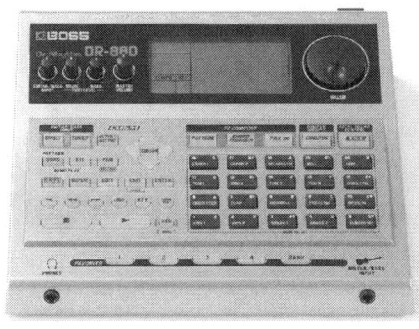

Mit der **Linn LM-1** setzte sich zunehmend eine Sample-basierte digitale Klangerzeugung durch. Die Klänge klangen zunehmend natürlicher, wobei Beckenklänge aufgrund ihrer Länge und der damaligen Kosten für Speicherbausteine anfangs schwer zu realisieren waren.

:he

Boss Drumcomputer (Quelle: Internet)

Nachdem sich MIDI als Schnittstelle durchgesetzt hatte, konnten Drumcomputer extern angesteuert werden und nur noch die Klangerzeugung fand im Gerät statt. Ab Mitte der 1990er nahm die Verbreitung der Drumcomputer ab, da sie zunehmend in Synthesizern und Workstations) integriert bzw. durch Sampler ersetzt wurden. Heute werden sie nur noch von wenigen Firmen produziert.

Übliche Schlagzeugsamples sind Bassdrum, Snare, HiHat, Cymbal, Tom und Percussion-Samples (zumeist Clap, Tambourin, Bongos, Rattle). Für die Samples sind meistens die wichtigsten Parameter wie Lautstärke, Dauer oder Geschwindigkeit/Tonhöhe (Pitch) einstellbar.

4. Einheit - Die Software

Wer mit dem Computer Musik machen will, der benötigt zunächst einmal eine leistungsfähige **Hardware**. Ein schneller Prozessor wird vorausgesetzt. Genauso wichtig sind aber möglichst viel Speicher (RAM) und eine große Festplatte. Grundsätzlich sollte ein solchermaßen ausgestatter PC ausschließlich dem musikalischen Einsatz vorbehalten bleiben. Es macht keinen Sinn und dient nur der Verwirrung, wenn man damit auch noch die Buchhaltung erledigt, die Fotosammlung verwaltet und im Internet surft. Unter Umständen können sich sogar bestimmte Daten in die Quere kommen. Eine klare Datentrennung ist sehr anzuraten.

Für die Herstellung und Bearbeitung von Musik mit dem PC wird neben der Hardware komplexe **Software** benötigt. Unter Software (etwa: weiche Ware) versteht man programmierte Anweisungen, durch die ein technisches Gerät wie der Computer erst in Funktion gesetzt wird. So sind etwa die bekannten Betriebssysteme Windows oder Linux ausgedehnte Programmanweisungen in Form codierter Datensätze. Früher wurde Software auf Disketten vertrieben. So konnte es schon mal sein, dass man ein Programm wie „Word" verteilt auf zwei Dutzend Disketten erhielt, die man dann bei der Installation der Reihe nach abarbeiten musste. Heute wird Software ausschließlich auf CDs oder DVDs ausgeliefert, es sei denn, man lädt sie direkt aus dem Internet herunter. Es gibt aber auch Software, die auf Chips gespeichert ist. Der Atari-Computer aus den 1980er Jahren hatte sein Betriebssystem direkt auf einem Speicherbaustein. Es musste nichts installiert werden. Das BIOS moderner PCs ist ebenfalls auf einem Chip des Motherboards abgelegt.

Software wird in der Regel in Gegensatz zu Hardware gesetzt. Hardware bezeichnet dabei den physischen Träger, auf dem die Software existiert und funktioniert. Nur im Verbund erfüllen Software und Hardware ihre Funktion. Software ist in diesem Sinne ohne Hardware nicht denkbar, weil sinnlos. Das Gleiche gilt auch umgekehrt. Umgangssprachlich wird „Software" oft auch ausschließlich für „aktive" Daten, also ausführbare Computerprogramme gebraucht. Andererseits wird manchmal auch jede Art von digitalen Daten als Software bezeichnet, also auch z. B. Musikdaten auf einer CD.

4.1 - Musiksoftware

Der Umfang heute zugänglicher Software für den Einsatz rund um die Musik hat ein riesiges Ausmaß angenommen und ist regelrecht unübersichtlich geworden. Wir wollen daher an dieser Stelle nur einen Überblick gewinnen und uns dann weitgehend auf Wesentliches konzentrieren. Musiksoftware im Allgemeinen und Besonderen hat große Fortschritte gemacht. Während man zu Zeiten, als die ersten PCs aufkamen, schon froh war, wenn man auf einem grünen Bildschirm kryptische Zeichen sah und dem Ganzen einzelne Töne entlocken konnte, wird man heute durch die Software in virtuelle musikalische Welten geführt. Ähnliche wie bei realitätsnahen modernen Computerspielen werden komplette Studioumgebungen mit all ihren

Anwendungen simuliert. Den Joystick der Spiele ersetzen andere externe Geräte, die ebenfalls der Steuerung der Programme dienen. Ohne MIDI geht im Bereich PC-Musik kaum etwas. Neuerdings hat aber auch die USB[39]-Schnittstelle große Bedeutung bekommen. Im Folgenden sollen die verschiedenen Einsatzbereiche und -möglichkeiten von Musiksoftware näher beleuchtet werden.

4.1.1 Recording

Der Begriff **Recording** deckt alles ab, was mit der Aufnahme und Herstellung von Musik zu tun hat. In einem Tonstudio sieht das so aus, dass in einem speziellen Raum ein Musiker oder eine Band spielen und in einem anderen Raum über ein Mischpult der Klang verarbeitet und dann mit entsprechenden Aufnahmegeräten aufgenommen wird. Früher waren das analoge Spulen-Tonbandmaschinen, heute sind es eher digitale Rekorder.

Die Tonaufnahme (engl. Recording) in einem Studio mit Musikern ist ein technischer Vorgang, bei der akustische Schwingungen in elektrische Signale gewandelt und in analoger oder digitaler Form (Analogaufnahme bzw. Digitalaufnahme) auf Trägermedien gespeichert werden. Sind mehrere Musiker gleichzeitig beteiligt, so werden die einzelnen Signale technisch getrennt und auf jeweils eigenen Spuren des Aufnahmemediums aufgezeichnet. Man spricht dann auch von Mehrspuraufnahmen.

Beim Recording mit dem PC spielt es sich ähnlich ab wie in einem Studio, aber man muss ein wenig umdenken. Die gesamte Studioumgebung wird in der Software, die man benutzt, zusammengefasst. Mit einer Recording-Software kann man

- aufnehmen
- bearbeiten
- verändern, verfremden

- veredeln
- Noten erstellen
- abspeichern

Im Wesentlichen passiert das alles auf digitaler Ebene. Will man allerdings Gesang aufnehmen oder Gitarre, so muss dies auf analoge Weise über den Eingang der Sound- bzw. Recording-Karte geschehen. Aktuelle Recording-Software bietet daher zwei Aufnahmewege. Einmal kann man Musik per MIDI einspielen auf so genannte **MIDI-Spuren**. Das geht am besten über ein entsprechendes Keyboard mit MIDI-Schnittstelle. Zum Anderen kann man Musik als Audiodatei aufnehmen auf so genannte **Audio-Spuren**. Optisch sind die beiden Spurarten gut voneinander zu unterscheiden. Die MIDI-Spur präsentiert sich als Abfolge von Ereignissen, während auf der Audio-Spur der Frequenzverlauf sichtbar wird.

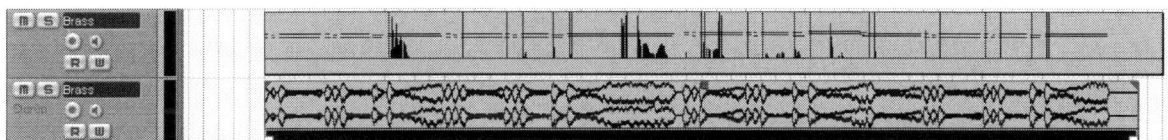

Brass (Blasinstrumente): MIDI-Spur oben und Audio-Spur (stereo) unten

Recording-Software mit diesen Möglichkeiten wird als **MIDI-/Audio-Sequenzer** bezeichnet. Seit etwa Mitte der 1990er Jahre gibt es solche Software-Lösungen, die neben reinem MIDI-Sequencing eben auch die Aufnahme auf der Festplatte (Harddisk-Recording) ermöglichen. Ein moderner MIDI-/Audio-Sequenzer stellt daher, wie oben angedeutet, ein komplettes virtuelles Musikstudio dar: integriertes Mischpult, Effektmöglichkeiten, Einbindung von virtuellen Instrumenten auf Softwarebasis.

---

[39] USB = Universal Serial Bus

Wir halten fest:

1. Für Aufnahme von Musik am PC benötigen wir eine geeignete Software. Diese bildet eine Studioumgebung ab.
2. Gesichert wird die aufgenommene Musik auf den Festplatten des Computers.
3. Eine wichtige Verbindung für moderne Aufnahmeprozesse ist die MIDI-Schnittstelle. MIDI verbindet elektronische Instrumente mit dem PC und ermöglicht die Einbindung virtueller Instrumente.

4.1.2 Latenz

Eine wichtige Sache soll an dieser Stelle erwähnt werden: die Latenzzeit. Latenz bezeichnet die Verzögerung bei der Verarbeitung eines Signals vom Eingang zum Ausgang eine Computers. Das kann sowohl MIDI, als auch Audio betreffen. Latenzen unter 10ms sind normalerweise nicht wahrnehmbar. Verantwortlich für niedrige Latenzen sind meist gute Treiber. Die Software-Firma Steinberg hat mit dem ASIO-Treibermodell eine Standard entwickelt, mit dem sich sehr niedrige Verzögerungen realisieren lassen. Eine Recordingkarte sollte daher ASIO-Treiber mitbringen, dass tun aber eigentlich alle. Diese speziell auf die Karte abgestimmten Treiber können dann auch in der Recording-Software verwendet werden. Auf der sicheren Seite ist man mit einer echten Recordingkarte, die mit hauseigenen ASIO-Treibern geliefert wird.

4.1.3 ASIO

ASIO steht für **Audio Stream Input/Output** und ist ein von Steinberg entwickeltes, plattformübergreifendes, mehrkanalfähiges Übertragungs-Protokoll für Audiodateien. Mittels ASIO wird es einer entsprechenden Software ermöglicht, auf die Mehrkanal-Fähigkeiten vieler Sound- und Recording-Karten zuzugreifen. Außerdem ermöglicht ASIO die für den professionellen Einsatz geforderten geringen Latenzzeiten (siehe oben). In günstigen Konfigurationen kann die Latenz bis auf wenige Millisekunden reduziert werden.

ASIO wird von vielen Audio- und Midi-Sequenzern unterstützt. Viele Soundkartenhersteller stellen auch ASIO-Treiber für ihre Produkte bereit. Um die ASIO-Funktionen voll nutzen zu können, muss auch die Software ASIO-Treiber unterstützen. Die aktuelle Version von ASIO ist 2.8 (Januar 2008) und unterstützt auch 64-Bit-Systeme und DSD (Direct Stream Digital) sowie Microsoft Windows Vista.

4.2 Sequenzerprogramme

Über Seqenzerprogramme wurde schon in Kapitel 2 berichtet. Musik am und mit dem Computer ist untrennbar mit solchen Programmen verbunden, die - wie auch schon angedeutet - heute ausschließlich Audio/MIDI-Sequenzer sind. Es haben sich zwei Standards herausgebildet, die von Musikern und professionellen Tonstudios eingesetzt werden.

4.2.1 Cubase

Da ist einmal das Programm **Cubase** von Steinberg, das ursprünglich für den Atari ST entwickelt wurde, später aber auf **Microsoft Windows** und **Apple Macintosh** übertragen wurde. Es ist damit eines der wenigen Programme seiner Art, das nach wie vor plattformübergreifend verfügbar ist. Der größere (und wesentlich teurere) Bruder von Cubase ist **Nuendo**, das neben allen Features von Cubase noch erweiterte Funktionen für die Synchronisation von Filmmaterial bietet und daher eher für die Video-Produktion benötigt wird, nicht aber für reine Musikaufnahmen. Die Geschichte der Entwicklung von Cubase ist auch die Geschichte der modernen Computermusik.

Die Geschichte von Cubase (Quelle: Wikipedia)

- **1983** - 1983 beschließen der Keyboarder Manfred Rürup und der Tontechniker Karl Steinberg ein Konzept für den ersten Midi-Multitrack[40]-Sequenzer zu entwickeln. Beide sehen großes Potential in der jungen Computertechnik und gründen 1984 die Steinberg Research GmbH. Das für den Commodore 64 Computer geschriebene Programm mit dem Namen Multitrack Recorder verkauft sich 40 bis 50 mal.

- **1984** - Der Erfolg des Multitrack-Midi-Sequenzers Pro-16 ist maßgeblich für die weitere Entwicklung von Steinberg und damit für das heutige Cubase verantwortlich. Die Software wird für die Commodore 64 Plattform geschrieben - es erscheint auch eine Version für die Apple IIe und II+ Computer - und stellt dem Nutzer 16 Midi-Spuren zur Verfügung. Die Editiermöglichkeiten halten sich jedoch noch in Grenzen.

- **1986** - 1986 kommt mit dem Pro-24 der Nachfolger des Pro-16 auf den Markt. Im Vergleich zu dem Vorgänger bietet die Software 24 Midi-Spuren und erweiterte Editiermöglichkeiten, wie die Quantisierung (Zeitkorrektur) von Notenwerten und das Verändern von Midi-Parametern (z. B. Anschlagsstärke, Panorama usw.). Außerdem wird die Software um ein Notationssystem erweitert. Pro-24 erscheint für die neuen Atari-ST Computer. Als erster „Home Computer" bietet dieser eine integrierte Midi-Schnittstelle und arbeitet mit 16 bit. Eine Version für die Commodore-Amiga-Plattform erscheint im selben Jahr.

- **1988** - Die Sequenzer Software Pro Twenty-Four III etabliert sich zum „Year's Sequenzer of Choice" 1989. Die erste Version des Konkurrenzproduktes Notator (C-LAB, später Emagic) wird veröffentlicht.

- **1989** - Steinberg veröffentlicht den ersten Sequenzer der Cubase-Plattform: Cubit. Neben einer Palette neuer Features ist der Sequenzer vor allem hinsichtlich der Benutzerfreundlichkeit verbessert worden. Cubit wird für das neue Betriebssystem M.ROS geschrieben, das sowohl für den Atari-ST, den Apple Macintosh als auch den PC verfügbar ist.

- **1990** - Cubase 2.0 bietet ein erweitertes Notationssystem und das Feature „Phrase Synthesizer" (im Prinzip ein aufwändiger Arpeggiator) und ist sowohl für den Atari-ST als auch den Apple Macintosh verfügbar. Im Vergleich zu Cubit jedoch ist es für das jeweilige Betriebssystem kompiliert. Parallel wird eine Einsteigerversion des Sequenzers mit dem Namen Cubeat angeboten.

- **1991** - Das neue Cubase Audio (Apple Macintosh) erlaubt nun die Aufzeichnung von Audiodaten. Diese Funktion lässt Cubase zu einer ernstzunehmenden Alternative zur klassischen Aufnahme per Bandmaschine werden.

- **1992** - Cubase ist ab sofort für Windows-PCs verfügbar. Damit ist Cubase für alle wichtigen Plattformen verfügbar.

- **1996** - Cubase VST (Apple Macintosh) wird auf der Frankfurter Musikmesse vorgestellt. Die „Virtual Studio Technology" erlaubt die Einbindung von Echtzeit-Effekten in Form von PlugIns. Damit stehen dem Nutzer alle wichtigen Funktionen und Geräte des Studioalltags virtuell zur Verfügung. 1997 ist Cubase VST auch für den PC verfügbar.

---

[40] Multitrack = engl. Mehrspur

- **1999** - Mit der Cubase VST Version 4.1 (Mac) und Cubase VST 3.7 für PC stehen dem Nutzer nun neben virtuellen Effekten auch virtuelle Instrumente (VSTi) zur Verfügung. Neben den Vorzügen der erweiterten VST 2.0 Schnittstelle ist es durch die offene Audioarchitektur ASIO 2.0 (Audio Stream Input/Output Architektur) unter Anderem möglich, die Instrumente mit niedriger Latenz zu spielen. VST als auch ASIO etablieren sich längst zu einem Quasistandard.

- **2000** - Cubase VST 5.0 wird veröffentlicht. Sowohl die Mac- als auch die PC-Version hat erstmalig den selben Funktionsumfang. Bisher hatte die Mac-Version mehr Funktionen als die PC-Version. Mit den immer schneller werdenden PC-Prozessoren können aber nun auch PCs alle Aufgaben erfüllen, weswegen es nicht mehr sinnvoll erscheint, "abgespeckte" PC-Versionen zu veröffentlichen.

- **2002** - Im Frühjahr 2002 stellt Steinberg auf der NAMM-Show in Kalifornien die neuen Versionen ihres Sequenzers vor: Cubase SX (Pro-Version) und Cubase SL (Einsteigerversion).

- **2003** - Der erweiterte Nachfolger Cubase SX2 wird veröffentlicht. Es findet die Übernahme von Steinberg durch das Unternehmen Pinnacle Systems statt.

- **2004** - Die Version Cubase SX3 erscheint. Yamaha kauft Steinberg von Pinnacle Systems.

- **2006** - Cubase 4 und Cubase Studio 4 kommen Ende 2006 auf den Markt. Auf den Zusatz `SX´ wird verzichtet. Die VST3-Norm wird erstmalig eingeführt.

- **2007** - Seit Oktober 2007 gibt es von Cubase bzw. Cubase Studio die aktuelle Version 4.1., die einige neue Features, wie z.B. Side Chaining für VST3 PlugIns, bietet.

- **2008** - Für Einsteiger gibt es seit Januar 2008 die Version Cubase Essential 4.

Um sinnvoll arbeiten zu können, benötigt der Rechner, auf dem Cubase läuft, Schnittstellen nach außen. Für die Aufnahme und Wiedergabe von Audiomaterial wird eine Sound- oder Audiokarte, möglichst mit schnellem ASIO-Treiber, benötigt. Für die Aufnahme von MIDI-Daten muss ein entsprechendes Interface am Rechner angeschlossen sein. Über MIDI können dann externe Klangerzeuger (z. B. Synthesizer) sowie MIDI-Eingabegeräte (in der Regel Klaviatur/Keyboard, aber auch MIDI-Gitarre, MIDI-Controller o. ä.) verbunden sein.

So gut wie alle Versionen von Cubase benutzen, um eine unberechtigte Weitergabe der Programme zu unterbinden, Dongles[41] als Kopierschutz, was manchmal zu technischen Problemen führt. Bis Cubase VST 5.1 wurden die Kopierschutzstecker an den Druckerport LPT angeschlossen. Cubase SX, SL und SE, die Cubase 4-Reihe sowie Nuendo benutzen USB-Dongles der deutschen Firma Syncrosoft.

Für den Heimgebrauch gibt es jeweils eine günstigere Version. Bei Cubase VST hieß sie noch Cubasis, in der neuen Cubase SX Familie gab es Cubase SL oder Cubase SE. Bezüglich der Dateiformate herrscht generell Aufwärtskompatibilität. Das bedeutet: Ein mit einer der kleinen Cubase-Versionen erstelltes Projekt lässt sich auch in den großen Versionen (Cubase SX, Nuendo) problemlos öffnen, allerdings gilt dies leider in den meisten Fällen nicht umgekehrt. Seit der Versionsreihe Cubase 4 (Cubase Essential 4, Cubase Studio 4 und Cubase 4, Nuendo 4) lassen sich allerdings die alten Dateiformate der "VST"-Produktreihe und deren Vorläufer nicht mehr öffnen.

---

[41] Dongle = Kopierschutzstecker

4.2.2 Logic

Den zweiten Standard auf dem Sequenzermarkt bietet das Programm **Logic**. Bis Version 6 wurde die Software von der deutschen Firma Emagic entwickelt, die bereits 2002 von der amerikanischen Firma Apple aufgekauft wurde. Die Weiterentwicklung von Logic für Microsoft Windows wurde daraufhin eingestellt, wohl aus Konkurrenzgründen. Seitdem ist Logic nur noch für Apple Macintosh erhältlich. Die letzte Version, die für Windows verfügbar war, ist 5.5.1. Während Version 6 noch den Namen Emagic trug, ist Logic seit Version 7 offiziell ein Apple-Produkt. Apple packte nun über 20 verschiedene Emagic-Produkte, unter anderem viele Instrumente und Effekt Plug-Ins, in ein einzelnes Produkt, genannt **Logic Pro**.

Alle Nutzer, die ursprünglich die Windows-Version gekauft hatten, saßen nun quasi auf dem Trockenen, sie bekamen keine Updates mehr oder mussten auf Apple-Computer umsteigen und landeten schließlich oft auch bei Cubase. In Tonstudios hingegen werden Apple-PCs häufig eingesetzt (übrigens auch in Grafikstudios). Und so ist Apple Logic dort ein weit verbreitetes Produktionsmittel.

4.3 Mastering

Unter Mastering (auch Audio-Mastering) versteht man die letzte Bearbeitung des Audio-Materials einer Musikproduktion vor der Tonträgererstellung. Die Reihenfolge der Arbeitsschritte innerhalb einer solchen Produktion sieht so aus:

1. Musik-/Tonaufnahme im Mehrspurverfahren
2. Abmischung (Mix, Mixdown) der einzelnen Spuren auf eine Stereo- oder Surround-Spur (die so genannte Summe)
3. Nachbearbeitung der Stereo-/Surround-Summe durch das eigentliche Audio-Mastering

Ziel des Masterings ist es, dem vorliegenden Tonmaterial die bestmögliche Qualität zu verleihen. Außerdem muss darauf geachtet werden, dass die Wiedergabe-Kompatibilität[42] auf möglichst vielen technischen Geräten und Medien gegeben ist. Es soll eben nicht nur im Tonstudio gut klingen, sondern auch auf einer kleinen Stereoanlage, im Kopfhörer oder im Radio, wobei der Sound auch dann nicht besonders abfallen sollte, wenn die Wiedergabe mono statt stereo ist. Ein ausgeglichener Frequenzgang ist ebenfalls ein wichtiges Merkmal guten Masterings. Neben der rein technischen Bearbeitung und der Ausmerzung von Fehlern kann durch Mastering oftmals eine deutliche Verbesserung des klanglichen Eindrucks einer Tonproduktion erreicht werden. Während früher dazu technische Geräte wie Filter, Equalizer oder Kompressoren eingesetzt wurden, können all diese Arbeiten auch auf reiner Software-Basis mit Hilfe der VST-Schnittstelle (siehe unten) durchgeführt werden. Man unterscheidet daher zwischen analogem und digitalem Mastering.

Da das Mastering ein sehr spezieller Vorgang ist, gibt es heute reine Masteringstudios, in denen sich Toningenieure ausschließlich mit der klanglichen Angleichung und Verbesserung fremder Aufnahmen befassen. Auch die Übertragung von alten analogen Schallplattenaufnahmen in die digitale Ebene erfolgt in solchen Studios.

Im Prinzip kann man auch mit einer Sequenzer-Software mastern. Es empfiehlt sich aber der Einsatz einer speziellen Software. Ein solches Programm zur Bearbeitung von digitalem Tonmaterial ist **WaveLab**, ebenfalls von Steinberg entwickelt. Es gehört zu den bekanntesten Audioeditoren dieser Art.

---

[42] Kompatibilität = Vereinbarkeit

Eine ähnliche Software bietet die Firma Adobe Systems. **Adobe Audition** ist eine Software zum Aufnehmen, Bearbeiten, Abmischen und Mastern von Audio. Im Mai 2003 wurde der Audioeditor Cool Edit Pro 2.1 der Firma Syntrillium aufgekauft und als Adobe Audition in die eigene Produktpalette eingegliedert und weiterentwickelt. In der Version 3 bietet Adobe Audition zahlreiche Möglichkeiten rund um die Erstellung und Bearbeitung von Audio:

- Komponieren
- Aufnehmen und abmischen
- Produzieren von Radio-Spots
- Bereinigen von Audiodateien
- Arrangieren und Bearbeiten von Soundtracks

4.4 Preise

Es versteht sich von selbst, dass weder Sequenzerprogramme noch Mastering-Software, die professionellen Anspüchen genügt, billig sind. Man muss hier schon ganz schön tief in die Tasche greifen. Allein bei Cubase gibt es preiswerte, aber abgespeckte Versionen. Mitunter enthalten auch die CD-Beigaben von Soundkarten solche Programme zum Nulltarif. Wir werden am Ende des Kapitels sehen, dass es für Normalverbraucher auch kostenlose Programme gibt.

4.5 Instrumente

Manch einer mag sich wundern, dass das Thema „Instrumente" hier im Kapitel „Software" abgehandelt wird. Aber wir reden ja von Musik am und mit dem PC und dabei ist heute alles möglich. Man spielt zwar seine MIDI-Dateien in der Regel mit einem Keyboard mit echten Tasten ein, das Abspielen der MIDI-Spuren verläuft aber meistens so, dass man in diese Spuren ein virtuelles[43] Instrument auf Software-Basis einklinkt. Ein solches eingeklinktes Instrument wird daher auch als **Plug-in** bezeichnet (von engl. to plug in = einklinken, einstöpseln).

Möglich wird das durch **VST (Virtual Studio Technology)**, eine ebenfalls von der Firma Steinberg entwickelte Schnittstelle für Software im Audio-Bereich. VST ermöglicht den Datenaustausch zwischen einem VST-Host[44] (z.B. ein Sequenzer-Programm) und virtuellen Instrumenten oder auch Effekten, die sich dadurch innerhalb des Sequenzer-Programms als Plug-Ins betreiben lassen.

Die VST-Schnittstelle ist grundsätzlich für Plugin-Entwickler offen und kostenlos verfügbar, jedoch an besondere Lizenzbedingungen gebunden. Die Gesamtzahl verfügbarer Plug-Ins beläuft sich auf über 3000. Die VST-Schnittstelle ist heute die am weitesten verbreitete auf allen Plattformen.

Wie muss man sich nun ein solches VST-Instrument vorstellen? Rein

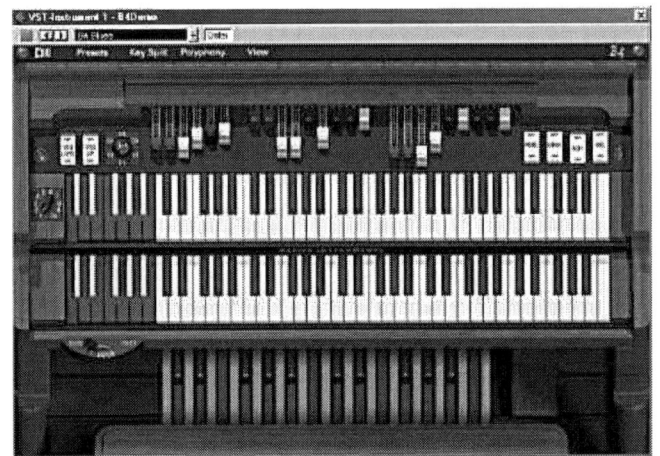

Virtuelles Instrument B4

---

[43] virtuell = der Möglichkeit nach
[44] engl. Host = Gastgeber, Wirt

optisch kommt es dem Original ziemlich nahe. Ein schönes Beispiel ist die Hammond-Orgel B3. Sie wurde von der Software-Schmiede **Native Instruments** als B4 für den VST-Einsatz „nachgebaut".

Man hat alles, was man von der Hammond kennt: zwei Manuale, Zugriegel, Fußpedale. Ja, sogar ein Leslie (Rotationslautsprecher) lässt sich ansteuern. Wichtiger noch: Diese VST-Orgel klingt auch wie eine Hammond einschließlich Leslie. Bedient wird sie über ein Keyboard, das über MIDI mit dem Plug-in verbunden ist. Auf dem Bildschirm sieht man dann die Tastenbewegungen der eigenen Fingersätze. Das Leslie wird über das Modulationsrad am Keyboard angesprochen. Die B4-Orgel lässt aber nicht nur als VST-Plug-in verwenden, sondern sie kommt auch als so genanntes **Stand Alone** daher. Damit ist gemeint, dass man diese Software auch allein ohne ein Sequenzer-Programm aufrufen kann. Diese Möglichkeit gibt es für viele andere virtuelle Instrumente ebenfalls.

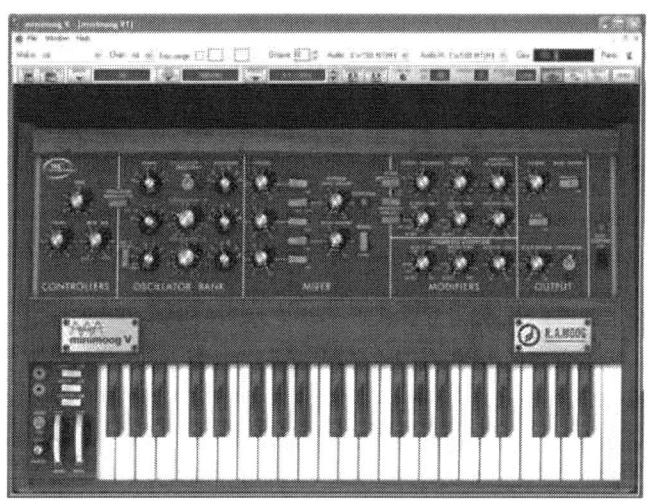

Virtuelles Instrument Minimoog

Ein weiteres schönes Beispiel für ein VST-Instrument ist der legendäre Synthesizer **Minimoog**. Auch hier wird der phenomenale Klang genau nachgebildet. Aber dieser Software-Minimoog kann mehr als das Original, das monophon (jeweils ein spielbarer Ton) war. Er ist polyphon (mehrere Töne sind gleichzeitig spielbar). Das eröffnet natürlich ganz andere Möglichkeiten.

Natürlich beschränkt sich der VST-Instrumenten-Park nicht nur auf Tasteninstrumente. So gibt es die „Virtual Electric Guitar", den „Virtual Electric Bass", das „Symphonic Orchestra", den „Symphonic Choir", die "Addictive Drums" und so weiter und so fort. Das geht so weit, dass man von echten Musikern eingespielte und gesamplete Phrasen (zum Beispiel eines Saxophons) ebenfalls über die VST-Schnittstelle abspielen kann und so eine ungeahnte Natürlichkeit erreicht.

4.6 Effekte

Effekte werden bei der Computer-Musik ebenfalls auf Software-Basis und über die VST-Schnittstelle realisiert. Man kann solche Effekte entweder in eine Instrumentenspur einklinken und so zum Beispiel eine Gitarrenaufnahme mit Hall versehen. Oder Effekte wirken als Plug-in auf den Hauptausgang des virtuellen Mischpults ein und nehmen Einfluss auf den Gesamtklang. Die Palette reicht von Kompressoren bis zur Verbreiterung der Stereobasis. Grenzen in den Anwendungsmöglichkeiten sind kaum auszumachen.

Es ist heute eigentlich alles möglich, um Klang zu bearbeiten oder gar zu verbiegen. Was früher in den Tonstudios nur mit Mühe und großem technischen Aufwand umgesetzt werden konnte, erledigt nun ein kleines Effekt-Plug-in im Handumdrehen. Als gutes Beispiel mag die Aufnahme der menschlichen Stimme dienen. Singt der Sänger einmal ein wenig neben der tonalen Spur, so stellt das kein Problem mehr dar. Man klinkt in die Gesangsspur einen Effekt namens **AutoTune** ein, der - wie der Name schon sagt - automatisch für die richtige Tonlage des Gesanges sorgt. Möchte man, dass der Sänger wie eine Sängerin klingt, so ist eine **Pitch Control** die richtige Wahl. Ohne Änderung der Geschwindigkeit wird die Stimme nun höher und es wird auch nicht die berüchtigte Micky Maus-Stimme daraus wie man sie früher durch die Verdoppelung der Tonbandgeschwindigkeit erzeugt hat.

Die Abbildung zeigt ein höherwertiges Effekt-Plug-in: den SIR-Hall. Dieser Hall arbeitet nach dem Impuls-Response[45]-Prinzip. Dazu werden in tatsächlich existierenden Räumen, Hallen und Kirchen akustische Proben erzeugt. Durch Erzeugen eines Geräusches kann der individuelle Nachhall jedes beliebigen Raumes per Stereomikrofon aufgenommen werden. Aus einer solchen Impulsantwort lässt sich ein typischer Signalverlauf ermitteln. Mit diesem Signalverlauf, also dem entsprechende Raumklang, kann man nun im Audio-Sequenzer eine Audiospur anreichern, etwa eine Gesangsstimme. Die Stimme klingt dann, als sänge sie in dem abgebildeten Raum, der Hörer befindet sich in der Position des Stereomikrofons. Auf diese Weise ist es möglich, dass im virtuellen Studio der Gesang etwa in die St Paul's Cathedral in London oder in die Carnegie Hall in New York verlegt werden kann. Die Vielfalt der Möglichkeiten zeigt sich schon anhand der Wave-Dateien in der Anordnung rechts im Bild.

Die Vorteile dieser Halltechnik, die auch Faltungshall bezeichnet wird, sind der natürliche Klang sowie die kostenlose Verfügbarkeit vieler Impulsantworten im Internet. Nachteilig ist, dass VST-basierte Plug-ins sehr viel CPU-Leistung brauchen. Zudem kann man Impulsantworten nicht bearbeiten. Eventuell kann es auch Latenzprobleme geben. Das oben abgebildete Plug-in ist übrigens kostenlos im Internet erhältlich. Der Nachfolger SIR2 allerdings nicht mehr.

4.7 Audiobearbeitung

Audio-Dateien, die man mit einem Audiosequenzer aufgenommen hat, können direkt mit Hilfe von Plug-ins bearbeitet werden. All jene Geräte, die man aus Tonstudios kennt, stehen auch als Software zur Verfügung, etwa der Equalizer[46]. Ein Equalizer setzt sich aus mehreren Filtern zusammen, mit denen das Audiosignal bearbeitet werden kann, etwa um Verzerrungen des Materials zu beseitigen. Equalizer dienen aber auch dazu, die geschmacklichen Klangvor-

---

[45] Response = engl. Antwort
[46] Equalizer oder EQ = von engl. to equalize: angleichen, equal: gleich

stellungen des Toningenieurs/Produzentenzu verwirklichen. Dabei wird auch darauf geachtet, dass die einzelnen Signale so bearbeitet werden, dass sie sich harmonisch in die Gesamtmischung einfügen, z. B. durch Hervorhebung verschiedener charakteristischer Frequenzen zweier ähnlicher Signale, wie sie etwa beim E-Bass und der Bass Drum auftreten.

Die wichtigste Station der Audiobearbeitung ist aber das so genannte Mastering. Damit ist der letzte Schritt der Musikproduktion vor der Herstellung der Tonträger gemeint. Die einzelnen Arbeitsschritte stellen sich so dar:

1. Aufnahme der Audio oder MIDI-Spuren.
2. Mixdown; Zusammenführen aller aufgenommenen Spuren auf eine Stereosumme
3. Mastering des Stereosignals

Das Mastering soll dazu dienen, dem vorliegenden Tonmaterial eine bessere Qualität zu verleihen und die Wiedergabe-Kompatibilität[47] auf möglichst vielen technischen Geräten und Medien zu ermöglichen. Eine professionelle Tonaufnahme soll bei der Wiedergabe auf einer kleinen Stereoanlage ebenso gut klingen wie beispielsweise bei der Ausstrahlung im Radio oder der Wiedergabe über Kopfhörer. Dabei spielen sowohl ein ausgewogenes Stereobild, eine gute Mono-Kompatibilität als auch ein ausgeglichener Frequenzgang eine große Rolle. Beim Mastering-Prozess werden diese Faktoren nötigenfalls korrigiert. Gleichzeitig wird aber auch eine deutliche Verbesserung des Klangeindrucks erreicht, indem Filter, Kompressoren oder Effekte (Stereobasis, Raumeindruck) eingesetzt werden.

Im Zusammenhang mit unserem Projekt „Musik am PC" geschieht das Mastering natürlich wieder auf digitaler Ebene. Auch für diesen Audioprozess steht spezielle Software zur Verfügung, die neben dem MIDI-Audio-Sequenzer eingesetzt wird. Zu den bekanntesten Audioeditoren dieser Art gehört das Programm **WaveLab** der Firma Steinberg, das aber - wie so oft - wegen seiner Professionalität seinen Preis hat. WaveLab kann mit allen gängigen Audioformaten umgehen einschließlich umfassender Import- und Exportfunktionen. Im Arbeitsmodus Audiomontage können Audiodateien bearbeitet werden, ohne dass diese permanent verändert werden (sogenanntes "non destructive editing"). Mit so erstellten Montagen können CDs, DVDs oder einzelne Audiotracks gemastert werden. Zahlreiche als Plug-in beigefügte Effekte erleichtern die Arbeit.

4.8 Composer- und Arranger-Software

Eine besondere Gruppe von Musiksoftware soll an dieser Stelle nicht unerwähnt bleiben: die Composer- und Arranger-Software. Mit solchen Programmen kann man auf äußerst bequeme Weise Musikstücke entwerfen und zusammensetzen. Ein unter Musikern sehr beliebtes Programm dieser Art ist **Band-in-a-Box** (kurz: BIAB), die Band aus der Kiste. BIAB ist nämlich noch zusätzlich die ideale Begleitband zum Mitspielen vor dem PC. Unter unzähligen Musikstilen oder Songmustern kann man auswählen und das Programm spielt ohne Murren unablässig alles ab, was man als Begleitmusik für geeignet hält. Schaltet man zum Beispiel außer Bass und Schlagzeug alle anderen Instrumente ab, hat man eine prima Rhythmusgruppe. Möchte man gerne zwischendurch ein Saxophonsolo hören, so wird dieses „mal eben" von BIAB automatisch hergestellt.

Ebenso schnell lassen sich eigene Songs verwirklichen. Per Tastatur gibt man die Akkorde ein, wählt einen passenden Stil dazu und mit beeindruckenden automatischen Begleitfunktio-

---

[47] Kompatibilität = Vereinbarkeit; kompatibel = vereinbar

nen kann das eigene Arrangement sofort angehört werden. BIAB ist sogar in der Lage, MP3-Dateien zu importieren und daraus die Harmonien abzuleiten.

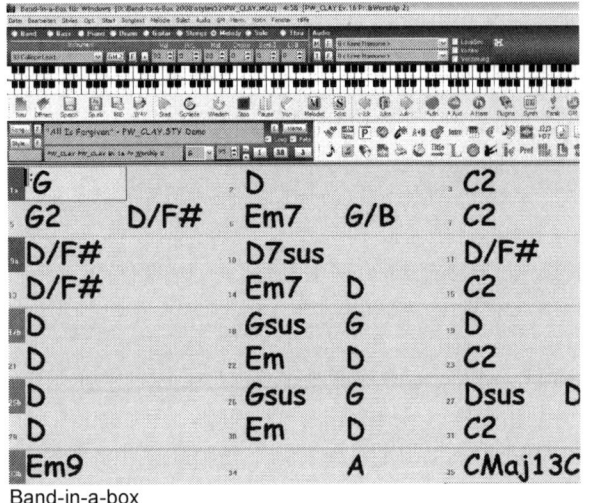

Band-in-a-box

Die Oberfläche des Programms ist zunächst ob der vielen Funktionen verwirrend. Hat man sich aber ein wenig orientiert, so ist die Arbeit damit pures Vergnügen. Zudem gibt es jährliche umfassende Updates, die das Ganze weiter veredeln. Im Wesentlichen wird BIAB per MIDI gesteuert. Aktuell neu sind aber die **RealTracks** - das sind Audio Instrumente, welche die MIDI-Spuren durch aktuelle Aufnahmen von sehr guten Studio-Musiker ersetzen. Es handelt sich dabei nicht nur um „Samples" einzelner Instrumente, sondern um vollständige Aufnahmen, komplett über jeweils 1 bis 8 Takte, in perfekter Synchronisation mit den anderen Band-in-a-Box-Spuren.

Ein Beispiel: Man wählt einen Country-MIDI-Style, der RealPedalSteel enthält und hört einen „echten" Pedal Steel Guitar-Spieler. Das Klangerlebnis ist dramatisch besser als bei MIDI.

Ein ähnliches Programm ist **Jammer Pro**. Auch hier kann man Stile aller Art laden, unterschieden nach Band Styles und Groove Styles. Die automatischen Funktionen sind hervorragend und führen schnell zu professionellen Ergebnissen. Man merkt es den Arrangements nicht an, dass sie aus dem PC kommen, so natürlich wirkt das Spiel der virtuellen Musiker.

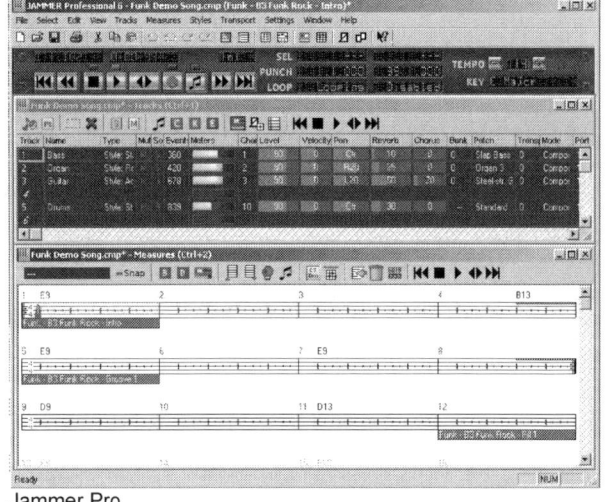

Jammer Pro

So bildet auch die "Real Feel"-Kompositions-Maschine den Kern von Jammer Pro. Der Bassist spielt einen „Walking Blues" wie man ihn wünscht und der Drummer kennt sich bestens aus mit „funky beats". Und das Schönste: Sie spielen rund um die Uhr, wenn´s denn nötig ist.

4.9 Freeware

Nicht jeder ist unbedingt in der Lage oder auch Willens, viel Geld in Musik-Software zu stecken, zumal die benötigte Hardware fürs Musizierem mit und am PC schon teuer genug ist. Über die Suche im Internet ist es aber möglich, kostenfreie Software, so genannte Freeware, zu finden, die in Bedienung und Funktionsumfang teuren Produkten kaum nachsteht.

Ein Beispiel für eine Freeware zur Bearbeitung von Audiodateien ist **Audacity**. Audacity ist ein freier Audioeditor und -rekorder. Es können auf beliebig vielen Spuren Audiodateien gemischt und bearbeitet werden. Für verschiedene Betriebssysteme wird die gleiche grafische Oberfläche zur Verfügung gestellt. Populär wurde das Programm vor allem dadurch, dass es oft zur Erstellung und Bearbeitung von Podcasts verwendet wird. Allerdings kann Audacity weit mehr als nur einfache Audiobearbeitung, es ist als gleichwertiges Konkurrenzprodukt zu vielen kostenpflichtigen Audio-Programmen zu sehen. Einige Punkte aus dem breiten Funktionsumfang:

- Audio-Aufnahme und -Bearbeitung (z.B. Musikkassetten und Schallplatten digitalisieren)
- MP3- und Wave-Dateien bearbeiten (sowohl Import als auch Export)
- Töne und Audio-Dateien schneiden, kopieren und zusammenmischen
- Multiplay (aufnehmen und gleichzeitig bereits bestehende Spuren hören)
- Einbindung von mehreren hundert Sound-Effekten und Effekt-Plugins
- Geschwindigkeit, Tonhöhe, rückwärts abspielen und andere Eigenschaften einer Aufnahme ändern
- Rauschentfernung

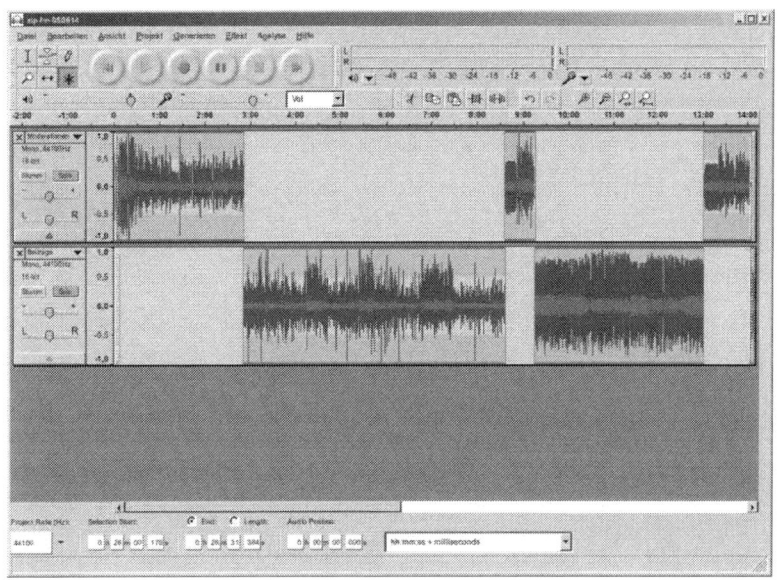

Audacity

Audacity ist sicher das mächtigste und ausgereifteste Produkt auf dem Feld der kostenlosen Audio-Software. Sicher bietet Profi-Software mehr, ist aber eben teuer. Wer schon mit WaveLab gearbeitet hat, wird zum Beispiel bei Audacity die Echtzeiteinbindung von Effekten vermissen. In Audacity können sie nur vorgehört werden. Es ist aber zu vermuten, dass die Entwicklergemeinde von Audacity dies früher oder später auch noch umsetzen wird.

Auch im Bereich MIDI-Sequenzer kann der Freeware-Markt Einiges bieten. Als Beispiel sei hier **Anvil Studio** genannt. Die Freeware bietet eine unbegrenzte Anzahl von MIDI-Spuren und kann zudem noch eine Audio-Spur aufnehmen. Ein Nachteil könnte sein, dass es das Programm eventuell nur in Englisch gibt.

Eine große Übersicht über angebotene Freeware aus dem Bereich MIDI-Sequenzer findet man hier:

http://www.hitsquad.com/smm/freeware/MIDI_SEQUENCERS/

Wir halten fest:

1. Bei der Erstellung und Bearbeitung von Musik am Computer gibt es kaum Grenzen.
2. Es gibt verschiedenen Arten von Software, die jeweils einen Teilbereich der musikalischen Entfaltungsmöglichkeiten abdecken.

3. Bei den angebotenen Programmen unterscheidet man zwischen MIDI und Audio. Sequenzer-programme können beide Formate verwalten.
4. Composer- und Arranger-Software erleichtert das Komponieren und Bearbeiten von Songs.
5. Der Einsatz von professioneller Software kann teuer werden. Für Amateurmusiker findet sich im Internet kostenloses Programmmaterial, so genannte Freeware, das in der Regel einen ausreichenden Funktionsumfang hat.

5. Einheit - Home-Recording

Wenn man sich heute über das Musikmachen am und mit dem Computer unterhält, dann geht es in den meisten Fällen auch um das so genannte Home-Recording, der Aufnahme von Musik daheim. Während es früher nur den professionellen Tonstudios vorbehalten war, mit teuerster Technik verwertbare Tonaufnahmen zu machen, so ist es heute durch den elektronischen Fortschritt und die Weiterentwicklung der Digitaltechnik möglich, dass Musiker es sich leisten können, sich selbst ein kleines Studio in ihren eigenen vier Wänden einzurichten. Noch in den 1970er Jahren kostete ein Klangsystem wie das Synclavier den Gegenwert eines Einfamilienhauses. Ebenso teuer waren analoge Mehrspur-Tonbandmaschinen. Innerhalb der letzten 25 Jahre hat der Fortschritt in atemberaubender Weise Einzug in die Musikelektronik gehalten. Diese Entwicklung vollzog sich natürlich völlig parallel zu der Entwicklung in der Computerindustrie, da moderne elektronische Musikinstrumente mehr Computer als Instrumente sind.

Heute bekommt der Musiker für wenig Geld schon eine tolle Workstation mit hervorragenden Klängen und kann diese direkt mit fast jedem handelsüblichen PC aufnehmen. Mit ein wenig mehr Aufwand hat er sich dann schnell eine Studioumgebung geschaffen, in der er alle Schritte einer Tonproduktion ohne jeden Zeit- und Kostendruck selbst erledigen kann. So sind auch viele Bands dazu übergegangen, ihren Übungsraum mit entsprechenden Aufnahmemöglichkeiten auszurüsten. So können sie jederzeit ihre Übungs-Sessions mitschneiden und gegebenenfalls auch Aufnahmen für eine eigene CD machen.

Home-Recording, das kann man ohne Zweifel sagen, hat sicher auch die Kreativität der Musiker beflügelt. Denn wer ohne den Druck einer Plattenfirma an seinen Werken arbeiten kann, der wird auch mutiger werden und vielleicht zu neuen und unerwarteten Ergebnissen kommen. In vielen Fällen sind die Heimstudios der Musiker sogar jedem Profistudio ebenbürtig, den sie führen zu den gleichen professionellen Ergebnissen: Musik auf digitaler Ebene. Wir sprechen beim Home-Recording also nicht von verstaubten Kammern, in denen ein paar Gerätschaften stehen, sondern von kompakten Studioumgebungen auf höchstem Niveau. Musiker scheuen in diesem Zusammenhang kaum Mühen und Kosten, aber gerade die Kosten haben sich durch den technischen Fortschritt so entwickelt, dass Home-Recording erschwinglich geworden ist.

5. 1 – Kleiner Rückblick

Um überhaupt einen Eindruck zu gewinnen, wie sehr sich das Aufnehmen von Musik in den letzten Jahrzehnten gewandelt hat, empfiehlt sich an dieser Stelle ein Rückblick in die jüngste Recording-Geschichte.

Wer zu Beginn der 1970er Jahre Musik-Aufnahmen machen wollte, konnte dies mit einem handelsüblichen Kassetten-Rekorder oder einem Tonbandgerät tun. Sollte die Aufnahmen allerdings hochwertig werden, so musste man schon zu einer entsprechenden Tonband-Machine greifen. Wirkliche Mehrspur-Maschinen gab es nur in Studios. Selbst die Beatles konnten anfangs nur aud vier Spuren aufnehmen. Für Amateure in Frage kamen nur Halbspur- oder Viertelspur-Geräte, etwa von Grundig. Alles darüber hinaus war unerschwinglich. Und in Frage kam für Ambitionierte eigentlich nur eine Marke, nämlich die Schweizer Firma **Revox**. Diese Bandgeräte waren der Standard schlechthin, entsprechend teuer und galten als unverwüstliche Arbeitstiere. Noch heute sind die Baureihen A-77, B-77 und A-700 legendär.

Der Verfasser dieser Zeilen beschäftigte sich damals mit Aufnahmen für seine Band. Der Übungsraum war so eingerichtet, dass jeder Musiker über Kopfhörer angeschlossen war und jedes Instrument per Mikro oder direkt in ein Mischpult ging, das nebenan im Regieraum stand. Der Weg des Aufnehmens ging also über das Mischpult ins Bandgerät. Zur Verfügung standen zwei **Revox A-77** mit Highspeed (38 cm/sec) in Halbspur. Halbspur bedeutet, das Gerät hatte zwei Spuren (jeweils halbe Bandbreite; Bandbreite in Viertelzoll), es konnte also stereo aufgenommen werden. Im Vergleich zu Viertelspur-Geräten (4 Spuren, jeweils ein Viertel der Bandbreite) wies die Halbspur einen besseren Dynamikumfang auf. Dazu trug auch die hohe Aufnahmegeschwindigkeit bei (die Revox A-77 gab es als zwei Gerätetypen, die sich in der Geschwindigkeit unterschieden: 9,5 bzw. 19 cm/sec und eben 38 cm/sec). Zur Rauschunterdrückung und Dynamikverbesserung diente ein recht teures Gerät der amerikanischen Firma **dbx**, das zwischen Mischpult und Bandgerät geschaltet wurde.

Revox A-77 (Bildquelle: eigenes Bild)

So war es möglich, einerseits beim Üben immer eine Maschine mitlaufen zu lassen. Wollte man allerdings ein Musikstück nicht in einem Stück aufnehmen, was absolute Fehlerfreiheit voraussetzt, so musste man zu bereits Aufgenommenem weitere Einspielungen machen. Dies war durch die zwei Tonbandmaschinen im Ping-Pong-Verfahren möglich. Ping-Pong bedeutet: Man nimmt auf der einen Maschine auf, schaltet diese auf Wiedergabe, überspielt auf die zweite Maschine und spielt dazu gleichzeitig neue Instrumente ein. Durch das dbx-System hielt sich das Rauschen auch nach mehrmaligen Overdubs[48] in Grenzen bei gleichzeitiger maximaler Dynamik. Effekte wie Echo oder Hall konnten über das Mischpult zugemischt werden.

Nachteile dieses Aufnahmeverfahrens: Nachträgliche Korrekturen sind nicht möglich. Ein Spielfehler, und man muss alles noch mal neu aufnehmen - vom ersten bis zum letzten Ton. Zudem war das unbedingt nötige Studiobandmaterial, dass bei 38er Geschwindigkeit nur so durchrauscht, extrem teuer. Hinzu kam ein hoher Wartungsaufwand. Die Tonköpfe mussten jeweils auf das eingesetzte Bandmaterial eingemessen werden und man musste sie in regelmäßigen Abständen justieren. War die Aufnahmefrequenz sehr hoch, so machte sich auch Verschleiß bemerkbar. Die Köpfe wurde durch das Band regelrecht abgeschliffen und mussten ersetzt werden.

Schließlich gab es dann ab der zweiten Hälfte der 1970er Jahre endlich eine bezahlbare echte 4-Spur-Maschine, die **TEAC A3440**, ein reichlich schwergewichtiges Teil. Zum Vergleich: Die Beatles haben das wegweisende Album „Sergeant Pepper" auch nur auf 4 Spuren aufgenommen. Vierspur bedeutet hier im Gegensatz zu Viertelspur: Es konnten vier Spuren gleichzeitig aufgenommen werden. Allerdings war die TEAC nicht ohne Probleme. Die geringe

TEAC A3340

---

[48] Overdub = Überspielung

Spurbreite bei „Schnürsenkelbändern" (Viertelzoll = normales Bandformat) vertrug keine großen Toleranzen, die Maschine musste ständig eingemessen werden.

Irgendwann in diesen Jahren war dann plötzlich die Rede von „Home-Recording". Die Musikindustrie hatte die Soundtüftler daheim entdeckt. Entsprechend wandelte sich dann bald der Markt der Aufnahmegeräte. Ein großer Sprung passierte gegen Ende der 1980er Jahre mit der **TASCAM-238** - ein 8-spuriger Rekorder, den man mit einer normalen preisgünstigen Musik-Kassette bestücken konnte. Dieses Aufnahmegerät kostete damals immerhin knapp 3000 DM (ca. 1500 Euro).

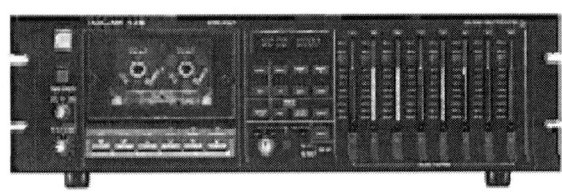

TASCAM 238

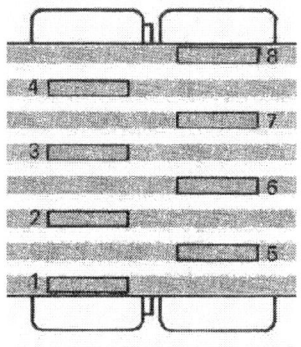

Spurlage TASCAM 238
(Bildquelle: eigenes Bild)

Es war schon ein technisches Meisterwerk, so viel Klang aus a) einem Tonband zu zaubern, dass nur halb so breit ist wie das oben erwähnte Viertelzoll-Band, und b) dann auch noch acht Spuren daraus zu machen. Möglich wurde das durch den Trick, das Design des Aufnahmekopfes so zu gestalten, dass die benachbarten Spuren jeweils horizontal versetzt aufgenommen wurden. Zusätzlich hatte die 238 eine Rauschunterdrückung (dbx oder Dolby C). Damit ließen sich Songideen schon hervorragend realisieren.

Eine ganze Generation von Achtspurrekordern überschwemmte nun den Markt. Einige Firmen wie **AKAI** gingen sogar weiter und brachten Geräte mit zwölf Spuren heraus, allerdings mit einem eigenen (teuren) Kassettenformat. Später wurden dann die Rekorder mit einem kleinen Mischpult und eigener Effektsektion gekoppelt: ein Studio im Westentaschenformat!

Schließlich ging in den 1990er Jahren der Trend auch im Home-Recording in die digitale Richtung. Das ADAT-System von **Alesis** war hier prägend mit Bändern ähnlich den Videokassetten. Gleichzeitig wurden die Computer immer leistungsfähiger, während das Recording mehr und mehr von MIDI und entsprechender Software geprägt wurde.

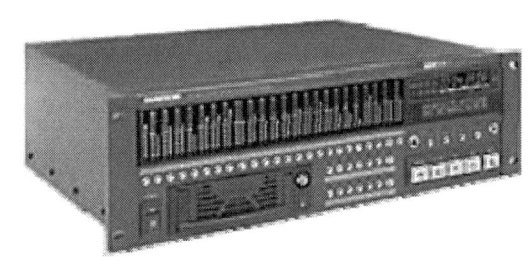

Mackie SDR24/96

Schließlich ging die Entwicklung so weit, dass es digitale Stand-Alone-Rekorder gab, mit denen man 24 Spuren gleichzeitig aufnehmen und wiedergeben konnte. Firmen wie **Fostex**, **Tascam** und **Mackie** lieferten eigenständige Festplatten-Rekorder mit 24 Spuren mit bis zu 24-Bit Auflösung und 96 kHz Sample Rate. Das ist absolute Studioqualität. Die Preise für solche Geräte wurden auch für Amateure bezahlbar. Für einen Straßenpreis von rund 1300-2000 Euro war man schon dabei. Wenn man bedenkt, was vor ein paar Jahren noch eine 16-Spur Analogmaschine gekostet hat, dann ist das wirklich unglaublich.

Wie schon angedeutet, hat der PC einen gewichtigen Platz beim Harddisc-Recording bekommen unter Einbeziehung von geeigneter Software, etwa von **Steinberg** oder **Emagic**. Andere

Recording-Systeme bauen auf Steck- und Soundkarten für PC oder MAC, wie etwa **Pulsar** von **Creamw@re** oder **DSP-Factory** von **Yamaha**.

Inzwischen ist das Home-Recording zum Motor ganzer Industriezweige geworden. Für Instrumente und Software hat der heimische Musiker offenbar Bedarf ohne Ende. Bestes Beispiel dafür sind bei den Instrumenten die Workstations - Keyboards, die „alles" können. Das komplette Studio jedoch ist heute virtuell, alles kann am PC per Software erledigt werden. Möglicherweise ist der Home-Recorder auch etwas finanzkräftiger als der junge Bandmusiker. Denn eines ist klar: Home-Recording ist trotz der vergleichsweise günstigen Preisentwicklung ein teures Hobby. Man hat ständig den Drang, aktuell zu bleiben. Oft genug schafft man auch Dinge an, die zur Realisierung von Sounds und Songs nicht unbedingt nötig sind. Und wenn man sich einmal die „Buden" der Homerecorder genauer anschaut, dann entpuppen sie sich oftmals als studioähnliche Lokalitäten.

Man hat sich daran gewöhnt, dass etwa zeitgenössische elektronische Musik von einem Computer hervorgebracht (generiert) wird. Dies muss nicht zwangsläufig so sein. Alle elektronischen Instrumente haben auch Audio-Ausgänge oder MIDI-Schnittstellen, über die man sie mit Mischpult oder PC verbinden und in Echtzeit - gewissermaßen Spur für Spur „live" - aufnehmen kann. Auf diese Weise lassen sich elektronische Instrumente genauso „authentisch" spielen wie herkömmliche akustische oder elektrisch verstärkte. Neu ist an vielen modernen elektronischen Instrumenten allerdings, dass sie bisweilen gar nicht mehr „elektronisch" klingen, sondern sehr überzeugende natürliche Grundsounds liefern - z. B. Saxophon, Klavier, Hammondorgel, Schlagzeug -, die dann ihrerseits elektronisch und elektro-akustisch verändert und verfremdet werden können. Neu ist weiterhin, dass elektronische Instrumente nicht mehr ausschließlich über Keyboard-Tastaturen bedient werden müssen. Nahezu jedes herkömmliche Instrument kann, mit einem entsprechenden Tonabnehmer versehen, das Eingangssignal für einen Synthesizer liefern.

So hat man als Musiker(in), der (die) Home-Recording betreibt, die Wahl, ob man ausschließlich auf der elektronischen Schiene bleiben will oder ob man die Elektronik so einsetzt, dass das Ergebnis immer noch nach Musik klingt, die von realen Menschen mit all ihren Stärken und Schwächen dargeboten wird - mit Feeling!

5.2 – Aufnahmemöglichkeiten im Heimstudio

Hinweis: Da das elektronische Zeitalter sehr schnelllebig ist, wandelt sich das Angebot auch sehr schnell. Alle hier angeführten Geräte sind als Beispiel zu sehen und müssen eventuell durch aktuellere Modelle ersetzt werden. Sie sind im Übrigen nur ein kleiner Ausschnitt aus dem breit gefächerten Angebot verschiedener Firmen. Man muss sich schon die Mühe machen und am besten auf den Websites der großen Musikhändler das Angebot studieren. Anhängig von der Summe, die man investieren will, wird man sicher fündig werden. Nicht zuletzt sollte man besonders auf Sonderangebote und Auslaufmodelle achten. Auslaufmodell muss nicht heißen „veraltet". Oft wird es nur ersetzt durch ein noch besser ausgestattetes Exemplar, dessen neue Möglichkeiten man nicht unbedingt benötigt. Alle bei den Geräten genannten Spezialbegriffe muss man sich nicht unbedingt merken.

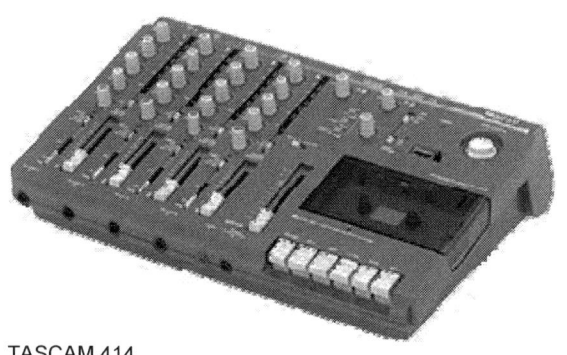

TASCAM 414

Im nachfolgenden Abschnitt sollen einige Möglichkeiten der Musikaufnahme aufgezeigt werden. Dabei ist nicht immer unbedingt auch der PC erforderlich. Allerdings sind die aufgeführten Zusammenstellungen als Einstieg zu sehen. Spätestens dann, wenn man Aufnahmen auch mastern will, kommt der Computer ins Spiel, weil eine zum Mastern geeignete Hardware nur auf Profi-Niveau Sinn macht und daher für den Normalverbraucher unerschwinglich ist.

5.2.1 – Das kleine Kompaktstudio

Der erste Vorschlag bezieht sich auf eine Aufnahmeanordnung für Musiker, die schnell mal eine Songidee festhalten oder für ihre Band einfache Demos machen wollen. Für diesen Bereich gibt es einige Recorder ab 4 Spuren, die mit normalen Musik-Kassetten aufnehmen. Sie enthalten schon ein kleines Mischpult. Zudem besitzen sie in der Regel alle üblichen Ein- und Ausgänge. Es können normale MCs mit 9,5 cm/sec abgespielt werden. Einige Geräte haben außerdem Rauschunterdrückungen. Damit sind Überspielungen von Spur zu Spur denkbar. Für Aufnahmen mit einer Band kann man maximal 4 Musiker je einer Spur zuordnen. Besser ist es allerdings, zusätzlich ein kleines Mischpult zu verwenden. Damit können die Instrumente zu Gruppen zusammengefasst (Bass/Drums, Gitarre/Gesang) und auf je zwei Spuren herunter gemischt werden. Zwei Spuren bilden je eine Stereoaufnahme. Über das Mischpult können dann auch gleich vorhandene Effekte wie Hall zugespielt werden. Der Vorteil eines solchen Vorgehens ist die Tatsache, dass die räumliche Auflösung des Klanges auf einer Stereospur besser gelingt als auf 4 Einzelspuren. Zudem wird die Dynamik aufgrund der verbreiterten Spurlage besser. Wer ein passendes erschwingliches Mischpult sucht, sollte sich mal bei **Behringer und Co.** umsehen. Selbst kleinere Modelle enthalten schon Digitaleffekte.

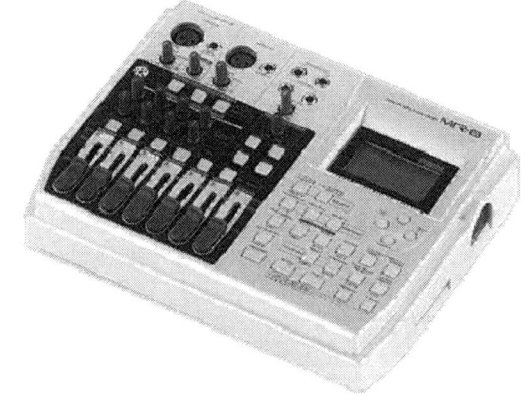

Wer mehr will, sollte sich mal von **Korg** das **CR-4** ansehen. Es enthält bereits zahlreiche Features, die einem das Aufnehmen erleichtern: eingebaute Lautsprecher, Amp-Modeling, simultane Mikrofon-Aufnahme und -Wiedergabe von 4 Spuren, eingebaute Verstärker- und Effektmodelle: sechs Gitarrenverstärker, zwei Bassverstärker, ein EQ speziell für Akustikgitarre und zwei Mikrofonsimulationen. Zwei Kopfhörerbuchsen ermöglichen es zwei Musikern, gleichzeitig aufzunehmen und abzuhören.

Fostex MR-8

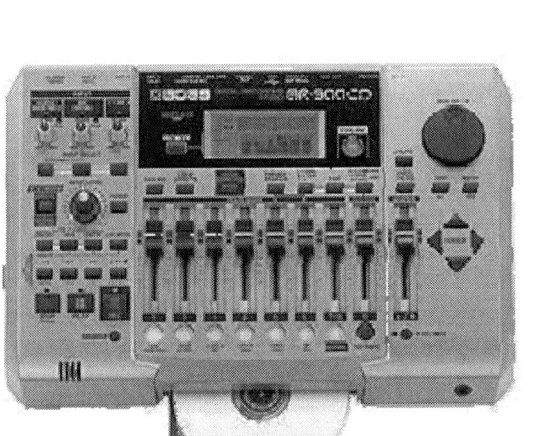

Boss BR-900CD

Wer mit solchen Kassettengeräten arbeiten will, muss sich darüber klar sein, dass die klangliche Qualität Grenzen hat. Eine solche Aufnahme eignet sich nicht für das spätere Mastern auf CD. Für diese Fall ist es ratsam, gleich auf einen digitalen Rekorder zu setzen (der im Übrigen kaum teurer ist), zum Beispiel den **Fostex MR-8**. Verblüffend ist zunächst das Speicherformat. Die Aufnahmen werden gespeichert auf normalen CompactFlash-Karten wie man sie aus Digitalkameras kennt. Allerdings sei angemerkt, dass die mitgelieferte 128 MB-Karte für komplexe Songs nicht ausreicht. Mit 1 GB hat man allerdings schon ein gutes Speicher-Fundament und solche Karten gibt´s ja schon zum Schnäppchenpreis.

Aufgenommen wird auf acht Spuren. Zwei Spuren können gleichzeitig aufgenommen werden. Das Gerät enthält integrierte digitale Effekte wie Hall, Chorus, Flanger usw. und eine Mikrophon- und Amp-Simulation. Aufnehmen kann man im Normal-Mode mit 16 Bit und 44,1 kHz (CD-Qualität) und im Extended Mode mit 16 Bit und 22,05 kHz (verlängerte Aufnahmezeit). USB-Schnittstelle und Digital stereo S/PDIF optical sind vorhanden, sowie zwei Kopfhörerausgänge. Das Gerät kann mit Batterien und am Netz betrieben werden. Das Ganze ist absolut kompakt und leicht. Die Aufnahmequlität ist überzeugend und durch die digitale Schnittstelle kann die Aufnahme verlustfrei auf andere digitale Medien oder den PC übertragen werden. Auch einen solchen Apparat kann man natürlich toppen. Der **BR-900CD** von **Boss** ist das tragbare Traumstudio für Musiker, das sowohl Batterie- als auch Netzbetrieb bietet. Dieser zuverlässige, komplett ausgestattete Digital-Recorder besticht durch professionelle Effekte, einen realistisch klingenden Drum-Computer, Tonhöhen-Korrektur für Gesang und ein Mastering Tool Kit, außerdem einen Digitalausgang und einen internen CD-Brenner. Egal wo man gerade spielt, im Heimstudio oder bei einem Auftritt, im Urlaub am Pool - alles was man zum Aufnehmen, Mischen, Mastern und CD-Brennen in professioneller Qualität braucht, hat dieser kompakte Recorder schon an Bord. Der BR-900CD bietet 8 Fader, ein CD-RW-Laufwerk sowie eine Vocal Tonhöhen-Korrektur. Der Rekorder unterstützt CompactFlash-Karten mit einer Kapazität bis zu 1GB, worauf im Standard-Modus unglaubliche 624 Minuten Audiomaterial aufgenommen werden können. Außerdem ist sofortiges CD-Brennen bei Aufnahmen möglich, ideal für Probenmitschnitte auf CDs. Trotz dieser hervorragenden neuen Features bleibt das Gerät superkompakt und leicht zu transportieren. Es sind alle nötigen Anschlüsse einschließlich XLR für Mikrofone und Phantompower vorhanden. Die 8 Spuren können gleichzeitig wiedergegeben werden, aufnehmen kann man auf jeweils zwei Spuren. Auch für dieses toll ausgestattete Gerät kann es angesagt sein, sich bei Aufnahmen mit kompletter Band noch eines zusätzlichen Mischpults zu bedienen.

5.2.2 – Das große Kompaktstudio

Wer einmal mit 4 oder 8 Spuren aufgenommen hat, weiß, dass man spätestens bei der Aufnahme von Stereoinstrumenten (und fast alle modernen Keyboards bieten überwiegend Stereosounds) schnell ans Ende der Fahnenstange kommt. Der nächste Schritt in Richtung Erweiterung bedeutet also mehr Spuren und logischer Weise bleiben wir im digitalen Bereich. Zwar gibt es auch im professionelen Studiobereich noch Anwender, die auf analoge Bandmaschinen schwören, aber sie sind nach wie vor teuer mit hohem Wartungsaufwand.

Fostex VF160EX

Derzeit im Handel angebotene komplexere Digitalrecorder arbeiten mit 12-16 Spuren. Bei ihnen handelt es sich um komplette kleine Studios, die alles beinhalten, was man zur Aufnahme und zum Mastering einschließlich Brennen braucht. Als Beispiel sei das **Fostex VF160EX** genannt. Es enthält eine interne 40GB-Festplatte und einen internen CD-R/RW Brenner. 8 analoge und 8 digitale Quellen können angesprochen werden. Neben den 16 Aufnahmespuren können noch 8 virtuelle Spuren eingesetzt werden. Daneben gibt es 8 MIC/Line-Eingänge, die Eingänge 7 und 8 haben zusätzlich XLR-Eingänge und Phantomspeisung. Pro Kanal ist ein Kompressor vorhanden sowie ein Masterkompressor. Aufgenommen wird mit 44.1 und 48kHz Sample-rate (16-Bit). Backups[49] können als WAV-Dateien gespeichert werden. Weitere Merkmale: MTC/MMC Chase Synchronizer / SCSI Interface; ADAT & S/PDIF optical Interface; zwei Aux- und zwei Effekt-Wege (pre/post schaltbar); separater 3-Band Master EQ; zwei eingebaute DSP Effektgeräte. Das sollte schon ausreichen, um auch anspruchsvolle Klangkonstruktionen auf eine CD zu bringen.

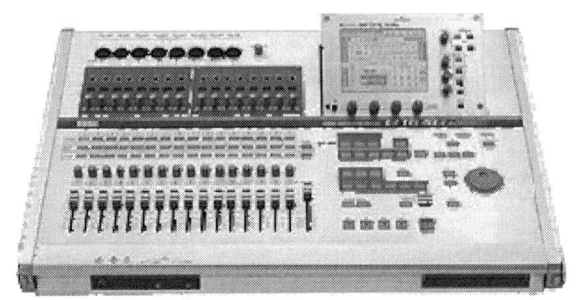

Korg D16XD

Das **Korg D16XD** ist bereits im semiprofessionellen Bereich anzusiedeln und verfügt über insgesamt 16 Aufnahme- und Wiedergabekanäle, die genügend Platz für alle Anforderungen bieten. Virtuelle Tracks im Spur- und Masterspurbereich garantieren hier vielseitigste Auswahlmöglichkeiten. Auch die Aufnahmequalität kann sich sehen lassen: max. 96kHz und 24Bit Auflösung (unkomprimiert) stehen zur Verfügung um einen großen Dynamikumfang zu sichern. Ein Set professioneller Spurbearbeitungsfunktionen garantiert die totale Kontrolle über das aufgenommene Audiomaterial. Das große hintergrundbeleuchtete, klappbare Touch View-Display spendiert die Übersicht über das Gesamtgeschehen. Die Basis aller Digitaleffekte liefert Korgs berühmte REMS Modeling-Technologie. Hier wird eine große Zahl aufwändiger Effekt-Typen aus allen Bereichen zur Verfügung gestellt, die Dank der internen Auflösung von 56 Bit höchste Klangqualität garantieren. Bis zu 11 Effekte - 8 Insert-, 2 Master- und 1 Final-Effekt - können in einem Song übrigens gleichzeitig benutzt werden. Darüber hinaus garantieren Equalizer pro Mixerkanal und im Masterbereich die Kontrolle über das komplette Klanggeschehen. Dank des integrierten CD-Brenners können auch im D16XD komplette Produktionen bis hin zur fertigen Audio-CD erarbeitet werden.

Der integrierte USB-Anschluss erlaubt das einfache Austauschen von Daten mit einem angeschlossenen Computersystem. Hier können alle Spurdaten als WAV-Dateien in den Rechner transferiert werden, um sie dort mit Hilfe von Bearbeitungsprogrammen weiterbearbeiten zu können. Das technische Highlight des D16XD stellen zweifelsohne die analogen Kompressoren dar, die bei Bedarf eingehende Signale bereits vor der ersten AD-Wandlung bearbeiten. Der D16XD ist serienmäßig mit 8 analogen Eingängen und je einem analogen Kompressor pro Kanal ausgerüstet. Optional kann das Gerät mit 8 weiteren Analogeingängen und den dazugehörigen 8 Analogkompressoren erweitert werden. Durch die integrierte Analogtechnik erhalten Aufnahmen mehr Druck und Wärme und der „analoge Punch" ist somit Bestandteil des kompakten, ansonsten volldigitalen Recorders.

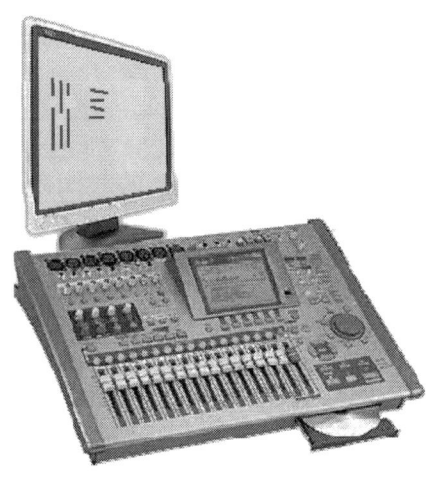

Roland VS 2000 CD

Es deutet sich schon an, dass ein Kompaktstudio womöglich eine weitere Klangbearbeitung nicht ersetzen kann. Hier kommen nun PC-ähnliche Zusammenstellungen ins Spiel. Ein schönes Beispiel liefert das **Roland VS 2000 CD** mit Monitor. Dieses Aufnahmegerät verdient die Bezeichnung Workstation und bildet schon ein extrem erweitertes Kompaktstudio.

---

[49] Backup = Datensicherung

Mit 20 Spuren, 8 XLR-Eingängen und Unterstützung von Dritthersteller-Plugins mittels eines optionalen VS8F-3 Expansion-Boards bietet dieses Studio ungeahnte kreative Möglichkeiten. Wenn man ein optionales VS20-VGA-Board einsetzt, kann man mit der Maus auf einem zusätzlichen Bildschirm editieren. Eine 40GB-Festplatte, CD-RW-Laufwerk und ein USB 2.0 Port sind ab Werk eingebaut. Damit bietet das VS-2000CD ein unglaubliches Preis-Leistungs Verhältnis. Das VS-2000CD bietet Aufnahmen in CD-Qualität mit der Wahl zwischen 16 oder 24 bit. Im 16-bit-Modus können 8 Spuren gleichzeitig aufgenommen und 18 Spuren gleichzeitig wiedergegeben werden. Außerdem steht noch eine Stereo-Master-Spur zur Verfügung. Im qualitativ hochwertigen 24-bit-Modus können 8 Spuren gleichzeitig aufgenommen und 12 Spuren gleichzeitig wiedergegeben werden. 320 virtuelle Spuren bieten jede Menge Raum zum Ausprobieren und Zusammenstellen perfekter Tracks.

Durch den Einbau einer zusätzliche Ausgangs-Karte erhält man volle Maus- und Monitor-Unterstützung und man kann mit dem VS-2000CD wie mit einer Recording-Software arbeiten. Es lässt sich also Recording wie an einem PC betreiben. Fazit: Mit einer solchen Workstation sind wir als Musiker schon optimal ausgestattet, was nicht bedeutet, dass es nicht auch noch höher hinaus geht.

5.2.3 - High End

Yamaha 02R/96 V2

Für diejenigen Heimmusiker, die gerade im Lotto gewonnen haben, bietet es sich an, Nägel mit Köpfen zu machen. Man schafft sich also den leistungsfähigsten PC oder Mac an, ausgerüstet mit allem, was an Steckkarten erhältlich ist, und stellt daneben ein digitales Mischpult, etwa ein **Yamaha 02R/96 V2**.

Ein solches Digitalpult bringt alle Merkmale mit, die für eine moderne Ton-Produktion einschließlich Surround-Sound[50] benötigt werden. Jede Menge hochwertige integrierte Effekte sind an Bord. Es bietet 96 KHz Audioverarbeitung bei einer Auflösung von 24 Bit, Surround-Monitoring und eine Studiomanager-Software, mit der man das Pult am Monitor editieren kann. Der Digitalmixer hat 56 Kanäle und 24 analoge Eingänge, genug für ein ganzes Orchester. Natürlich hat so ein Teil selbstverständlich Motorfader[51] und Ausbaumöglichkeiten durch diverse Schnittstellen. Dieses Gerät kostet rund 10.000 Euro.

Auch von **Mackie** gibt es inzwischen Stand-Alone-Geräte. So hat das **dXb** gleich zwei berührungsempfindliche Bildschirme eingebaut und kann bis 192 kHz aufnehmen. Selbstverständlich ist es mit allen nur denklichen Effekten und Möglichkeiten ausgestattet und sogar kompatibel zu VST-Plug-ins. Und natürlich ist dieses Teil nicht ganz billig.

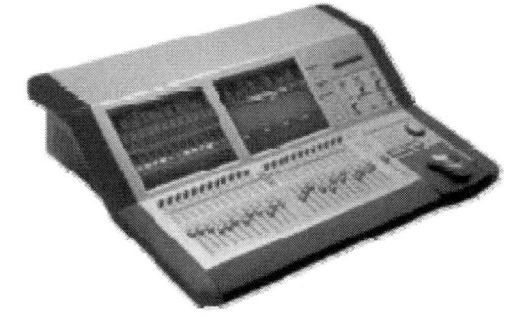

Mackie dXb

---

[50] Surround-Sound = Klang aus allen Richtungen = Kinoton
[51] Motorfader = motorgetriebener Schieberegler

Sicherlich haben Mischpulte dieser Dimension den enormen Vorteil, dass man praktisch keinerlei Peripheriegeräte zur Soundbearbeitung braucht. Wer sich also mit weiter gehenden Audioprojekte wie Surround oder Filmton beschäftigt, ist damit allemal gut bedient. Für die Realisierung reiner Songideen ist so etwas sicherlich reichlich überdimensioniert.

Bleibt zu erwähnen, dass man digitale Mischpulte auch als preiswertere Exemplare findet, angefangen bei Behringer, Tascam, Yamaha und auch Mackie.

Wir halten fest:

1. Home-Recording ist ein umfassender Begriff. Er beschreibt alles, was Musiker daheim unternehmen, um ihre Kompositionen und Songs aufzunehmen. Damit kann ein kleines Kompaktgerät, bestückt mit der traditionellen Audio-Kassette, gemeint sein. Es kann sich aber auch um eine professionelle Aufnahme-Umgebung auf rein digitaler Ebene handeln. Entscheidend ist, was der Geldbeutel des Musiker hergibt und welche Ansprüche er stellt.
2. Home-Recording ist für die Musikindustrie ein wichtiger Wirtschaftsfaktor geworden. Entsprechend groß ist das Angebot an Geräten. Eine Übersicht darüber ist kaum mehr möglich.

5.3 – Fachbegriffe

Wer sich mit dem Aufnehmen von Musik beschäftigt, stößt unweigerlich auf Fachbegriffe, mit deren Bedeutung man sich unbedingt vertraut machen sollte. Da es sich heute fast immer bei einer Aufnahme um die Digitalisierung von Musik handelt, müssen bestimmte Zusammenhänge beachtet werden, da sonst aus Klang schnell Datenschrott wird.

5.3.1 - Sampling

a) In der Musik bezeichnet **Sampling**[52] den Vorgang, einen Teil einer Ton- oder Musikaufnahme in einem neuen, häufig musikalischen Kontext zu verwenden. Dies geschieht heutzutage in der Regel mit einem Hardware- oder Software-Sampler, d. h., indem das Sample digitalisiert wird, und so leicht (z. B. mit einem Sequenzer) weiterverarbeitet werden kann. Da es sich um eine beliebig lange oder kurze Tonaufnahme handeln kann, werden nicht nur Ausschnitte aus Musik gesampelt, sondern auch einzelne Töne oder Geräusche. Bei einzelnen Tönen werden auch akustische Instrumente als Klangquelle herangezogen. In der Zwischenzeit ist diese Art Sampling sehr weit fortgeschritten und die Palette reicht von einfachen Volksinstrumenten wie Flöten oder Trommeln bis zu umfangreichen sogenannten Multisamples des kompletten Orchesterinstrumentariums. Bei Multisamples handelt es sich um zahlreiche Einzelsamples, die in „Mappings" zusammengestellt werden. Dazu zählen auch Dynamikstufen (piano, mezzoforte, fortissimo usw.) sowie spezielle instrumententypische Artikulationen der Musiker (Beispiel: Bogenstrich aufwärts, abwärts; gezupft: Geige). Im Resultat sind diese Instrumentensamples sehr aufwendig zu produzieren, wodurch sich ein eigenes Marktsegment entwickelt hat. Besonders in der Filmmusik werden solche Orchestersamples verwendet. Dabei müssen diese in der Regel mit einer Keyboardtastatur gespielt werden, wobei die instrumententypischen Spielnuancen bei der Einspielung berücksichtigt werden. Bekannte Komponisten, die solche Samples einsetzen, sind Hans Zimmer, James Newton Howard, Jeff Rona.

Ebenso populär sind Samples von exotischen Instrumenten, Schlagzeug und Percussion, Vocals sowie die von Vintage Synthesizern und Keyboards. Ein weiteres Segment ist „Special Sound Effects", das teilweise das gängige Geräuschemacherhandwerk verdrängt oder jedoch zumindest die Möglichkeiten enorm erweitert hat.

---

[52] Sample; engl. für „Auswahl", „Muster" „Beispiel"; von lat. exemplum: „Abbild", „Beispiel"

Das Sampling ist zudem eine häufig verwendete Technik der Popmusik: Insbesondere im Hip-Hop und in elektronischen Musikrichtungen wie Trip Hop, Drum 'n' Bass, Big Beat und House werden häufig Samples verwendet, die bestehenden Musikaufnahmen entnommen sind. Dabei spielt es eine untergeordnete Rolle, wie lang diese Samples sind, denn teilweise werden komplette Refrains gesampelt und in neue Musikstücke „eingebaut". Sampling wird aber auch von vielen Musikern, vor allem Keyboardern, in fast allen Musikstilen verwandt, da hiermit unter anderem die fast originalgetreue Nachahmung von Naturinstrumenten möglich ist (siehe oben). Gelegentlich werden durch Sampling auch zwei verschiedene Stücke mit gleichem Beat und Duktus übereinander gelegt.

b) Sampling bezeichnet aber auch den Vorgang des Umwandelns einer analogen Musikdatei (wav) in ein CD- oder DVD-kompatibles Format. Ein solches **Audiosample** ist ein digitalisiertes analoges Audiosignal. Hierbei werden dem analogen Audiosignal über einen A/D-Wandler Ausschnitte (Samples) entnommen und gespeichert. Dies geschieht mit einer Auflösung von 16 oder 24 Bit. Die Standardabtastrate war lange Zeit 44,1 kHz, inzwischen etabliert sich aber eine Abtastung von 96 kHz (44.100 bzw. 96.000 Meßwerte pro Sekunde).

5.3.2 – Samplingrate

Der Begriff **Samplingrate** oder **Samplerate** bedeutet „Abtastrate". Damit meint man in der digitalen Signalverarbeitung die Häufigkeit, mit der ein Signal pro Zeiteinheit abgetastet wird. Der Abstand zwischen den Abtastzeitpunkten ist das Abtastintervall. Ist dieser Abstand konstant, so heißt die Abtastrate auch **Abtastfrequenz** oder **Samplingfrequenz**. Die Wahl einer konstanten Abtastfrequenz vereinfacht die Weiterverarbeitung des Signals. Die gemessenen Frequenzwerte werden mit einem Analog-Digital-Wandler digitalisiert.

Die Abtastrate wird in Hertz oder **Samples per Second** (Samples/sec), kurz **SPS** oder **S/s**, angegeben.

Audio-CDs verwenden eine Samplingfrequenz von 44,1 kHz[53], ausreichend für Frequenzen von bis zu 20 kHz. Audio-DVDs besitzen manchmal Abtastraten von 96 oder gar 192 kHz.

Die sehr hohen Abtastfrequenzen werden angestrebt, um die Originalaufnahme schon im ersten Arbeitsschritt im Studio so originalgetreu wie möglich aufzunehmen. Jeder sich anschließende Bearbeitungsschritt kann die Qualität höchstens erhalten.

5.3.3 – Auflösung (Bitrate)

Die **Bitrate** bezeichnet das Verhältnis einer Datenmenge zu einer Zeit, typischerweise gemessen in **Bit pro Sekunde**, abgekürzt als **bit/s** oder **bps**. Die Bitrate bei der Audio- und Videokompression kann entweder konstant sein oder variabel. Bei einer Audio-CD beträgt die Bitrate immer 16 Bits pro Sekunde bei einer Abtastrate von 44,1 kHz.

Je höher die Bitrate, umso mehr Zustände können kodiert werden. Mit einem Bit kann man bis 1 (0, 1) zählen, d.h. es können damit zwei verschiedene Zustände kodiert werden. Bei zwei Bits lässt sich schon bis 3 zählen (0 = binär 00, 1 = binär 01, 2 = binär 10 und 3 = binär 11). Dies entspricht 4 Zuständen. Mit 8 Bits kommt man bis 255 (= 256 Zustände). 8 Bits werden auch oft als ein Byte bezeichnet. Entsprechend hohe Werte der Zustandsbeschreibung

---

[53] kHz = Kilo-Hertz = 1000 Hertz

erreicht man mit 16 oder gar 24 Bits. Wird z.B. mit 16 Bits gesamplet, so stehen 65535 Werte zur Verfügung, um die Amplitude zu kodieren. Man kann sagen, je höher Samplingrate und Bitrate, desto besser ist der Klang.

Wer seine mit Software und PC aufgenommene Musik speichern will, muss vor dem Speichervorgang verschiedene Angaben machen: Wie hoch soll die Bitrate der Datei sein, mit welcher Samplingrate soll die Musik gewandelt werden, in welchem Audioformat soll gespeichert werden?

Hat man viel Speicherplatz auf der Festplatte und möchte zunächst vor weiteren Bearbeitungsschritten eine hohe Qualität erreichen, so wählt man 24 Bits bei 192 kHz Samplingrate. Will man allerdings eine Audiodatei erstellen, um diese später auf CD zu brennen, so muss diese immer mit 16 Bits bei 44,1 kHz gespeichert werden.

Der Dateityp des Audio-Formats ist immer WAVE (.wav). Die Kodierung lautet PCM (Pulse Code Modulation). Das bedeutet, dass das Material nicht komprimiert und damit verändert wird (etwa im Gegensatz zum MP3-Format). Die **Puls-Code-Modulation** ist ein Verfahren, um ein analoges Signal in ein digitales Signal bzw. Binärcode umzusetzen. Es wird für Audio- und Video-Signale verwendet. Die Umsetzung erfolgt in den Schritten: Abtastung – Umwandlung in Bits – Erzeugung des digitalen (binären) Codes.

Schematische Darstellung:

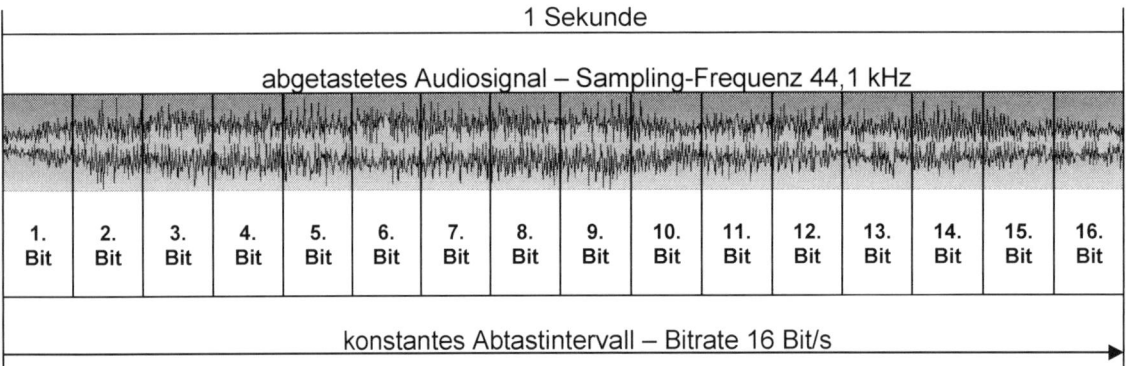

Wir halten fest:

Ein Audiosignal wird zum Beispiel 44.100 Mal pro Sekunde (44,1 kHz) abgetastet. Die dabei gewonnenen Daten werden in 16 Teilwerte (Bits) aufgeteilt = 16 Bit/s. Erhöht man die Bitrate und/oder die Sampling-Frequenz, so wird das Audiosignal digital genauer abgebildet. Entsprechend erhöht sich das Datenaufkommen, man benötigt also mehr Speicherplatz. Das Datenaufkommen für ein digitalisiertes Audiosignal in CD-Qualität sieht also wie folgt aus: Das Eingangssignal wird 44.100 Mal pro Sekunde abgetastet und jeder Abtastwert wird als 16 Bit Ganzzahl gespeichert. Da Stereosignale vorliegen, verdoppelt sich dieses Datenaufkommen nochmal, weil man beide Kanäle getrennt speichern muss. Es ergibt sich also für eine Sekunde Musik in CD-Qualität ein Datenaufkommen von:

$$44.100 \text{ Hz} \times 16 \text{ Bit} \times 2 = 1.411.200.000 \text{ Bit/s} = 1,4 \text{ MBit/s}$$

5.4 Datenformat WAVE

Das **WAVE-Dateiformat** dient der digitalen Speicherung von Audiodaten. Es stellt heute einen Standard für die Speicherung von meist unkomprimierten digitalen Audiodaten auf Windows-basierten PC-Systemen dar. Im Wesentlichen handelt es dabei um unkomprimierte

PCM-Rohdaten, die den digitalen Wert des Audiosignals darstellen. Im Falle von PCM unterstützt es variable Quantisierungsbitraten, Abtastraten und Kanäle.

WAVE-Dateien enthalten die digitalisierte Form eines akustischen Signals, stellen also den zeitlichen Verlauf einer analogen Schwingung dar. Bei der Analog-Digital-Umsetzung wird zu bestimmten Zeitpunkten der Wert der Auslenkung einer Schwingung festgehalten. Die Qualität des aufgezeichneten Klangs hängt vor allem von zwei Werten ab:

- Abtastrate (Anzahl der Abtastwerte pro Zeiteinheit)
- Quantisierungsrate (auch „Bittiefe" genannt)

Bei der Abtastung der Schwingungen werden entsprechende Samples ermittelt, das ist der Abtastwert, der sich im Zuge einer Analog-Digital-Wandlung ergibt. Bei Multikanaldaten gibt es pro Kanal einen entsprechenden Abtastwert. Alle Abtastwerte pro Zeiteinheit sind in einem Frame zusammengefasst. Die Größe der Schwingung (Amplitude) wird als Serie von aufeinanderfolgenden Blöcken zu je 8 Bit abgebildet, da sie so vom Hauptprozessor schneller verarbeitet und auch aus dem bzw. in den Speicher schneller gelesen bzw. geschrieben werden können. Bei Quantisierungsraten, die nicht durch 8 teilbar sind, werden die restlichen Bits bis zum nächsten durch 8 ganzzahlig teilbaren Wert mit Nullen aufgefüllt. Die Datenbits sollten linksbündig angeordnet sein, d. h. beispielsweise bei einem 12-Bit-Signal sind die Bits 0–3 „0" und 4–15 für die eigentlichen Sampledaten reserviert.

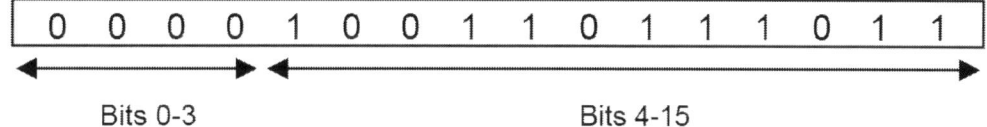

WAVE-Dateien in CD-Qualität fallen recht groß aus. Die Größe pro Sekunde in Bytes ergibt sich nach der Formel

Abtastrate x 2 Byte x Anzahl der Kanäle (mono = 1, stereo = 2)

Beispiel für einen Song von 5 Minuten Länge in CD-Qualität:

5 Minuten = 300 Sekunden, 16 Bit = 2 Byte, 44.100 Hertz, stereo

44.100 Hz x 2 Byte x 2 Kanäle x 300 Sekunden = 52.920.000 Byte = 52,92 MB

5.5 Datenformat MP3

Wer sich mit der Aufnahme eigener Musik beschäftigt, wird früher oder später auf das Problem einer möglichst platzsparender Speicherung stoßen. Will man zum Beispiel seine Musik bei MySpace.com präsentieren, so müssen die Dateien im MP3-Format hoch geladen werden. Und schaut man sich einmal im Elektronik-Laden die lange Reihe der angebotenen MP3-Player an, so erkennt man, dass MP3 eine große Bedeutung für die heutige Musikwiedergabe bekommen hat.

Unter **MP3** (eigentlich MPEG-1 Audio Layer 3) versteht man ein Dateiformat und Verfahren zur Kompression von Audiodaten. Dabei werden Audiosignale so bearbeitet, dass nur diejenigen Anteile der Musik abgespeichert werden, die der Mensch bewusst hören kann. Das führt zu dramatisch kleineren Dateien, wobei die Audioqualität kaum oder nur in geringem Maße beeinträchtigt wird. Der Datenumfang einer Audio-CD kann dabei auf etwa ein Zehntel schrumpfen. Inzwischen gibt es Formate wie AAC oder Ogg Vorbis, die qualitativ und funktionell besser sind, sich aber nicht in dem Maße durchgesetzt haben.

Entwickelt wurde das Format MP3 ab 1982 am Fraunhofer-Institut in Erlangen in Zusammenarbeit mit anderen Einrichtungen. 1992 wurde es als Teil des MPEG-1-Standards festgeschrieben. MPEG steht für **Moving Picture Experts Group** (Expertengruppe für bewegte Bilder). Die Dateiendung **.mp3** wurde 1995 festgelegt. MP3 ist kein freies Verfahren, sondern es ist zumindest in Teilen durch Patente geschützt.

5.5.1 Psychoakustik

Das MP3-Verfahren nutzt die Tatsache aus, dass der Mensch Töne nur innerhalb bestimmter physikalischer Grenzen hören können. Zwei Töne kann er erst voneinander unterscheiden, wenn sie in ihrer Frequenz (Tonhöhe) einen Mindestunterschied aufweisen. Leise Töne nach lauten können Menschen nur schlecht wahrnehmen. Solche auf das Gehör einwirkende Effekte bezeichnet man als psychoakustische Effekte. MP3 verwendet daher nur die Signalanteile, die das menschliche Gehör auch wahrnehmen kann. Ein Audiosignal wird so kodiert[54], dass es weniger Speicherplatz benötigt, aber für das menschliche Gehör noch genauso klingt wie das Original. Wird die mit MP3 bearbeitete Musik wieder gegeben, so erzeugt der Dekoder aus diesen Daten dann ein für die überwiegende Anzahl von Hörern original klingendes Signal. Mit dem Ursprungssignal hat es aber nichts mehr zu tun, da bei der Umwandlung in das MP3-Format Informationen entfernt wurden.

Die Qualitäts-Eindrücke von MP3-Musik sind recht subjektiv und von Mensch zu Mensch sowie von Gehör zu Gehör unterschiedlich. Die meisten Menschen können jedoch ab einer Bitrate von etwa 160 kBit/s und bei Nutzung eines ausgereiften Enkodierers auch bei konzentriertem Zuhören das kodierte Material nicht mehr vom Ausgangsmaterial unterscheiden. Menschen mit hochempfindlichen Gehör hören aber auch diesen Unterschied noch.

5.5.2 Encoder

Ein MP3-Encoder ist ein Programm, das Audiodateien (meistens nur einfache PCM-Datenströme) in MP3-Audiodateien umwandelt. Software zur Audiobearbeitung enthält in der Regel einen solchen MP3-Encoder. Es kommt auf die Qualität des Kodierens an, wie weit ein MP3-Signal an das Ausgangsmaterial heran reicht. Dazu gibt es unterschiedliche Verfahren. Der Fraunhofer-Encoder ist kostenpflichtig und wird daher eher von professionellen Programmen eingesetzt. Über Jahre hinweg (ca. 1998 bis 2004) gab es viele verschiedene alternative MP3-Encoder, von denen sich letztendlich jedoch der LAME-Encoder wegen seiner überlegenen Qualität durchsetzte. Der LAME-Encoder ist ein Open-Source-Projekt (etwa wie der Browser Firefox) und daher kostenlos. Vielen Freeware-Programmen, die man problemlos im Internet findet, ist er beigefügt.

Neben der MP3-Kodierung mit konstanter Datenrate (und damit schwankender Qualität) ist auch eine Kodierung mit konstanter Qualität (und damit schwankender Datenrate) möglich. Man vermeidet dadurch (weitgehend) Qualitätseinbrüche an schwierig zu kodierenden Musikstellen, spart jedoch andererseits bei ruhigen oder gar völlig stillen Passagen des Audiostromes an der Datenrate und somit an der endgültigen Dateigröße. Man gibt die Qualitätsstufe vor und erhält auf diese Art die dafür minimal notwendige Datei.

---

[54] kodieren, enkodieren = verschlüsseln; dekodieren = entschlüsseln

Die Leistung einer MPEG Layer 3-Kompression lässt sich im Wesentlichen durch drei Faktoren beschreiben: die eingesetzte **Bitrate**, die verwendete **Bandbreite** und die benutzten **Kanäle**.

Klangqualität	Bandbreite	Modus	Bitrate	Kompressionsrate
Telefon	2.5 kHz	mono	8 kbps	96:1
besser als Kurzwelle	4.5 kHz	mono	16 kbps	48:1
besser als AM Radio	7.5 kHz	mono	32 kbps	24:1
ähnlich FM Radio	11 kHz	stereo	56 - 64 kbps	26 - 24:1
Fast-CD	15 kHz	stereo	96 kbps	16:1
CD	>15 kHz	stereo	112 - 128kbps	14 - 12:1

5.5.3 Dekoder

Das Dekodieren von MP3-Dateien erfolgt nach einem einheitlichen Verfahren. Als Decoder stehen zum Beispiel mpg123, MAD, libavcodec und viele andere zur Verfügung. So ist **mpg123** ist ein freier Audio-Spieler. Die unterstützten Formate sind die MPEG-1-Layer 1, 2 und 3 (letzteres ist bekannt als MP3). Er gehört zu den verbreitetsten MP3-Playern und viele weitere Projekte nutzen seinen Code. Bekannte Audio-Programme wie der Windows Mediaplayer, der Winamp oder der Realplayer bedienen sich solcher Dekodierungen und können MP3-Dateien automatisch öffnen.

5.5.4 Konvertieren

Audio-Datei konvertieren

Das Konvertieren[55] von Audio-Dateien in verschiedene Formate ist eigentlich recht einfach, wenn man ein geeignetes Programm einsetzt. Wie oben im Bild dargestellt, wählt man die Quelldatei aus, etwa Song_1.wav. Dann gibt man die Zieldatei und das Format an, also zum Beispiel Song_1.mp3. Zusätzlich wird noch der Kompressionsgrad in Form der Bitrate eingegeben, hier sind es 128 kBit/s, der Normalwert. Schon kann die Konvertierung starten, die in recht hohem Tempo abläuft.

5.5.5 Rippen

Auf diese Weise kann man seine eigenen CDs in MP3-Dateien umwandeln, um sie dann in den MP3-Player zu laden. Allerdings muss man dazu die CD-Dateien erst von der CD laden und in das WAV-Format umwandeln. Einen solchen

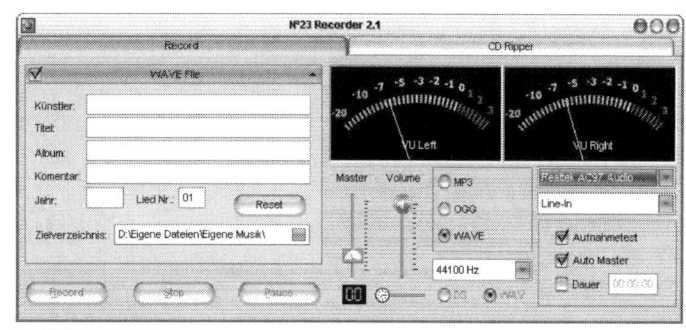

No23Rekorder)

---

[55] konvertieren = umwandeln

Vorgang - das Kopieren von Musik oder Filmen von einer Datenquelle auf die Festplatte eines Computers - bezeichnet man in der Computer-Szene als **Rippen**[56]. Datenquellen können analoge Aufnahmen, CDs oder DVDs sein oder Datenströme aus dem Internet, beispielsweise von Internetradios. Beim Rippen werden häufig Datenformate konvertiert und der Kopierschutz entfernt. Nach dem Rippen lassen sich die Daten meist beliebig vervielfältigen. Das zugehörige Programm nennt sich Ripper. Populäre CD-Ripper sind: CDex, EAC (Exact Audio Copy), Fairstars und Audiograbber für Windows sowie GRIP und Krabber für Linux. Auch viele Audio-Player wie Winamp, iTunes, Windows Media Player, RealPlayer, Music-Match Jukebox, MediaMonkey oder Foobar2000 können CDs rippen. Der No23Recorder ermöglicht zudem das Aufnehmen von Audio-Streams. Ein entsprechendes Programm für Internet-Radio-Streams ist der Streamripper.

Bedenken sollte man beim Rippen, dass das Entfernen des Kopierschutzes einer CD oder DVD illegal ist. Umgehen kann man einen Kopierschutz nur mit einem Programm wie No23 Recorder. Damit nimmt man die Musik einer CD beim Abspielen auf wie mit einem Tonbandgerät und kann die so gewonnenen Audio-Files auf der Festplatte speichern.

5.6 HD-Recording

Für jene Musiker, die sich mit den oben ausgeführten Eigenschaften von Klängen und ihrer digitalen Erzeugung auskennen, ist das Hard Disc-Recording (HD) kein Problem mehr. Im Prinzip funktioniert es wie eine auf digitale Verhältnisse übertragene Tonbandaufnahme. Genau wie beim Tonband werden hier die elektrischen Signale (z.B. von einem Mikrofon) aufgenommen und gespeichert, in diesem Fall auf der Festplatte. Da es sich aber um Computerdaten handelt, können diese nur gespeichert werden, wenn sie, wie oben schon beschrieben, per Konverter ins binäre System gewandelt werden. Der umgekehrte Vorgang ist beim Abhören nötig, die Wandlung von binär nach analog.

HD-Recording weist aber einschneidende Unterschiede zur Bandaufnahme auf. Die digitalen, auf der Festplatte gespeichert Daten können nämlich direkt und komfortabel bearbeitet werden. Bei Tonbandaufnahmen kann man allenfalls Bänder schneiden, hin- und her- und umspulen oder Musikmaterial überspielen. Bei einer digitalen Aufnahme kann jede Stelle in der Aufnahme ohne Umspulzeit direkt angesprungen und abgespielt werden. Es können Loops (Schleifen) gesetzt werden, d.h. bestimmte Stellen können wiederholt werden. Man kann missglückte Abschnitte entfernen, man kann beliebig kopieren oder auf die Lautstärke jeder Millisekunde Einfluss nehmen. Effekte (Hall, Delay, Chorus, etc.) können hinzugefügt werden. Im Vergleich zu MIDI können die Notenwerte selbst allerdings zunächst nicht verändert werden, es sei denn, man setzt eine Software wie **Melodyne** ein.

Durch leistungsfähige Software ist es beim HD-Recording möglich, in unbegrenzter Menge Audiospuren zu erzeugen. Das gab es früher selbst in High-End-Studios nicht. Bandmaschinen mit 24 Spuren waren das Maß der Dinge und unglaublich teuer. Der Heimmusiker nimmt heute seine akustischen Instrumente auf beliebig vielen Spuren in mono oder stereo auf. Er benötigt auch keine Gastmusiker mehr, selbst ist der Mann (oder die Frau). Eine Spur nach der anderen nimmt er gemütlich auf. Am Ende kann er jedes einzelne Instrument gezielt und separat abhören bzw. bearbeiten.

Nicht genug damit, er kann zusätzlich zu den Audio-Spuren mit seinem Keyboard MIDI-Spuren einspielen und damit wiederum virtuelle Instrumente ansprechen. Audio und MIDI

---

[56] engl. „to rip" = (herunter)reißen

munter gemixt ergeben das fertige Produkt. Dieses wird wiederum in der Summe bearbeitet, etwa mit einer Verbreiterung des Stereo-Eindrucks oder einem Klang-Maximierer auf VST-Basis. Ist der Heimmusiker zufrieden, kann er das Ganze nun endgültig als Mixdown auf der Festplatte ablegen.

6. Einheit – Das Sequenzer-Programm Cubase

Wie in vorigen Kapiteln schon erwähnt wurde, gibt es im Bereich der Sequenzer-Programme auch kostenlose Angebote. Im weiteren Verlauf dieser Einheiten wollen wir uns aber auf das weit verbreitete Programm **Cubase** von Steinberg stützen, da dieses gerade auch im Homerecording weit verbreitet ist. Es wird allerdings nur auf die Windows-Version eingegangen, der Mac bleibt außen vor. Wer die Arbeitsweise von Cubase einmal begriffen hat, kann problemlos auch mit anderen Programmen umgehen. Cubase in einer abgespeckten Version (Cubase LE) findet man häufig auch im Begleitgepäck von Audiokarten oder Samplehardware.

Cubase hat eine lange Geschichte. In den 1980er Jahren wurde es erstmals für den Einsatz auf Atari-PCs verfügbar. Damals reichten noch Disketten für das Programmpaket aus. Heute ist daraus ein mächtiger Audio/MIDI-Sequenzer geworden, der alle Techniken und Werkzeuge zur Musikaufnahme und -bearbeitung beinhaltet. Die Leistungsfähigkeit von Cubase ist allein schon aus dem Handbuchumfang von rund 870 Seiten ersichtlich. Es dürfte daher klar sein, dass hier nur auf grundlegende Funktionen eingegangen werden kann. Es hat sich jedoch immer wieder gezeigt, dass das Experimentieren mit den Cubase-Funktionen schnellen Lernerfolg bringt und man das Handbuch nur bei kniffligen Fragen zu Rate ziehen muss.

6.1 Installation

Vorausgesetzt wird für den Einsatz von Cubase ein PC, der den Anforderungen genügt, die in der ersten Unterrichtseinheit beschrieben wurden. Natürlich ist ein solcher PC auch mit einem DVD-Brenner bestückt. Empfehlenswert ist es, gleich zwei davon einzubauen, falls man nämlich einmal CDs oder DVDs kopieren muss.

Die Installation von Cubase gestaltet sich recht einfach. Man muss nur den Anweisungen während der Installationsroutine folgen. Wissen muss man aber, dass Cubase nur mit einem

Dongle funktioniert. Ein Dongle, auch Hardlock genannt, ist ein Kopierschutzstecker, der die Software vor Raubkopien schützt. Frühere Dongles von Cubase waren für den Druckerport (parallele Schnittstelle) ausgelegt, die aktuelle Dongle-Version wird in einen USB-Port gesteckt. Ohne Dongle läuft nichts. Cubase kontrolliert bei Benutzung regelmäßig, ob der Kopierschutzstecker vorhanden ist und verweigert ohne ihn den Dienst.

USB-Dongle

Während der Cubase-Installation wird ein weiteres Programm der Firma Syncrosoft installiert. Dieses Programm verwaltet die Lizenzen auf dem Dongle. Es ist nämlich möglich, mit einem Dongle mehrere Programme der Firma Steinberg zu autorisieren. Beim Kauf von Cubase (gebraucht oder neu) sollte man daher unbedingt darauf achten, dass der Dongle dabei ist. Bei Gebrauchtkauf sollte die Lizenz schon auf dem Dongle sein. Unter Umständen muss man einen Dongle sogar extra kaufen.

Während der Installation richtet Cubase auch die ASIO-Umgebung ein (siehe 4. Unterrichtseinheit). Ob das Zusammenspiel von Soundkarte, Treibern und ASIO funktioniert, kann man nach der Installation testen. Dabei gewinnt man auch Erkenntnisse über die wichtigen Latenzzeiten. Hat man das alles zufriedenstellend erledigt, so kann Cubase erstmals gestartet werden. Die Dauer des Programmstarts richtet sich danach, wieviele Plugins Cubase entdecken und laden muss. Cubase selbst bringt schon einige Effekte und Instrumente in Plugin-Form mit. Die Ladezeit wird sich aber zunächst noch in Grenzen halten. Erst später, wenn man sein System mit weiteren Programmen auf VST-Basis ausgebaut hat, wird es etwas länger dauern.

6.2 – Erste Schritte

Nach dem erfolgreichen Start erscheint Cubase mit einer leeren Oberfläche. Oben sehen wir - wie bei jedem Computer-Programm - die Menüleiste. Zudem erscheint in der Regel das Transportfeld.

Wie man nun weiter vorgeht, hängt von den eigenen Bedürfnissen ab. Möchte man nur MIDI einspielen? Will man Audio aufnehmen? Soll beides gemischt werden? Auf jeden Fall muss ein neues Projekt angelegt werden. Unter „Datei/Neues Projekt" findet man dazu schon einige Vorlagen. Man kann sich aber auch selbst eine eigene Vorlage erstellen, die man dann als solche abspeichert und aus dem nebenstehenden Menü später wieder laden kann.

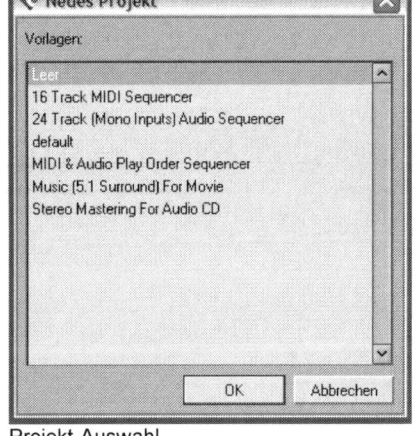

Für diesen Fall ist es sinnvoll, zunächst die Bus-Konfiguration einzurichten. Wir erinnern uns: Ein Bus dient im PC-Verbund zum Datenaustausch zwischen den verschiedenen Komponenten. In Cubase dienen die Busse der Audio-Verbindung, also dem Aufnehmen und Abhören von Audiomaterial. Von der Audio-Hardware hängt es ab, welche und wieviele Busse man einrichten kann. Das Einrichten geschieht unter „Geräte/VST-Verbindungen" und erklärt sich eigentlich von selbst.

Projekt-Auswahl

Hat man eine normale Soundkarte, so ist es möglich einen Eingangsbus und einen Ausgangsbus in stereo einzurichten. Zusätzlich sollte ein Monoeingangsbus hinzugefügt werden. Damit kann man etwa ein Mikrofonaufnahme machen. So muss man nicht einen Kanal des Stereoeingangsbusses belegen.

Hat man eine typische Recording-Karte mit mehreren Stereo-Ein- und Ausgängen, so können entsprechend viele Busse angelegt werden. Sinnvoll ist das aber nur, wenn die Ein- und Ausgänge der Recording-Karte zum Abhören über ein Mischpult mit entsprechenden getrennten Kanälen verbunden sind. Nicht vergessen: Nach dem Einrichten der Busverbindungen speichert man das Ganze unter „Datei/Als Vorlage speichern" ab und kann jederzeit wieder darauf zurück greifen.

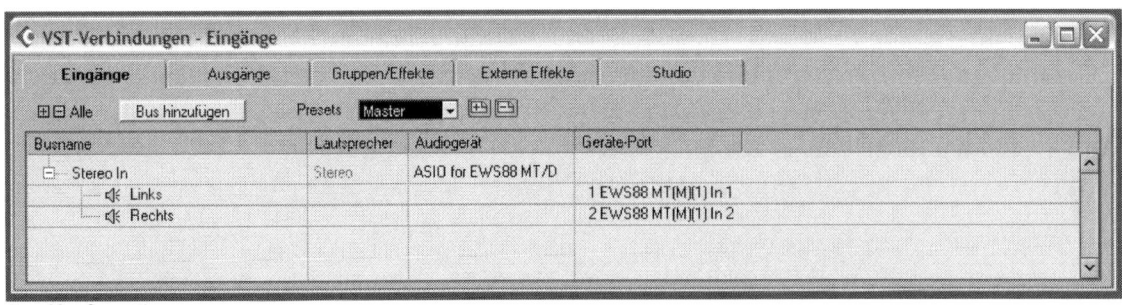

Bus-Konfiguration

Wie man nun mit den Bussen umgeht, ergibt sich Laufe der praktischen Arbeit. Eine wichtige Funktion übernimmt dabei der Mixer von Cubase. Der Mixer ist eigentlich aufgebaut wie ein normales Mischpult. Er hat Ein- und Ausgangskanäle, man kann Klangregler einblenden oder (virtuelle) Instrumente verbinden. In ihm verbergen sich aber auch noch zahlreiche Zusatzfunktionen, die allenfalls mit einem digitalen Mischpult zu realisieren wären. Dazu später.

6.3 - Wichtige Programm-Elemente

Cubase besteht im Grunde aus verschiedenen funktionsbeladenen Einzelelementen, die im Zusammenspiel ihre vielfältigen Möglichkeiten entfalten. Es ist besonders für Einsteiger wichtig, sich grundlegende Funktionen zu merken, da man sonst unter Umständen nicht weiß, wie es weiter geht. Besonders dumm ist es, wenn man durch eine Fehlbedienung zum Beispiel eine gerade mühsam erstellte Audioaufnahme löscht. Allerding: Cubase ist geduldig, es lässt sich alles rückgängig machen - auch das Löschen. Die wichtigsten Programm-Elemente sollen im Folgenden vorgestellt werden.

6.3.1 - Transportfeld

Ein wichtiger Bestandteil der Cubase-Oberfläche ist das Transportfeld. Damit werden wesentliche Programm-Teile gesteuert. Hier ein Überblick der Funktionen:

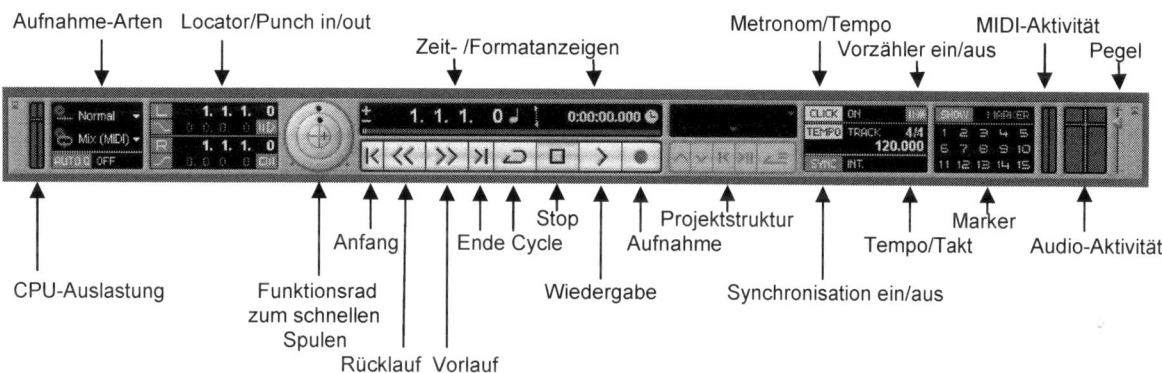

Auch hier gilt die Devise, dass man den Umgang mit dem Transportfeld sehr schnell während einer Projektarbeit erlernt und dass man getrost damit herumprobieren kann. Insgesamt kann man das Transportfeld nach seinen Vorstellungen einrichten wie man möchte. Man kann die Anordnung der Elemente ändern oder nicht benötigte Funktionen ausblenden, indem man mit der rechten Maustaste auf das Transportfeld klickt. Dann öffnet sich ein Menü, in dem die entsprechenden Funktionen an- oder abgewählt werden können. Unter „Hilfe" in der Cubase-Menüleiste kann man Einzelheiten dazu schnell nachschlagen. Interessant ist zum Beispiel, dass dem Zahlenblock der PC-Tastatur bestimmte Funktionen des Transportfeldes zugeordnet sind. Damit erreicht man natürlich ein sehr viel schnelleres Arbeitstempo als mit der Maus, wenn man die Bedeutung der jeweiligen Zahl beherrscht (z. B. 0 = Stop).

Ein interessantes Merkmal im Transportfeld ist das Funktionsrad (auch Jog[57]/Scrub[58]-Bereich genannt). Es dient der schnellen Bewegung und Orientierung im Projekt. Mit dem äußeren Ring kann man das Projekt in beliebiger Geschwindigkeit abspielen - vorwärts und rückwärts! Je weiter man nach links oder rechts dreht, um so schneller wird die Geschwindigkeit. Auf diese Weise kann man schnell zu bestimmten Positionen im Projekt gelangen.

---

[57] jog = engl. rütteln, stoßen, schaukeln
[58] scrub = engl. scheuern, schrubben

Der innere Ring dient als Jog-Wheel[59]. Durch Ziehen nach links oder rechts bewegt sich der Positionszeiger in die entsprechende Richtung. Dieser Regler ist endlos, er kann also bis zum Erreichen der Position immer weiter gedreht werden. Die Minus- und Plusschalter in der Mitte des Rades verschieben den Positionszeiger jeweils um einen Frame[60] nach links oder rechts.

6.3.2 - Positionszeiger

Der Positionszeiger ist ein wichtiges Orientierungselement in einem Cubase-Projekt. Er erscheint im Projektfenster als durchgängige senkrechte schwarze Linie. Der Positionszeiger zeigt an, ab wann die Wiedergabe oder die Aufnahme startet. Man kann ihn nach Belieben verschieben. Will man sein Werk ab einer bestimmten Stelle anhören, so setzt man den Zeiger genau an den Anfang dieser Stelle. Am einfachsten geht das, indem man mit dem Mauszeiger einmal in das Lineal am oberen Rand des Fensters klickt. Je nach Rastereinstellung klinkt sich der Zeiger taktweise oder entsprechend der Zählzeit oder Quantisierung ein. Beim Doppelklick in das Lineal startet oder stoppt die Wiedergabe sofort. Auch für eine Aufnahme kann der Positionszeiger beliebig gesetzt werden. Andere Möglichkeiten zur Einstellung des Positionszeigers:

- im Transportfeld per Vorlauf/Rücklauf
- mit dem Funktionsrad
- mit Markern
- weitere Funktionen im Transportfeld
- über Tastaturbefehle

Am übersichtlichsten ist eigentlich das manuelle Setzen des Zeigers per Mausklick. Die Position des Zeigers wird im Transportfeld in der Anzeige auf doppelte Weise angezeigt: als Taktposition und als Zeitposition.

Primäre und sekundäre Anzeige im Transportfeld

Klickt man auf das Noten- oder Uhrsymbol neben den Anzeigen, so erscheint (wie so oft in Cubase) ein Menü, in dem das Anzeigeformat je Anzeige nach Wunsch eingestellt werden kann: Takte + Zählzeiten, Sekunden, Timecode, Samples oder Frames.

6.3.3 - Locator

Die Locatoren sind Positionsmarker, mit denen man den Anfang und das Ende von Vorgängen bestimmen kann. Will man sich an irgend einer Stelle für eine Aufnahme einklinken (punch in) und ausklinken (punch out), so setzt man die beiden Locatoren an den jeweiligen Punkt. Das Lineal wird in diesem Bereich dann blau gefärbt. Auch eine Schleife ist innerhalb der Locator-Positionen möglich, wenn im Transportfeld die Funktion Cycle aktiviert ist. Dann wird der markierte Bereich fortlaufend wiederholt.

---

[59] wheel = engl. Rad
[60] Frame = engl. Rahmen

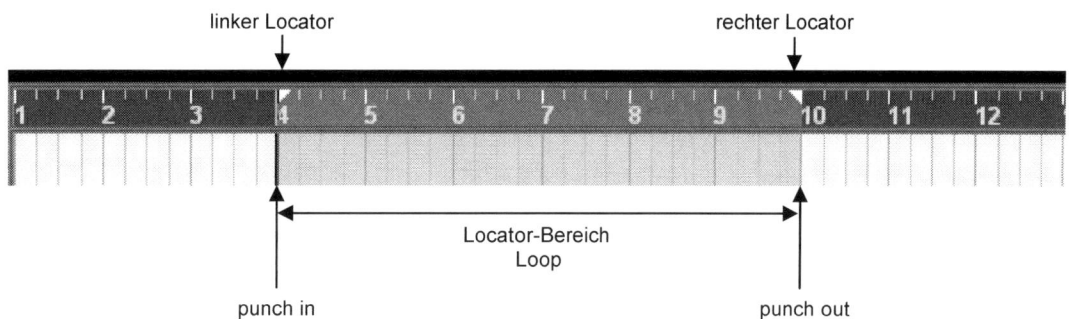

Man kann auch den rechten Locator vor den linken setzen. Dann erscheint der Bereich im Lineal in roter Farbe. Mit dieser Funktion ist es möglich zu (über)springen (skip, jump). Erreicht der Positionszeiger den rechten Locator (der jetzt aber links steht), so springt er sofort zum linken Locator (nun rechts stehend) und das Projekt wird ab hier wiedergegeben.

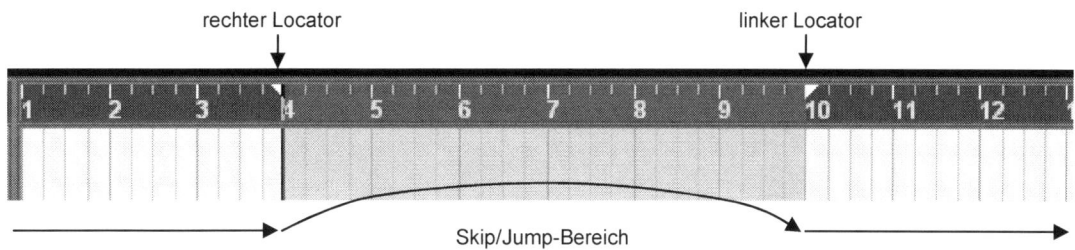

Locator-Positionen können so eingerichtet werden:

- linker Locator: Taste **strg** drücken, oben ins Lineal klicken (es erscheint ein Stift)
- rechter Locator: Taste **alt** drücken, oben ins Lineal klicken (es erscheint ein Stift)
- oben ins Lineal klicken (es erscheint eine Hand) und den Bereich aufziehen oder verändern
- manuelle Eingabe im Transportfeld unter L/R
- Position auf Null setzen: oben ins Lineal klicken (es erscheint ein Stift)

Durch Marker-Funktionen können zudem beliebig viele Locator-Positionen festgelegt werden. So kann man den Positionszeiger etwa zu verschiedenen Locator-Markierungen verschieben und auf diese Weise schnell bestimmte Stellen im Song erreichen. Dies sollte man sich im Einzelnen in der Cubase-Hilfe anschauen.

6.3.4 - Programmeinstellungen

Grundlegende Einstellungen für den Programmablauf von Cubase nimmt man unter „Datei/Programmeinstellungen" vor. Da es sich hier oft um sehr spezielle Funktionen handelt, sollte man diese in der Cubase-Hilfe genau studieren. Unter dem Punkt „Darstellung" kann man Cubase ganz nach seinen eigenen Wünschen optisch anpassen.

6.3.5 - Projektfenster

Das Hauptelement von Cubase ist sicher das Projektfenster. Als Projekt - das haben wir inzwischen sicher verstanden - wird in Cubase alles behandelt, was mit dem Aufnehmen und bearbeiten von Audio- oder MIDI-Material zu tun hat. Der eigene Song ist also ein Projekt.

Wählen wir „Datei/Neues Projekt" an, so erscheint das bereits erwähnte Menü mit einigen Projekt-Vorlagen (Templates) oder der bereits abgespeicherten eigenen Vorlage. Nach entsprechender Auswahl erscheint ein weiteres Fenster zur Wahl eines Projektordners. Man kann dann einen bereits vorhandenen Ordner wählen. Für ein neues Projekt ist es aber sehr sinnvoll einen neuen Ordner anzulegen, was in diesem Fenster mit der Funktion „Erzeugen" möglich ist. Denn Cubase speichert alle Vorgänge, die während der Arbeit an dem Projekt passieren, im Projektordner ab. Speichert man ein neues Projekt in einem Ordner, der bereits ein anderes Projekt enthält, so vermischen sich naturgemäß die Daten. Es ist dann gut möglich, dass man etwa aufgenommene Audiodaten des eines Projekts nicht mehr von denen des anderen Projekts unterscheiden kann. Cubase kann die Daten schon unterscheiden. Es kann aber passieren, dass durch Fehler oder Abstürze Datenzusammenhänge verloren gehen. Dann kann man diese in Cubase meistens wiederherstellen. Aber wer weiß schon, ob er die Datei Audio_02_01.wav oder die Datei Audio_12_05.wav benötigt? Also besser von vorn herein einen neuen Ordner anlegen! Schauen wir uns einmal ein Projektfenster an, das wir auf Grund der Vorlage „MIDI & Audio Play Order Sequenzer" geöffnet haben:

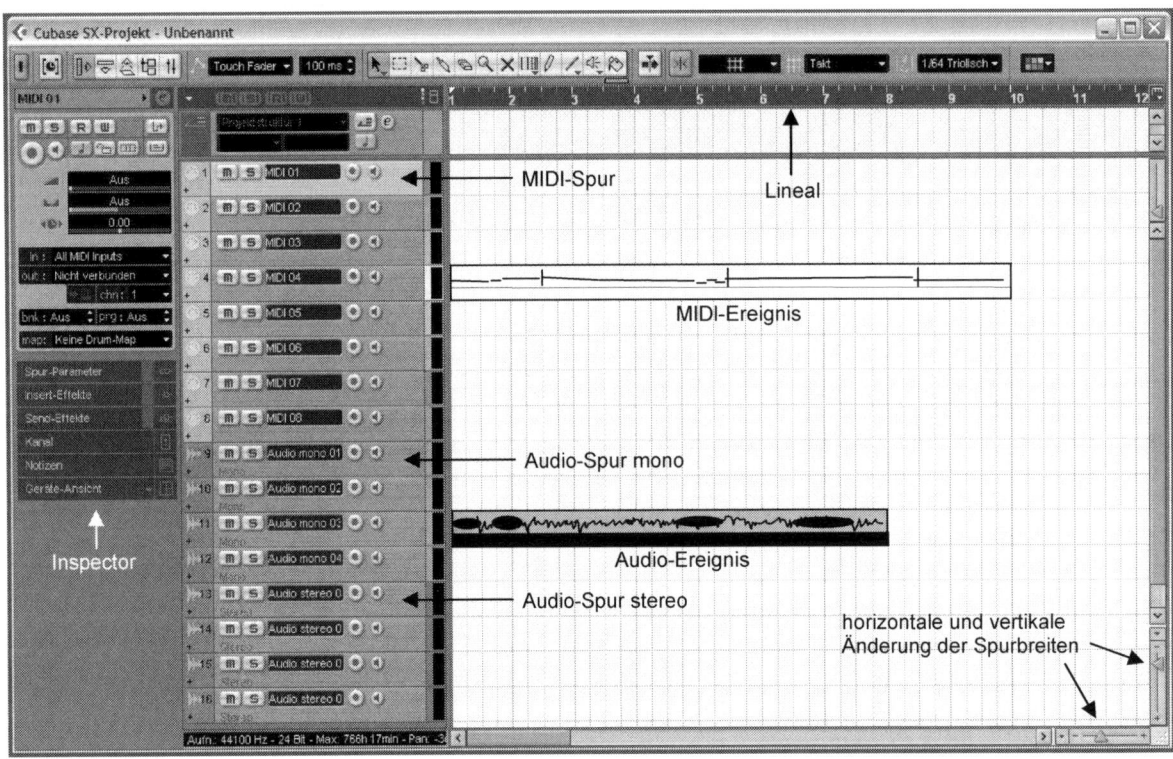

Wir sehen: 8 MIDI-Spuren, 4 Audio-Spuren mono, 4 Audio-Spuren stereo. MIDI-Spuren sind durch die stilisierte DIN-Buchse gekennzeichnet. Audio-Spuren sind an dem Frequenzsymbol zu erkennen. Nach einer Aufnahme kann man jede einzelne Spur, egal ob MIDI oder Audio, zur besseren Unterscheidung farbig markieren. Statt MIDI 01 oder Audio mono 01 kann man auch eigene Spur-Benennungen eingeben.

Oben im Fenster sind allerlei Buttons zu erkennen und einige Fenster. Symbole wie Schere, Lupe oder Klebe erklären sich von selbst. Wird der Button ⊞ eingeschaltet, so läuft der Positionszeiger bei Wiedergabe und Aufnahme immer automatisch mit. Die Funktion aller Buttons erschließt sich aber leicht durch Quickinfos, die erscheinen, wenn sich der Mauszeiger über einem Button bewegt. Die Fenster erklären sich auch leicht, weil sie aufklappen und ihre Funktion anzeigen.

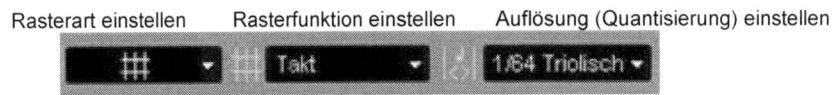

Der Block am linken Rand des Fenster, bezeichnet als „Inspector", reagiert immer auf die jeweils angewählte Spur, hier MIDI 01. Hier werden alle Einstellungen des Spurablaufs vorgenommen: Verbindung zur Soundkarte durch Anwahl des Busses, zum MIDI-Kanal, zu den Effekten usw. Hier kann man auch die Spur auf Mithören oder Aufnahme schalten. Die Symbole ⊙⊙ finden sich aber auch direkt bei der Spur. Unter Spur-Parameter etwa kann man Spuren transponieren. Angesteuerte VST-Instrumente können zum Beispiel eine Oktave höher oder tiefer erklingen, was oft sehr sinnvoll ist, wenn das Keyboard zum Einspielen nicht den ganzen benötigten Tonumfang hergibt. „Insert" und „Send" ist die Abteilung für etwaige Effekteinspielungen. Unter „Kanal" können Lautstärke und Panorama eingestellt werden. Schließlich kann man sich auch noch Notizen machen.

6.3.6 - VST-Instrumente

Bevor VST-Instrumente in eine MIDI-Spur eingebunden werden können, müssen sie erst einmal global geladen werden. Das Menü dazu erreichen wir unter „Geräte/VST-Instrumente". Klickt man in eines der schwarzen Felder, so tut sich die komplette Liste aller von Cubase erkannten VST-Instrumente auf, von denen man dann jeweils eins auswählen kann. Hier im Bild sind zwei Instrumente zu sehen: 1. B4, die Hammond-Orgel-Nachbildung von Native Instruments; 2. Addictive Drums, eine sehr gute Schlagzeug-Nachbildung der schwedischen Firma XNL Audio. Auf diese Weise kann ein ganzes Arsenal von Instrumenten zusammengestellt werden. Allerdings: Unbegrenzt sind die Möglichkeiten nicht, da viele dieser Instrumente, die auf Samples basieren, sehr viel Speicherplatz belegen. Sollte Cubase also einmal langsamer werden oder gar ins Stolpern geraten, so kann es an der Instrumentenfülle liegen oder an zu großzügigem Einsatz von Effek-

ten. Die neben den schwarzen Feldern sichtbaren Buttons haben folgende Bedeutung:

1. Einfrieren des Instruments
2. Ein- und Ausschalten
3. Stummschalten
4. Instrumentenansicht aufrufen

Unter dem Button 4 leuchtet eine rote LED auf, wenn das Instrument per MIDI angesprochen wird. So sieht man auch, dass die Verbindung steht. Klickt man den Button 4 an, so öffnet sich das Instrument und man kann dort die besonderen Einstellungen vornehmen: Programme aufrufen, Instrumenteile einrichten, Lautstärken festlegen.

Soll nun eine MIDI-Spur mit einem Instrument (z. B. B4) aufgenommen werden, so gibt man im Inspector bei der betreffenden Spur an:

- in: All MIDI Inputs
- out: B4

Klickt man nun den kleinen Lautsprecher in der Spur an, so kann man beim Spielen auf dem Keyboard den Sound der Orgel (oder jedes anderen gewählten Instruments) direkt mithören. Für die Aufnahme wird noch der Button „Record" (mit dem roten Punkt) der Spur aktiviert. Nun muss nur noch im Transportfeld auf Aufnahme gedrückt werden und schon kann man quasi live die Spur bespielen. Vorher muss man sich noch entscheiden, ob der Vorzähler und/oder der Metronom-Click mitlaufen sollen. Die Metronomeinstellungen sind im Menü erreichbar unter „Transport". Click ein/aus kann im Transportfeld angewählt werden. Auch das Tempo ist hier frei einstellenbar. Oder man benutzt die spezielle Tempospur, die unter „Projekt/Tempospur" zu erreichen ist. Bei reinen MIDI- oder Audio-Projekten kann das Tempo auch später noch beliebig verändert werden. Eine nachträglichen Tempoänderung eines MIDI-Audio-Mixes ist jedoch problematisch, weil beide Typen nicht mehr synchron sind.

6.3.7 - Mixer

Ein zentrales Steuerelement in Cubase ist der Mixer. Mit ihm kontrollieren wir alle Einstellungen der Spuren, der Instrumente, der Effekte und der Ein- und Ausgänge. Im Menü unter „Geräte" können drei verschiedene Ansichten des Mixers aufgerufen werden. Im Projektfenster ist oben links ein kleiner Button, mit dem sich der Mixer direkt anwählen lässt. Auch über den Tastaturbefehl F3 ist der Mixer erreichbar. Der Mixer ist so konstruiert, dass man ihn in allen erdenklichen Arten erweitern oder verkleinern, ein- oder ausblenden kann. Plus- und Minuszeichen und spezielle Symbole helfen dabei. Der schnellen Umsetzung dient auch die links neben dem Eingangs-Bus befindliche senkrechte Leiste zum Ein- oder Ausblenden mit besonderen Symbolen.

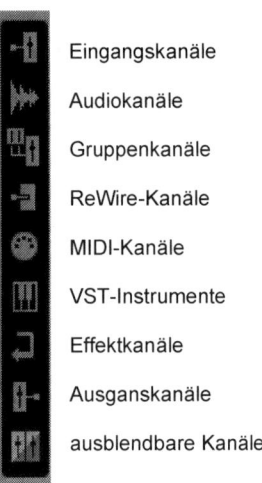

Eingangskanäle

Audiokanäle

Gruppenkanäle

ReWire-Kanäle

MIDI-Kanäle

VST-Instrumente

Effektkanäle

Ausganskanäle

ausblendbare Kanäle

Wie bei einem richtigen Mischpult heißen auch hier die vertikalen Elemente Kanäle. An erster Stelle erscheint im Mixer immer der Kanal für den Eingangs-Bus. Spielt man etwa ein Audio-Instrument ein (z. B. Gitarre oder Gesang), so sieht man hier den Eingangspegel und kann ihn regeln. Oft ist es auch sinnvoll, gleich hier ein Plug-in einzuschleifen. Bei Gesangsaufnahmen empfiehlt sich ein Pegelbegrenzer (Limiter), wenn man ihn nicht schon vorher in der Aufnahmekette in einem externen Mischpult aktiviert hat. Denn Audio-Aufnahmen digitaler Art sind sehr empfindlich, wie wir später noch sehen werden. Cubase bringt für diese Zwecke schon das VST-Programm **VSTDynamics** mit.

Als nächstes folgen Kanäle in der Reihenfolge der Spuren wie sie im Projektfenster angelegt sind. MIDI und Audio-Kanäle sind unterscheidbar an den typischen Symbolen. In jedem Kanal kann die Lautstärke geregelt werden. Oberhalb des Faders befindet sich der Schiebregler für die Panorama-Einstellung. (C) bedeutet Mittenstellung, L35 halblinks, (R) ganz rechts.

Sollte man mit Cubase einmal einen Film vertonen wollen, dann ist natürlich Sourround Sound angesagt. Dann werden aus den Kanälen entsprechende Mehrkanalzüge und der Panoramaregler wird zum Sourround Panner. Es ist jedoch zu vermuten, dass dieser Fall in unseren Projekten kaum eintritt.

Die Buttons in den Kanalzügen entsprechen jenen bei den Spuren des Projektfensters. Über den Kanälen lässt sich ein großes Fenster aufklappen, in das man mit dem kleinen Pfeil rechts über dem Panoramaregler ein Menü mit verschieden Funktionen einblenden kann: EQ (Klangregelung), Inserts (eingeklinkte Effekte) oder auch eine Pegelanzeige. Diese Funktionen können gleichzeitig angewendet werden. Man kann die Klangregelung bedienen und parallel dazu einen Effekt einklinken. An dieser Stelle kann auch ein Kanal ganz ausgeblendet werden. Das ist oft nötig bei bestimmten VST-Instrumenten, etwa Schlagzeugen. Die blenden womöglich automatisch für jedes Schlaginstrument einen eigenen Kanal ein, obwohl man die Drums insgesamt nur in einem Stereo-Kanal abmischen will. Da kommen leicht 10-12 überflüssige Kanäle zusammen, die einen schnell den Überblick verlieren lassen. Da hilft nur ausblenden.

Nach den MIDI- und Audiokanälen folgen im Mixer die VST-Instrumentenkanäle. Hier regelt man u. a. direkt die Lautstärke eines Instruments. Analog dazu wird für jedes VST-Instrument die MIDI-Spur angezeigt, auf der man die MIDI-Daten aufgenommen hat. Man regelt also einerseits das MIDI-Signal, andererseits das Instrument.

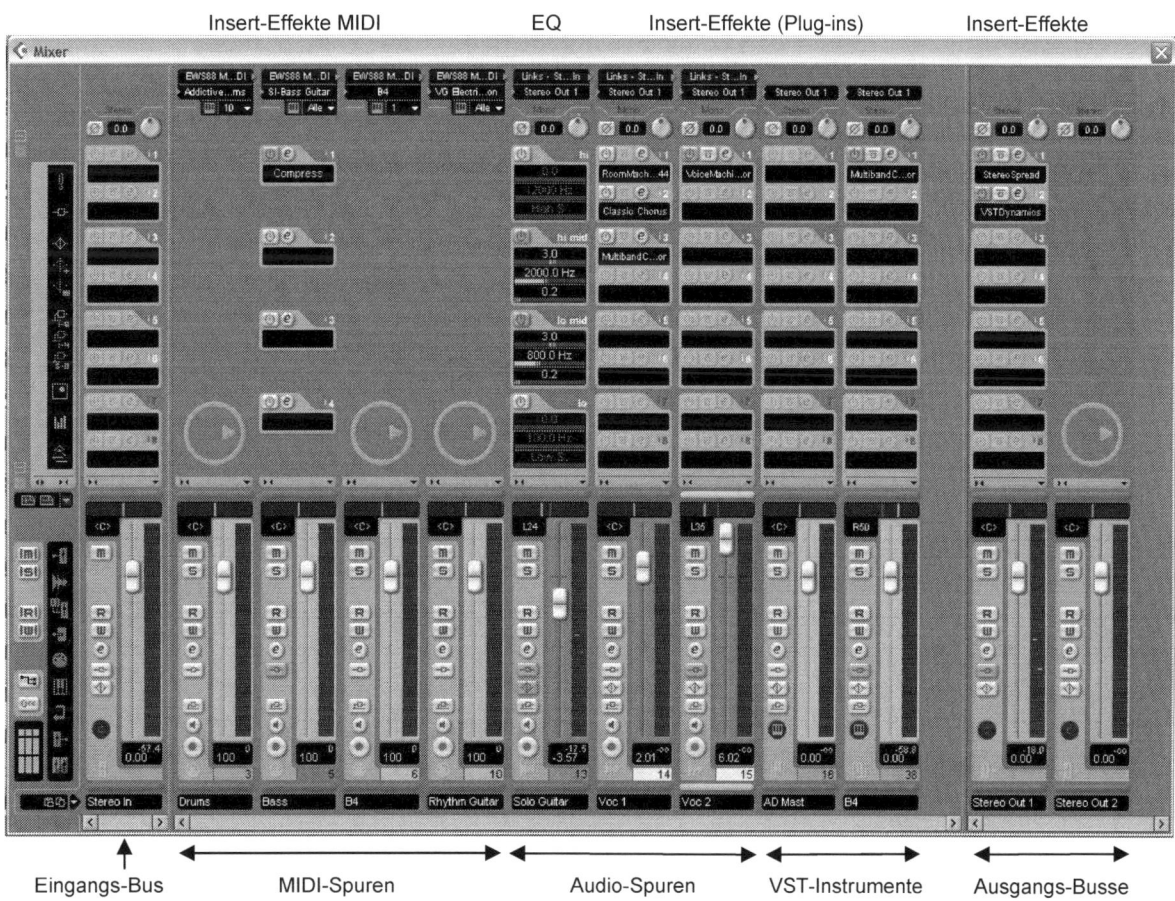

Den Abschluss der Kanalreihe bilden die Ausgangs-Busse. Sie bestimmen die Beschaffenheit des Audiosignals, das aus der Summe aller MIDI- und Audiokanäle gebildet wird. Das ist das Signal, das man letztendlich über Soundkarte, Mischpult oder ASIO-Umgebung hört. Auch hier besteht die Möglichkeit, geeignete Effekte einzuklinken.

Da der Mixer sowohl MIDI als auch Audio bedient, ergeben sich aus dem Umgang mit ihm ganz spezielle Arbeitsvorgänge, die am Ende zum so genannten Mixdown führen. Mit Mixdown meint man das Zusammenführen verschiedener Kanäle zu einer Stereosumme. Da das Ergebnis der Stereosumme optimal werden soll, muss man die unterschiedlichen Anforderungen an MIDI- oder Audio-Material beachten. Im Laufe der intensiven Arbeit mit Cubase wird sich Vieles von selbst ergeben. Zwischenzeitlich lohnt sich auch ein Studium der Cubase-Hilfe. So sind im Mixer noch viele weitere Funktionen verborgen, die hier unmöglich alle abgehandelt werden können. Als Beispiel sei nur genannt, dass es drei verschiedene Panorama-Modi gibt. Auch der Umgang mit dem Equalizer will gelernt sein, der in Cubase parametrisch ausgelegt ist. Parametrisch bedeutet, dass die Frequenzbänder regelbar sind.

6.4 - Aufnehmen

Auf das Aufnehmen im Einzelnen wird später noch eingegangen. An dieser Stelle sollen (noch einmal) einige grundlegende Dinge angesprochen werden.

Mit Cubase können realisiert werden

- MIDI-Projekte
- Audio-Projekte
- gemischte Projekte

Für ein MIDI-Projekt müssen entsprechende Eingabegeräte wie ein MIDI-fähiges Keyboard vorhanden sein. Zudem muss der Computer ein entsprechendes MIDI-Interface aufweisen. Zu bevorzugen ist eine typische Recording-Karte mit MIDI-Schnittstelle und ein oder mehreren Stereo-Ein- und Ausgängen.

Für ein Audio-Projekt muss die Audio-Hardware eingerichtet sein, basierend auf einer ASIO-fähigen Recording-Karte (siehe oben). Wünschenwert ist die Vorschaltung eines noch so kleinen Mischpultes, über das etwa Gesang, akustische und elektrische Instrumente abgehört und dann direkt in die Eingänge der Recording-Karte geführt werden können.

Für gemischte Projekte (sie sind die Regel) müssen beide Bedingungen erfüllt sein. Man sollte mit grundlegenden Funktionen von Cubase vertraut sein. Mit Beginn eines Projekts legt man die Projekteinstellungen fest. Cubase beherrscht zum Beispiel viele Audio-Formate. Es gilt, vorab Entscheidungen zu treffen und Fehler zu vermeiden. Gerade bei Audio-Aufnahmen ist etwas Vorwissen von großen Wert. Welches Audio-Format ist geeignet, Wave, Broadcast-Wave, AIFF? Welche Sample-Rate wähle ich, 16 Bit, 24 Bit? Letzteres hängt zum Beispiel entscheidend von der Audio-Hardware ab. Was leisten die A/D-Wandler in meinem PC? Eine hohe Bit-Auflösung macht keinen Sinn, wenn die Hardware sie nicht unterstützt. Man erzeugt dann nur größere Dateien, aber keine bessere Qualität.

Nach jeder einzelnen Aufnahme sollte das Projekt abgespeichert werden. Man kann Cubase auch veranlassen, automatische Sicherungen nach einer bestimmten Zeitspanne zu machen. Ob das sinnvoll ist, muss man selbst entscheiden. Manchmal wirkt sich die Automatik aber störend aus.

In jedem Fall kann man nur raten, alle gespeicherten Projekte als Sicherungskopie noch einmal woanders abzulegen, am besten auf einer anderen (externen) Festplatte. Sicherungs-Freaks brennen sogar in regelmäßigen Abständen DVDs von ihren Projekten. Aber bitte beachten: Es muss jeweils der komplette Projektordner kopiert werden, nicht nur die Cubase-

Datei! Der Autor dieser Zeilen hat leidvoll erfahren, was ein Festplatten-GAU trotz Image-Sicherung auf einer anderen Festplatte bedeutet. Zwar konnte ein Großteil der Dateien wiederhergestellt werden, was allerdings eine gute Woche harter Arbeit bedeutete. Ansonsten wären 10 Jahre musikalischer Arbeit am PC in den Daten-Orkus gerauscht. Wenn das nicht gruselig ist!?

7. Einheit – Ein MIDI-Projekt

Wie wir schon beim Überblick über das Programm Cubase gesehen haben, lassen sich neue Projekte schnell einrichten. Wenn man vorher eine eigene Vorlage angelegt hat (default[61]), geht´s noch einfacher. Wir wollen hier einmal der Reihe nach vorgehen.

7.1 Einrichtung

Wir laden also das frisch installierte Cubase und es begrüßt uns mit einer leeren Oberfläche. Nur das Transportfeld wird in der Regel automatisch eingeblendet. Es gibt im Prinzip drei Wege, ein MIDI-Projekt zu starten.

1. Unter „Datei/Neues Projekt" wählen wir das Vorlagenfenster an. In diesem Fenster wiederum klicken wir auf „16 Track MIDI Sequenzer". Es erscheint zunächst eine Fenster, in dem wir den Speicherort für das neue Projekt angeben müssen. Es ist sinnvoll, für jedes Projekt einen neuen Ordner zu erzeugen, was in diesem Fenster möglich ist. Nach dieser Vorgabe und dem Klick auf „OK" füllt sich unser bislang leeres Cubase mit einem Projektfenster und genau 16 MIDI-Spuren - entsprechend der Anzahl der möglichen MIDI-Kanäle. Jede einzelne Spur kann nun einem MIDI-Kanal zugeordnet werden. Somit können 16 verschiedene MIDI-Instrumente in Form von VST-Plug-Ins oder externer Keyboards/Sampler/Expander angesteuert werden.

2. Unter „Datei/Neues Projekt" wählen wir aus dem Vorlagenfenster die Option „leer". Es erscheint zunächst wieder das Fenster für den Speicherort des neuen Projektes. Wir machen die Angaben, klicken auf „OK" und anschließend erscheint ein leeres Projektfenster. Nun können wir je nach Bedarf eine beliebige Anzahl von MIDI-Spuren hinzufügen. Dazu wählen wir in der Menüleiste „Projekt/Spur hinzufügen" an. Es erscheint eine Liste mit möglichen Spurarten, aus der wir MIDI auswählen. Schon erscheint eine MIDI-Spur im Projektfenster.

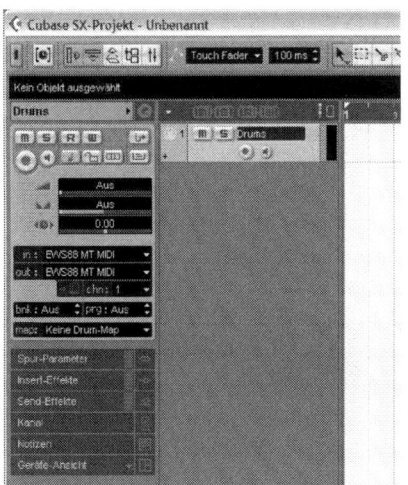

3. Man hat bereits eine MIDI-Datei, die als Grundlage für das neue Projekt dienen soll. Unter „Datei/Importieren/MIDI-Datei…" bindet man diese Datei in das Projekt ein. Es öffnet sich zunächst ein Hinweis mit der Frage, ob ein neues Projekt erzeugt werden soll. Wir klicken auf „Nein" und wählen bzw. suchen in dem anschließenden Fenster das gewünschte MIDI-File.

---

[61] default = engl. Vorgabe, Voreinstellung

Lassen wir die Möglichkeit 3 einmal außen vor, so ist es sicher nicht ungünstig, die Möglichkeit 2 zu wählen. Sind wie bei Möglichkeit 1 auf einen Schlag gleich 16 MIDI-Spuren im Fenster, verliert man leicht den Überblick. So aber können jeweils die neuen Spuren eingerichtet werden, die man gerade braucht.

Fangen wir einfach mal mit einem kleinen Band-Projekt an und richten die erste MIDI-Spur für das Schlagzeug ein. Natürlich benennen wir die Spur sofort um von MIDI 01 in „Drums". Dazu klickt man auf das schwarze Feld, löscht den Eintrag und schreibt per Tastatur einen neuen hinein.

Im Inspector müssen wir darauf achten, dass bei „in" und „out" das Richtige steht. Bei „in" sollte der MIDI-Eingang der Soundkarte oder des Interfaces angegeben sein, denn wir wollen ja das virtuelle Schlagzeug für eine Aufnahme eventuell mit einer Keyboard-Tastatur oder Drum-Pads ansprechen können. Bei „out" muss (und nicht wie hier im Bild die Soundkarte) das Instrument angegeben werden, sonst kann man es nicht hören bei und nach der Aufnahme. Bei „chn" fügen wir „10" ein, denn Drums werden im MIDI-System immer auf dem MIDI-Kanal 10 angesprochen. Das ist zwar hier egal, denn das geplante Schlagzeug kann auf allen Kanälen angesprochen werden, aber wir halten uns einfach an die üblichen Normen.

7.2 VST-Instrumente einbinden

Nun heißt die Spur zwar „Drums", aber es fehlt noch ein Schlagzeug, dass von dieser Spur nach einer Aufnahme angesprochen werden kann. Es müssen also virtuelle Instrumente eingerichtet werden. Das Menü dazu erreichen wir unter „Geräte/VST-Instrumente". Wie bei allen schwarzen Feldern in Cubase steckt auch hier hinter jedem Feld eine Liste, die man anwählen kann. Wir suchen uns also unter all den Eintragungen ein geeignetes Schlagzeug aus. Cubase selbst bringt schon eine geeignete Software zur Erzeugung von Drum-Sounds mit, etwa das LM-7. Bessere Ergebnisse erzielt man jedoch mit hochwertigeren (und teureren Lösungen), etwa Addictive Drums, die VST-Simulation eines Schlagzeugs, die keine Wünsche mehr offen lässt. Wir bleiben aus Kostengründen beim LM-7, das für den Anfang eigentlich schon ganz gut klingt.

Da wir gerade beim Einrichten der Instrumente sind, machen wir gleich weiter und laden uns für unsere virtuelle Band noch einen Bass und eine Orgel ein. Als Bass hält Cubase den VB-1 bereit, der schon im Grundsound nicht schlecht ist. Als Orgel empfiehlt sich immer wieder die B4 von Native Instruments. Wer dafür kein Geld hat, sollte sich auf die Suche im Internet begeben (Suchwort: VST-Orgel Freeware). Mit etwas Geduld findet man brauchbare Orgel-Freeware. Nun haben wir unsere Band zusammen. Optisch sieht das so aus:

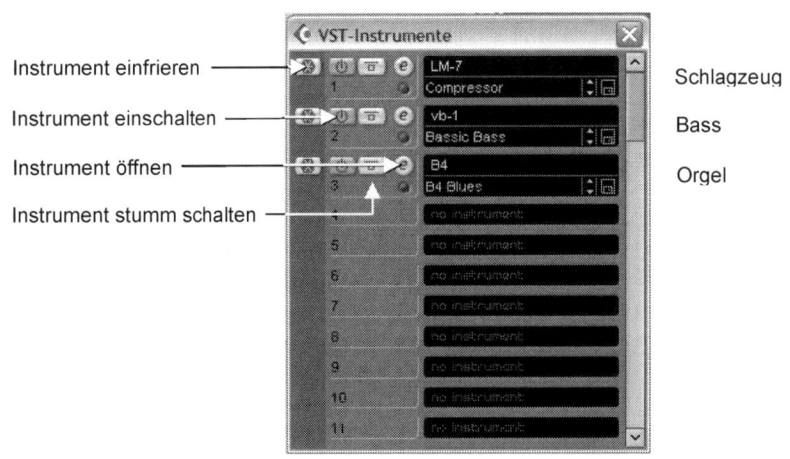

Von den neben den Instrumenten angebrachten Buttons interessiert uns zunächst nur der mit „e" bezeichnete Knopf. Mit ihm kann das Instrument zur Vollansicht geöffnet werden. Dort

Aufnahme Mithören

nimmt man dann alle nötigen Einstellungen vor, die den Klang des Instruments betreffen.

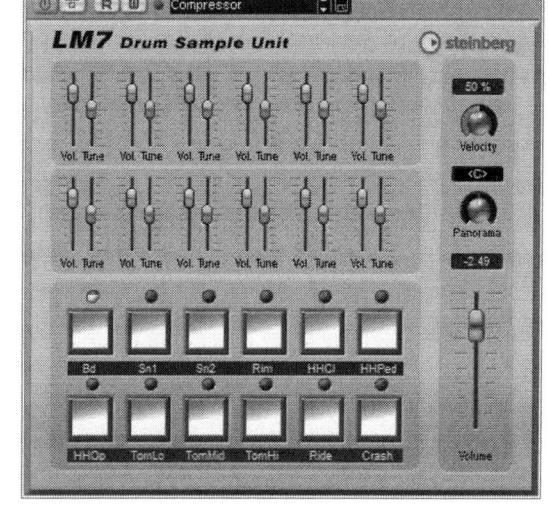

Wie oben beschrieben, richten wir nun noch zwei weitere MIDI-Spuren ein, bezeichnen sie mit „Bass" und „Orgel" und vergessen auch nicht, im Inspector das entsprechende Instrument anzuwählen. Nun richten wir der Reihe nach unsere Instrumente nach unseren Klangvorstellungen ein. Dazu klicken wir in der MIDI-Spur auf den Button mit dem Laut-sprecher-Symbol. Nun können wir das Instrument auch hören. Anschließend öffnen wir das Instrument unter „VST-Instrumente", um es einzurichten. Beim LM-7 kann man im Grunde alles so lassen wie es ist, es sei denn, man wünscht eine andere Lautstärke oder ein anderes Preset[62]. Auch die Stimmung der einzelnen Schlagzeug-Instrumente lässt sich verändern. Auch die Velocity (Anschlagstärke) und die Verteilung im Panorama (links-Mitte-rechts) sind einstellbar.

Klickt man nun mit dem Mauszeiger auf die Tasten für Bd (Bass-Drum), Sn (Snare) usw., so hört man den Klang in der an die Soundkarte oder das Mischpult angeschlossenen Monitoranlage (Kopfhörer, Boxen). Ebenso kann man den Sound mit einem MIDI-Keyboard erzeugen. In der Regel ist es bei allen VST-Drums so, dass festgelegte Tasten die Sounds der einzelnen Schlagzeug-Instrumente ansprechen. Hier steht z. B. C1 für die Bass-Drum, Cis ist mit dem

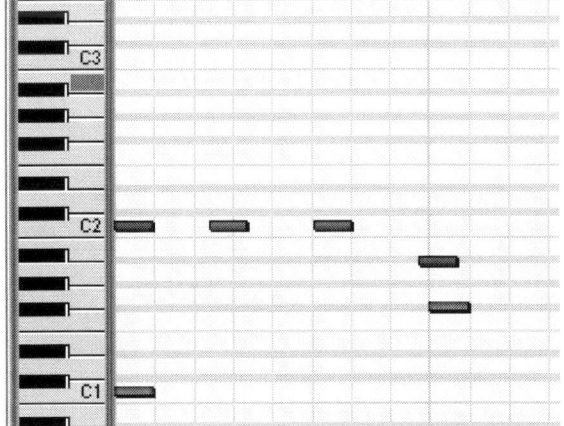

Sidestick belegt, D spricht die Snare an. Das hat man schnell raus, wenn man einfach der Reihe nach alle Tasten ab C1 anschlägt. Bei einigen teuren VST-Drums ändert sich allerdings die Belegung, weil derart viele Soundmöglichkeiten nicht mehr schön der Reihe nach umgesetzt werden können. So kann es sein, dass allein für die Snare 5 - 6 Klangvarianten angeboten wer-

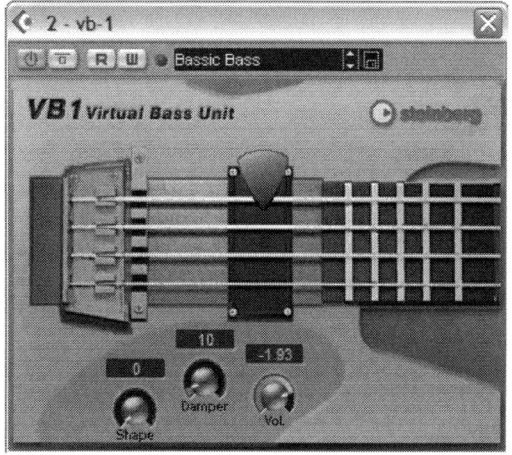

den. Aber auch das erschließt sich einem problemlos durch Versuch. Im Handbuch des Programms sollte sich eine Tastenbelegung finden.

Der virtuelle Bass VB-1 kann ebenso auf der Tastatur getestet werden. Das geht über den gesamten Tonumfang, sinnvoller Weise bewegen wir uns aber im Bereich der tiefen Töne, sonst

---

[62] Preset = engl. vorgewählte Einstellung

klingt der Bass etwas merkwürdig. Beim VB-1 kann man oben im (wie immer) schwarzen Fenster den gewünschten Grundklang anwählen. Das geht von Basic Bass über Fretless Bass[63] bis Slap Bass. Der voreingestellte Basic Bass ist aber schon sehr schön und macht viel Druck. Mit den wenigen Einstellmöglichkeiten muss man einfach mal experimentieren. Zusätzlich kann man den Tonabnehmer verschieben: zum Steg hin oder zum Hals, was den Klangcharakter ordentlich verändert.

In ähnlicher Weise gehen wir bei der Einstellung der Orgel vor. Auch hier gibt es in der Regel eine große Anzahl von Presets, sodass es kaum nötig ist, einzelne Einstellungen selbst vorzunehmen. In der B4 findet man von „Blues" bis „Samba Pa Ti" ziemlich alle Klang-Stile.

7.3 Songtempo

Bevor wir uns nun endgültig an die erste MIDI-Aufnahme wagen, ist es noch nötig, das Songtempo festzulegen. Diese Einstellung kann man bei reinen MIDI-Songs nachträglich immer verändern. Cubase startet in der Grundeinstellung mit einem Tempo von 120 bps (Bits per Second). Das kann man ändern, indem man im Transportfeld direkt auf die Zahl der Temoanzeige klickt und eine andere eingibt. Die Einrichtung einer zweiten Tempomöglichkeit ergibt sich unter „Projekt/Tempospur". Diese Tempospur begleitet den künftigen Song gewissermaßen. In ihr ist es später auch möglich, Tempowechsel oder ein schneller werdendes Tempo zu programmieren.

Tempospur   Tempoanzeige

Klickt man im Transportfeld auf den Schalter „Tempo", so leuchtet dieser hell auf und zeigt nun das Tempo der Tempospur an. Hier im Bild ist also das eingestellte Tempo der Tempospur = 120. Klickt man den Schalter erneut an, so wird er wieder dunkel und das manuell eingegebene Tempo wird angezeigt, etwa 60. Man hat also die Möglichkeit, die Wirkung eines MIDI-Songs bei zwei unterschiedlichen Tempi zu testen.

Da wir gerade in diesem Bereich des Transportfeldes sind: Einstellen kann man hier auch die Taktart des Songs (4/4, 3/4 usw.), was sich auf die Darstellung der Takte im Projektfenster auswirkt. Ferner kann man noch den Click aktivieren. Damit ist das Metronom gemeint, das entweder als Vorzähler oder während der Aufnahme oder während des Abspielens läuft. Die Einstellungen des Metronoms erfolgen unter „Transport/Metronomeinstellungen". Gerade Anfänger haben mitunter noch rhythmische Probleme und es kann daher hilfreich sein, wenn der Click des Metronoms beim Aufnehmen mitläuft. So etwas nutzen selbst gute Studiomusiker. Das Metronom als Vorzähler ist manchmal nicht so hilfreich und wir wollen eine andere Möglichkeit ins Auge fassen.

7.4 Klick-Spur

Denn nun sind wir endlich bereit, um die MIDI-Aufnahme zu starten. Dazu richten wir neben den bisher drei Spuren für Drums, Bass und Orgel eine weitere ein, die wir ganz nach oben schieben und „Klick" benennen. Im Inspector aktivieren wir für diese Spur ebenfalls die Drums, also LM-7. Ein Klick auf den Lautsprecher und den Aufnahme-Button macht die Spur nun bereit für die Aufnahme. Dafür ist es zunächst sinnvoll, den Vorzähler des Metronoms im

---

[63] fretless = engl. bundlos

4/4-Takt einzuschalten. Sobald wir nun im Transportfeld auf den roten Aufnahme-Knopf klicken, zählt der Vorzähler zwei Takte vor und die Aufnahme startet, was man am fortschreitenden Positionszeiger sieht.

Damit wir das alles mitkriegen, stoppen wir das Ganze noch einmal und starten von vorne. In dem Augenblick, in dem der Vorzähler sein Werk beendet, bedienen wir auf dem Keyboard die Taste Cis (Sidestick) im vorgegebenen Tempo in der Rhythmik 1 - 2 - 1 2 3 4. Schluss! Ende der ersten Aufnahme, auf „Stop" im Transportfeld klicken.

Nun sehen wir, dass die Klick-Spur tatsächlich Daten enthält in Form einer realen grauen Ereignis-Spur.

Mit einem Doppelklick auf diese graue Spur können wir uns die Daten auch ansehen:

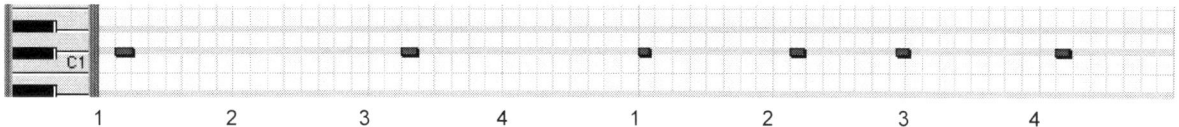

7.5 Events korrigieren

Leider stellen wir fest, dass diese MIDI-Ereignisse (Events) nicht genau die Takt-Zähler treffen. Kein Problem, denn wir können dies an Ort und Stelle sofort korrigieren. Hier im Bild ist eine Taktauflösung von 1/64 dargestellt. Wir ändern diese Auflösung oben unter „quantisieren" in 1/4. Wenn man nun mit dem Mauszeiger die einzelnen Events an die senkrechten Striche heran zieht, so rasten sie automatisch dort ein. Wir erhalten eine genaue Taktvorgabe, die so aussieht und die wir so zählen:

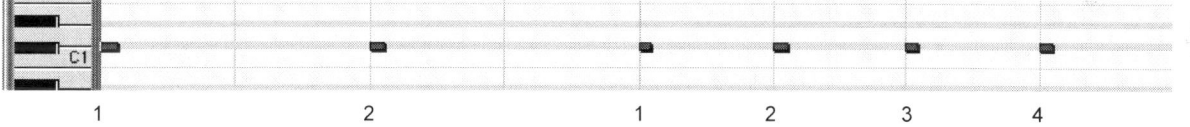

Damit haben wir unseren eigenen Vorzähler erstellt, der den Klang des Sidesticks hat. Das Metronom benötigen wir nun nicht mehr. Vorteil: Wir können diesen Vorzähler im Song beliebig hin- und herschieben bzw. kopieren. Wenn wir also mittendrin mit einer Aufnahme starten wollen, dann lassen wir den Song vorher ein Stück abspielen wie bei einem Tonband und an der entscheidenden Stelle ertönt der Klick des Vorzählers und die Aufnahme beginnt. Abschalten können wir den Klang einfach (wie jede andere Spur auch), indem wir das Werkzeug „Stummschalten X" aus der Symbolleiste verwenden.

7.6 MIDI-Aufnahme

Für eine MIDI-Aufnahme ist natürlich ein entsprechendes Aufnahme-Medium unerlässlich. In der Regel wird es ein MIDI-fähiges Keyboard sein. In einem gut ausgestatteten MIDI-Studio werden für die Aufnahme der Drums auch Drum-Pads oder gar ein komplettes elektronisches Schlagzeug zur Verfügung stehen. Die folgenden Ausführungen gehen vom Einsatz eines Keyboards aus.

7.6.1 Rhythmus-Spur aufnehmen

Nach diesen Vorarbeiten geht es nun an den eigentlichen Song. Das Tempo der Tempospur haben wir auf 60 gestellt, denn wir wollen zur Übung einen langsamen 12-taktigen Blues aufnehmen. Wir beginnen mit der Anlage einer Rhythmusspur für unser virtuelles Schlagzeug. Die Aufnahme funktioniert genauso wie oben beschrieben. Im Transportfeld stellen wir links den MIDI-Mix ein. Das bedeutet, dass man diese eine Spur immer wieder mit neuen Schlagzeug-Sounds bespielen kann, eine Aufnahme nach der anderen. Also nehmen wir zunächst die Bass-Drum auf über die Keyboard-Taste C1. Wir schalten auf Aufnahme, hören über zwei Takte den Vorzähler und los geht´s. Das Schöne bei einer MIDI-Aufnahme: Man kann die Sache so lange wiederholen, bis alles stimmt. Oder man kann alles - genau wie oben beschrieben - in der MIDI-Event-Spur verbessern und berichtigen. Also keine Angst vor Fehlern! Gerade jetzt am Anfang kann man und sollte man das Metronom während der Aufnahme immer mitlaufen lassen. Dadurch bekommt man ein sicheres Gefühl für Rhythmus und Tempo. Nach der Bass-Drum nehmen wir die Snare auf, dann die HiHat usw.

Will man beim Schlagzeug noch Wirbel oder Einstreuungen (Fills) einbauen, so empfiehlt sich die Anlage einer zweiten Drum-Spur, auf der man nur solche Feinheiten aufnimmt. Diese kann man dann dorthin schieben, wo sie gut passen, und das entsprechende Stück der ersten Spur mit dem Scheren-Werkzeug ausschneiden. Am Ende könnten unsere ersten 12 Takte so aussehen:

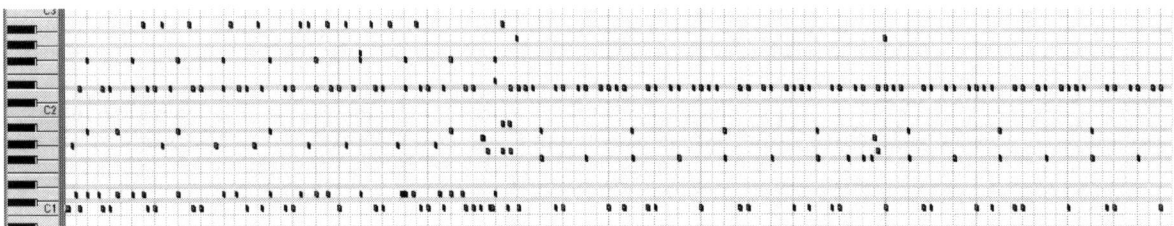

Auch hier entsprechen die Events nicht genau der Auflösung, sondern liegen oft genug minimal daneben. Das macht aber nichts, weil man es später im Song nicht hört. Auch ein echter Schlagzeuger spielt nicht wie ein Uhrwerk. Es gibt sogar Programme, in denen man solche Ungenauigkeiten bewusst einstellen kann. Man nennt das „Human Touch" und meint damit das menschliche gefühlsmäßige Abweichen vom geraden Pfad.

Diese 12 Takte können wir nun im Verlauf des Songs weiter verwenden, indem wir sie kopieren. Wir setzen also den Positionszeiger genau an das Ende der 12 Takte, markieren Spur und Event-Spur und kopieren sie unter „Bearbeiten/Kopieren". Anschließend fügen wir sie unter „Bearbeiten/Einfügen" am Positionszeiger ein. Schon haben wir 24 Takte. Das können wir beliebig wiederholen, auch später noch.

Wir dürfen allerdings nicht vergessen, dass 2 Takte für unseren Anfangsklick gebraucht werden. Also enden die ersten 12 Takte nach 14 Takten und entsprechend 24 oder 36 Takte.

7.6.2 Orgel-Spur aufnehmen

Man sollte nun meinen, als nächstes wird die Bass-Spur aufgenommen. Wir nehmen uns aber erst die Orgel-Spur vor. Das macht Sinn, denn dadurch wird der Harmoniewechsel im 12-taktigen Blues-Schema deutlich. Würde man erst den Bass parallel zur Drumspur aufnehmen, so hätte man keine Anhaltspunkte für die Harmoniewechsel. Ein Profimusiker macht sowas natürlich im Schlaf, aber so weit sind wir längst noch nicht.

Bevor wir ans Aufnehmen gehen, sollten wir uns die Struktur des Blues-Schemas noch einmal klar machen (siehe Abbildung).

Das Blues-Schema kann problemlos in alle Tonlagen übertragen werden, wenn man nur die Abstände der Harmoniewechsel beachtet. Im Bild dargestellt ist der Blues in C mit den Akkorden C, F und G. Ein Blues in A enthält die Akkorde A, D und E. Moll-Akkorde passen übrigens sehr gut zum Blues, denn daher hat er ja seinen Namen: von den „blue notes", den traurigen Noten.

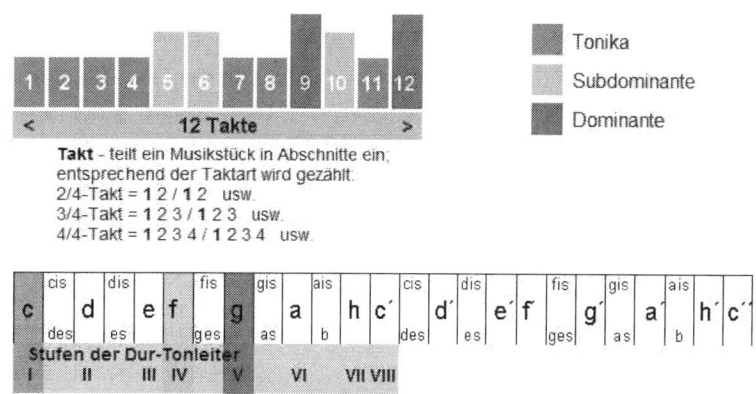

Bevor wir nun tatsächlich die Orgel-Spur aufnehmen, lassen wir erst die Drum-Spur ein paar Mal erklingen und üben dazu. Wir müssen uns natürlich vorab auch für eine Tonart entscheiden. Unser Beispiel-Blues soll in a-Moll erklingen. Nicht vergessen: Um die Orgel zu hören, während auf dem Keyboard gespielt wird, muss der Lautsprecher-Button aktiviert werden. Wenn wir sicher sind, dass wir die richtigen Akkorde im richtigen Rhythmus treffen, kann die Aufnahme per Record-Button gestartet und die 12-Takt-Sequenz eingespielt werden.

Und wir genießen natürlich auch hier die Segnungen einer MIDI-Aufnahme. Wir können die Übung solange wiederholen, bis alles passt. Oft merkt man schon beim Spielen, dass es besser geht. Dann stoppt man die Aufnahme, klickt die Ereignisspur an und bedient die Löschtaste der PC-Tastatur. Ein erneuter Klick auf Record und schon geht's von vorne los. Zwischendurch sollte man sich erste Ergebnisse aber auch anhören. Die sind manchmal besser als man denkt.

Ein kleiner Trick, wie eine Orgel noch lebendiger klingt, soll hier verraten werden. Wenn man am Anfang oder am Ende eines Taktes den entsprechenden Akkord gewissermaßen „anfährt", indem man mit der Hand auf der Tastatur rauf oder runter streicht, so klingt das schon ziemlich abgefahren und professionell.

Und noch etwas: Bei einer Orgel spielt die Anschlagstärke keine Rolle. Die Lautstärke kann nur durch ein Fußpedal gesteuert werden. Da wir mit einem Keyboard eingespielt haben, wird aber auch die Anschlagstärke aufgezeichnet. Klickt man die Orgelspur an und schaut sich die MIDI-Daten an, so sieht man im unteren Bereich senkrechte Balken pro Ton, die unterschiedlich hoch sind, also eine unterschiedliche Dynamik aufweisen. Es ist sinnvoll, allen Einzeltönen dieselbe Anschlagstärke zuzuweisen. Dazu klickt man in das Fenster und wählt mit der rechten Maustaste „Funktionen/Anschlagstärke" aus. In dem sich öffnenden Fenster erscheint die Zahl 127. Falls nicht, gibt man sie dort ein und klickt auf „OK". Schon erscheinen alle Tonbalken in derselben maximalen Höhe. Das Orgelsignal hat nun bei allen Tönen eine einheitliche Anschlagstärke, nämlich die unter MIDI höchstmögliche von 127. Bei anderen Instrumenten wie Bass oder Schlagzeug ist es durchaus erwünscht, dass die Anschlagstärke variiert, denn weder ein Drummer noch ein Bassist spielen immer gleichmäßig laut. Ansonsten wären sie Maschinen.

7.6.3 Bass-Spur aufnehmen

Wir konzentrieren uns weiterhin auf zunächst nur 12 Takte und gehen nun an die Aufnahme der Bass-Spur. Bei dieser setzen wir übrigens den MIDI-Kanal auf 2. Das ist die allgemeine Übereinkunft für den MIDI-Bass. Wir aktivieren die Spur für die Aufnahme durch den Klick auf den Lautsprecher und den Aufnahme-Button. Es empfiehlt sich, zunächst einmal nur Drum- und Orgel-Spur abzuspielen und auf dem Keyboard passende Bassläufe im Blues-Schema zu üben. Das ist relativ einfach, weil man ja nun genau hört, wann die Harmonie-wechsel der Orgel erfolgen.

Will man allerdings richtige Läufe spielen anstelle von Einzeltönen, so wird es schon komplizierter. Wählt man eine Moll-Tonart, so ergeben sich bestimmte zugehörige Tonleitern, aus denen man die Bassläufe entwickeln kann. Gerade in Moll wird es dann kompliziert, gibt es doch vier Möglichkeiten solcher Leitern: die natürliche Moll-Tonleiter, die harmonisch Moll-tonleiter, die melodische Moll-Tonleiter aufwärts und abwärts. Eine harmonische Moll-Tonleiter in C sieht dann so aus:

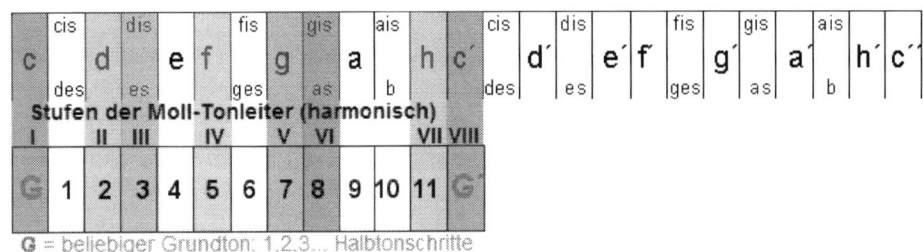

Unter Einhaltung der Halbtonschritt-Abstände kann man sie in alle Tonlagen übertragen. Es sieht komplizierter aus als es ist. Man muss einfach ein wenig experimentieren, dann merkt man schon, was klingt und was nicht. Zudem müssen ja nicht immer alle acht Töne der Leiter gespielt werden. Manchmal ist weniger sogar mehr - gerade auch beim Blues. Unsere Basstö-ne für unseren Blues wählen wir entsprechend der Orgel-Harmonien aus der a-Moll-Tonleiter.

Für die eigentliche Aufnahme bedienen wir wie immer den Record-Button und wiederholen das Spiel solange, bis alles passt. Aber das kenne wir ja schon von den anderen Spuren. Am Ende haben wir nun ein Blues-Grundgerüst, das aus drei MIDI-Instrumenten auf drei MIDI-Spuren besteht:

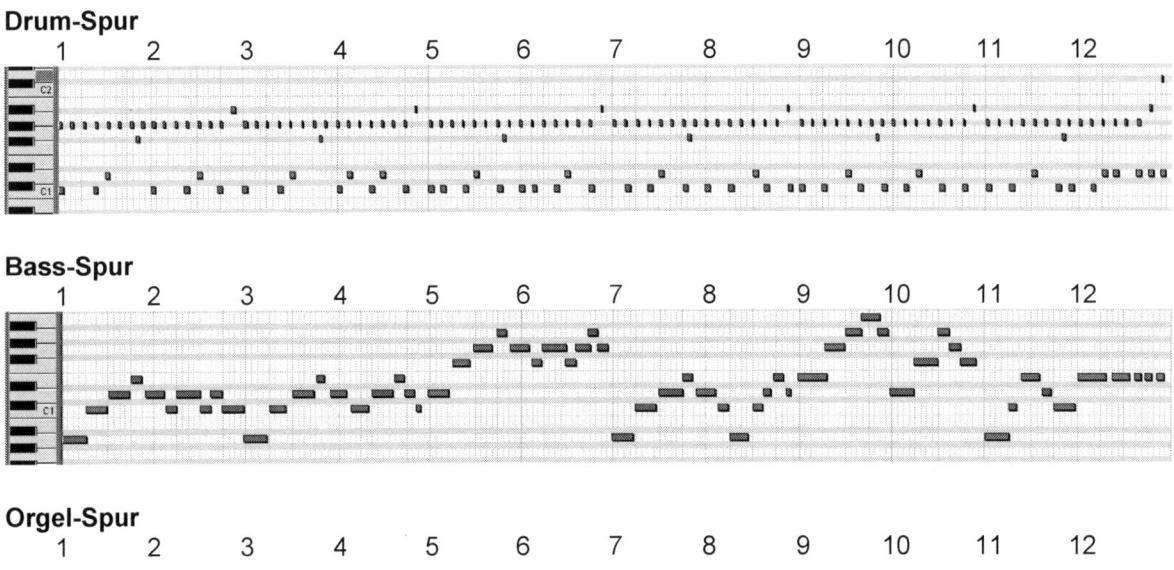

Wer genau hinschaut, bemerkt, dass es nicht immer ganz genau zugeht. Oft liegen die Tonereignisse minimal neben den Zählern. Man könte dies mit den Cubase-Funktionen absolut genau einstellen (Quantisierung), aber dann klingt es womöglich steril. Menschlicher und musikalischer ist das Quentchen Ungenauigkeit, dass sich beim Live-Spiel immer einschleicht.

7.7 Song verlängern

Nun haben wie die ersten 12 Takte unseres Blues´ mit drei Instrumenten gefüllt und damit zunächst die Rhythmus-Grundlage geschaffen. Wir überlegen nun, wie lang unser Musikstück werden soll. Fünf bis sechs Mal sollte sich das Muster schon wiederholen. Wir kopieren also die Spuren entsprechend oft wie oben beschrieben.

Wir sollten aber zuerst alle Spuren genau auf die 12 Takte trimmen. Beim MIDI-Einspielen gehen die Ereignis-Spuren oft über das vorgegebene Ziel hinaus, weil man ja nicht unbedingt auf den Punkt genau die Aufnahme stoppen kann, wenn man gerade noch spielt. Das Trimmen erledigen wir für alle Spuren gleichzeitig. Die Spuren werden markiert, indem man die linke Maustaste drückt und mit dem Mauszeiger darüber fährt und alle markiert. Markierte Spuren bekommen dann einen roten Rand. Nun benutzen wir das Scheren-Werkzeug und schneiden genau am Ende des 12. Taktes (eigentlich des 14. Taktes wegen der zwei Takte Vorzähler) alle Spuren gleichzeitig ab. Das geht noch einfacher, wenn wir oben die Rasterfunktion auf „Takt" setzen. Dann rastet die Schere genau beim Takt ein. Danach sehen wir, dass von den Spuren alle abgeschnittenen Enden markiert bleiben. Ein Klick auf die Entfernen-Taste der PC-Tastatur und schon sind diese Überreste verschwunden.

Jetzt können wir bequem die 12-Takt-Sequenzen aller Spuren wiederum gleichzeitig kopieren: Spuren markieren, unter „Bearbeiten" auf „Kopieren" klicken, den Marker ans Ende des 12. (14.) Taktes setzen und unter Bearbeiten auf „Einfügen" gehen. Auf eines muss man allerdings achten: Wenn mehrere Spuren gleichzeitig kopiert werden, muss im linken Bereich des Projektfensters, wo die Spuren namentlich benannt sind, die oberste zu kopierende Spur hell markiert sein. Geschieht dies nicht, so werden die Ereignisse nicht in der richtigen Reihenfolge den ursprünglichen Spuren zugeordnet, d. h. der Bass könnte auf der Orgelspur landen usw.

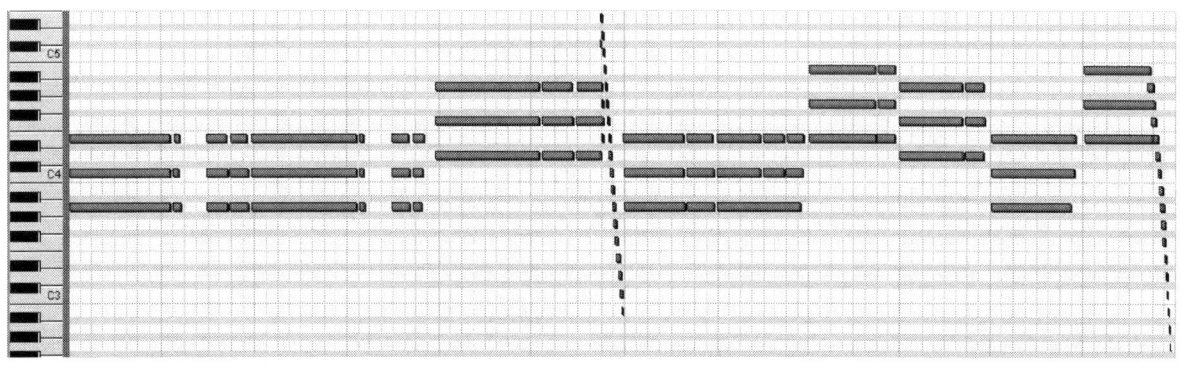

markiert   markierte Ereignis-Spuren   Marker

95

Markierung erkennbar an den weißen Quadraten und roter Umrandung

Natürlich reicht es für einen ordentlichen Blues-Song nicht, wenn man ihn auf einer 72-taktigen Rhythmus-Grundlage aufbaut. Der Blues lebt vom Gesang und vom Wechselspiel mit Solo-Instrumenten. Da wir schon eine Orgel benutzen, bietet es sich an, an irgend einer Stelle ein Orgelsolo über 12 Takte einzubauen. Wir legen dazu eine weitere Orgelspur an und setzen den Marker an die Stelle, von der aus das Solo starten soll, also etwa bei Takt 15 oder 27. Nicht vergessen: Die zwei Takte des Vorzählers hinzufügen! Den Vorzähler können wir übrigens an die Stelle schieben. Dann muss der Marker aber bei 13 oder 25 stehen.

Die davor liegenden Takte aller Instrumente und die entsprechenden 12 Takte der ersten Orgelspur schalten wir mit dem X-Werkzeug auf stumm. Nun hören wir nur noch Bass und Schlagzeug und können nun - wie gewohnt - so oft wie nötig mit der MIDI-Aufnahme des

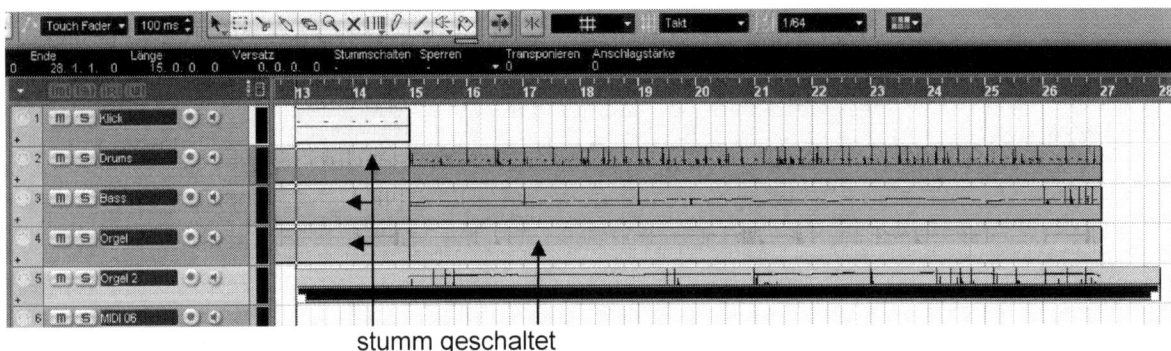

stumm geschaltet

Orgelsolos beginnen. Auch dabei gilt es, alle Hemmungen abzuwerfen. Natürlich will auch das Solospiel geübt sein. Aber ein passables Solo bekommt man schon hin, wenn man sich auf den weißen Tasten des Keyboards im Tonbereich zwischen A, A´ und A´´ bewegt, da der Blues ja in Am gespielt wird. Wir beachten die Harmoniewechsel des Blues und bewegen uns an den entsprechenden Takten auf die Töne D oder E. Wenn man das Ganze noch mit einer gewissen Wildheit und gelegentlichen Tastatur-Glissandos[64] einspielt, ist das Ergebnis nach einigen Versuchen schon recht passabel.

---

[64] glissando = ital. gleitend; zwei Töne gleitend durch eine schnelle Folge von Zwischentönen miteinander verbinden

Orgelsolo

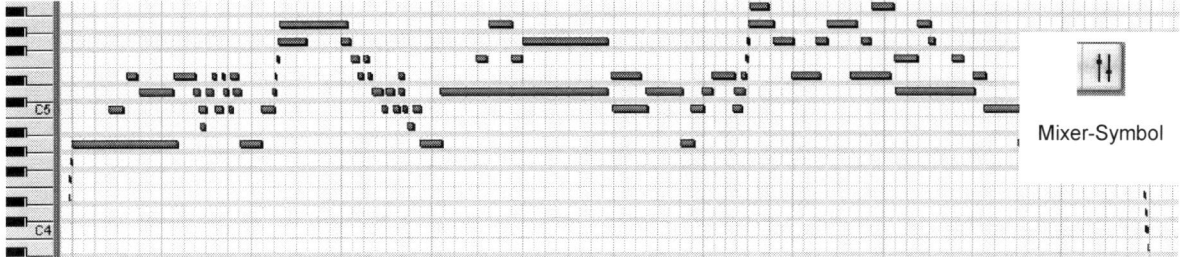

Mixer-Symbol

Wenn man ein VST-Plugin hat, das eine E-Gitarre simuliert, so kann man ein MIDI-Gitarrensolo einbauen in den Blues. Allerdings klingen diese Gitarren nicht unbedingt sehr

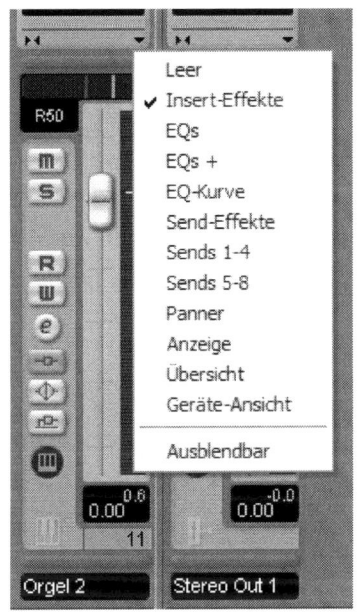

Anzeige-Möglichkeiten

natürlich, wenn man nicht die nötige Erfahrung mit den Kontroll-Reglern des Keyboards hat. Denn gerade die E-Gitarre lebt von den gebeugten, gezogenen Tönen und das Einspielen mit einem Keyboard ist schon recht schwer.

Alle mal besser ist da die direkte Aufnahme einer richtigen E-Gitarre. Auch das geht mit einer MIDI-fizierten Gitarre, die man aber sicher nicht oft im Heimstudio antrifft. Im Grunde bleibt nur die Aufnahme über ein Mischpult auf eine Audio-Spur in Cubase.

Ebenso ist es mit dem Gesang. Gesangsaufnahmen gehören auch in Tonstudios zu den schwierigeren Aufgaben. Deswegen sollte man sie an den Schluss aller Recording-Sessions stellen, wenn der instrumentale Teil des Songs fertig ist. Für unseren Blues bedeutet das, dass wir die Soloeinlagen einspielen und uns dann schon mal einen Text überlegen. Dann geht es an den Gesang, für den wir in Cubase eine Audiospur einrichten.

Ist der Gesang aufgenommen, kann es sich herausstellen, dass es sinnvoll ist, den Sänger oder die Sängerin mit kurzen Antworten von Orgel oder Gitarre zu begleiten. Es sollte kein Problem sein, die Spuren dann entsprechend zu ergänzen. Den besonderen Herausforderungen der Audio-Aufnahme widmen wir uns im nächsten Kapitel.

7.9 Abmischen

Einen reinen MIDI-Song abzumischen ist nicht so schwer. Dazu öffnet man den Mixer, entweder über das Mixer-Symbol in der Symbolleiste des Projektfensters oder über „Geräte - Mixer". Dort findet man drei Mixer-Möglichkeiten, aber es handelt sich nur um drei verschiedene Instanzen desselben Mixers. Die komplexen Möglichkeiten des Mixers sollte man sich im Handbuch sehr genau ansehen. Im Mixer finden wir drei Typen von Kanälen: die MIDI-Kanäle, die VST-Instrumente und die Ausgangskanäle. In allen Kanälen kann man durch das Anklicken des kleinen schwarzen Pfeils rechts über dem Panorama-Regler verschieden Möglichkeiten der Anzeige im Feld darüber anwählen. Die am meisten verwendeten Anzeigen sind wohl die Insert-Effekte und die EQs (Equalizer).

Die MIDI-Kanäle entsprechen den MIDI-Spuren, deren Signale die VST-Instrumente ansteuern. In den MIDI-Kanälen setzen wir die Panorama-Einstellung auf die Mittenposition (C) und das Volumen auf 100. Auf Effekt-Plugins in diesen Kanälen verzichten wir.

In den Kanälen der VST-Instrumente allerdings können auf das Soundverhalten einigen Einfluss nehmen. So kann man etwa Schlagzeug oder Bass durch das Einklinken eines Compressor-Effekts deutlich eindicken und hervorheben. Cubase bringt hier den Multiband Compressor mit, in dem schon geeignete Kompressions-Kurven für einige Instrumente vordefiniert sind. Natürlich kann man auch Hall einfügen, etwa für die Orgel. Die Panorama-Einstellungen sollte man sehr sorgfältig vornehmen, denn sie sorgen dafür, dass die Instrumente gut von einander getrennt werden. Angezeigt werden links (L), Mitte (C) und rechts (R) und entsprechende Wertangaben. Die Drums könnte man auf L12 legen, den Bass auf R12, während die Orgel bei R50 gut aufgehoben ist. Ist man mit dem Klang eines Instrumente nicht zufrieden, so kann man die die EQ-Anzeige aktivieren und mit der Klangeinstellung experimentieren. Aber Vorsicht! Auch hier ist weniger mehr!

Im Stereo-Ausgangskanal schließlich sorgen wir für den endgültigen Charakter der Abmischung. Hat man vorher bei den Einzelinstrumenten schon sehr sorgfältig gearbeitet, so kann man hier auf großartige Effekte verzichten. Empfehlenswert ist als Plugin der Effekt einer Stereo-Basisverbreiterung. Das ist ein psychoakustischer Effekt, der den räumlichen Klangeindruck stark anhebt. Auch ein solches Plugin ist in Cubase bereits vorhanden.

Danach sorgen wir noch dafür, dass der Endmix nicht übersteuert bei maximaler Aussteuerung. Hilfreich sind hier die VSTDynamics von Cubase. In diesem Programm kann man einige Dynamik-Funktionen aktivieren. Wir verwenden nur die Funktion „Softclip". Sie sorgt dafür, dass die Zeiger nie in den roten Bereich gelangen.

Nun hören wir das Ganze noch einmal an, nehmen vielleicht noch die ein oder andere Veränderung vor und können den Song schließlich als Wave-Datei exportieren (Datei - Exportieren - Audio Mixdown). Dazu müssen wir vorher den rechten und linken Lokator an den Anfang und das Ende des Songs setzen. Wir exportieren mit den Vorgaben „PCM / Uncompressed Waves, Stereo Interleaved, 16 Bits, 44.100 kHz, Stereo Out 1".

8. Einheit – Ein Audio-Projekt

Ein reines Audio-Projekt wird beim Homerecording nur selten vorkommen. Man müsste dann ja alle Instrumente wie Drums oder Orgel mit Mikrofonen einspielen und aufnehmen. Und wer hat schon ein komplettes Schlagzeug in der Ecke stehen und zudem den nötigen Mikrofonwald, der für eine fachgerechte Aufnahme nötig ist.

In der Regel wird es so sein, dass man sich der üblichen VST-Instrumente bedient und diese per MIDI-Tastatur einspielt. In dem Moment allerdings, in dem man Gesang aufnehmen möchte oder den Originalklang einer E-Gitarre, muss man das MIDI-Projekt durch Audio-Einspielungen ergänzen. Natürlich kann man auch eine VST-E-Gitarre benutzen, aber es ist doch ein ganz anders Spielgefühl auf einem richtigen Instrument, abgesehen von den Phrasiungsmöglichkeiten auf einem Griffbrett aus Holz. Gleiches gilt für die Akustikgitarre oder den E-Bass. Auch die tollen Sounds, die im Keyboard oder der Workstation schlummern, können nur auf dem Weg der Audioaufnahme in den Sequenzer transportiert werden.

8. Einheit - Ein Audio-Projekt

8.1 Einrichtung

Wir bauen unser Audio-Projekt auf den Grundlagen auf, die wir in der 7. Einheit (MIDI-Projekt) geschaffen haben. Da haben wir ja schon die Basis für einen 12taktigen Blues angelegt und dazu zunächst nur VST-Instrumente eingesetzt. Nun soll als nächstes eine per Hand gespielte E-Gitarre hinzukommen, ohne die ein zünftiger Blues eigentlich gar nicht denkbar ist.

Nun kann man eine E-Gitarre nicht einfach in die Soundkarte oder das Mischpult stöpseln. So ein Gitarrenklang ist mager und außerdem stimmt die elektrische Anpassung kaum. Mindes-

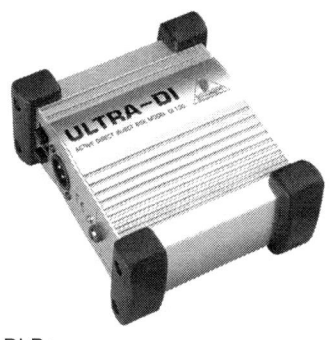

DI-Box

tens sollte man eine DI-Box[65] verwenden. DI-Boxen werden benötigt, wenn eine Signalquelle mit einem unsymmetrischen Ausgang (üblicherweise von einem Klinken- oder Cinch-Stecker kommend) mit einem Gerät mit einem symmetrischen Eingang verbunden werden soll. Typische Beispiele für unsymmetrische Signalquellen sind E-Gitarren, Keyboards und andere elektrische Instrumente. Übliche symmetrische Eingänge befinden sich etwa an Mischpulten oder Audio-Interfaces. Die symmetrische Signalführung bietet eine wirksame Verminderung von Störsignalen. Außerdem können DI-Boxen die Signalquellen an die der nachfolgenden Eingänge elektrisch anpassen.

Aber auch mit einer DI-Box klingt unsere Blues-Gitarre noch nicht so, wie man es eigentlich erwartet. Der Blueser spielt über einen Verstärker und erzeugt damit harmonische Töne, die sich durch ein schönes Sustain[66] oder gar Verzerrungen auszeichnen. Um dem Mangel abzuhelfen (denn einen Verstärker wird man den Nachbarn wohl kaum zumuten) benutzen Gitarristen fürs Homerecording gerne geeignete Bodenpedale, die es in unzähligen Ausführungen gibt. Wer es richtig machen will, schafft sich für seine E-Gitarre eine Multieffekt-Pedal an. Ein solches Pedal kann eine ganze Reihe von Verstärker- und Boxentypen nachahmen, beinhaltet zudem alle erdenklichen Effekte von Hall bis Chorus und ersetzt die DI-Box. Gehen wir mal davon aus, dass für die E-Gitarre entsprechend geeignete Gerätschaften vorhanden sind und widmen uns weiter der Vorbereitung der Auf-

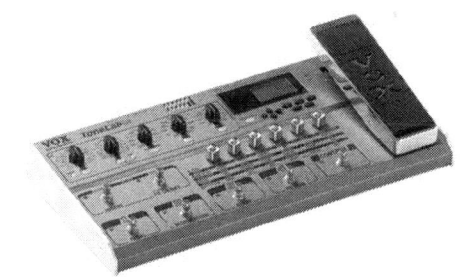

Multieffekt-Pedal Vox ToneLab LE

nahme. Wir laden also unser bisheriges MIDI-Blues-Projekt in Cubase. Nun müssen wir zusätzlich zu den vorhandenen MIDI-Spuren eine Audio-Spur für die Gitarre anlegen. Besser noch wir legen glich zwei Audio-Spuren, eine für die Rhythmus-Gitarre, eine für die Solo-Gitarre. Dazu wählen wir in Cubase „Projekte - Spur hinzufügen - Audio". Nun erscheint ein Wahlfenster, in dem wir die Art der Audio-Spur festlegen können. Im Prinzip interessiert uns nur, ob es eine Mono- oder eine Stereo-Spur sein soll. Wir legen für die Rhythmus-Spur den Modus „mono" fest und für die Solo-Spur „stereo". Das macht Sinn, weil man die Sologitarre oft noch mit Effekten wie Chorus anreichert, die immer stereophon sind. Die Rhythmusgitarre hingegen legt man im Stereopanorama gerne nach ganz links oder rechts und benötigt daher keine Stereoaufnahme.

---

[65] DI-Box - DI = direkte Eingabe (engl. Injection); Box = Kasten
[66] Sustain = engl. Tonverlängerung

Ein weiterer wichtige Schritt vor einer Audioaufnahme ist die Einrichtung der VST-Verbindungen, d. h. der Ein- und Ausgänge für Aufnahme und Wiedergabe. Unter „Geräte - VST-Verbindungen" (F4) schauen wir uns die Sache an. Standardmäßig sind ein Eingang und ein Ausgang eingerichtet. Unter Ausgänge fügen wir noch eine zweiten Stereo-Bus hinzu. Durch Mausklick ins Textfeld kann man die Busse übrigens beliebig beschriften.

VST-Verbindungen - Ausgänge

Eingänge	Ausgänge	Gruppen/Effekte	Externe Effekte	Studio

⊞⊟ Alle   Bus hinzufügen   Presets

Busname	Lautsprecher	Audiogerät	Geräte-Port
⊟ ⊄ Stereo Out 1	Stereo	ASIO for EWS88 MT/D	
⊄ Links			1 EWS88 MT(M)[1] Out 1
⊄ Rechts			2 EWS88 MT(M)[1] Out 2
⊟ ⊄ Stereo Out 2	Stereo	ASIO for EWS88 MT/D	
⊄ Links			3 EWS88 MT(M)[1] Out 3
⊄ Rechts			4 EWS88 MT(M)[1] Out 4

Der Stereo Out 1 ist mit einem roten Lautsprecher als Standard-Bus gekennzeichnet, d. h. es ist der Hauptausgang. Ändern kann man das durch Rechtsklick mit der Maus, aber wir lassen es so.

Was soll nun dieser zweite Bus? Wenn man ein Audio-Signal aufnimmt, so hört man es einmal über den aktiv geschalteten Aufnahme-Eingang und zugleich über den Wiedergabe-Kanal, also den Standard-Bus. Dadurch kann es zu Schleifenbildungen kommen und im Extremfall zu Rückkoppelungen. Legt man aber bei der Aufnahme die betreffende Audio-Spur auf den Ausgangs-Bus 2 und schaltet diesen im Mixer auf stumm, so gibt es keine Probleme mehr. Man hört das Signal nur am Eingang und völlig unverfälscht.

8.2 Gitarrenaufnahme

8.2.1 Rhythmusgitarre

Nun geht es endlich an die eigentliche Aufnahme des Audiosignals. Sinnvollerweise nehmen wir zuerst die Rhythmusgitarre auf. Wir müssen uns darüber klar sein, dass eine PC-gestützte Audio-Aufnahme ihre eigenen Gesetze hat. Ein analoges Signal wird in ein digitales umgewandelt. Digitalwandler reagieren sehr empfindlich auf Übersteuerungen. Zwar kann man durchaus eine übersteuerte, verzerrte Gitarre aufnehmen, aber der Eingang in den PC darf nicht übersteuert werden. Es empfiehlt sich also unbedingt, zunächst einmal einige Probeaufnahmen zu machen. Wir wählen die Rhythmusspur an und schalten das Lautsprechersymbol in der Rhythmusspur ein und den daneben liegenden Record-Button. Als Ausgang wählen wir - wie oben erwähnt - Stereo Out 2. Schlägt man nun die Gitarre an, so erscheint ein deutliches blaues Signal (VU-Meter) im schwarzen Feld neben dem Lautsprecher-Button. Füllt das Signal das ganze Feld bis oben aus, zappelt nur wenig und geht nur langsam zurück, so ist der Eingang übersteuert. Wir müssen also die Lautsärke am Mischpult, am Fußpedal oder an der Gitarre selbst zurück nehmen. Erst wenn die Signalstärke nur zwei Drittel des Feldes ausfüllt und der Ausschlag schnell auf die Gitarrentöne reagiert, darf man annehmen, dass die Lautstärke nun in Ordnung ist.

Wir machen eine erste Probeaufnahme. Dazu klicken wir im Transportfeld auf den roten Record-Button. Schon bewegt sich der Marker und wir hören den von uns im MIDI-Projekt eingerichteten Vorzähler. Es bedarf ein klein wenig der Übung, genau den Anfang des Songs zu treffen, aber mit zunehmender Erfahrung klappt das auf Anhieb. Sollte es daneben gehen - einfach den bereits aufgenommenen Part anklicken und auf der PC-Tastatur die Taste „entf" drücken. Und noch mal von vorne!

Hat man die Rhythmusspur im Kasten, so hört man sich alles zusammen erst mal an. Dazu alle Aufnahme-Buttons deaktivieren und den Ausgang auf Stereo Out 1 stellen. Wenn sich das Ganze so anhört wie beim Aufnehmen, ist man schon im grünen Bereich. Hat man aber den Eindruck, dass der Klang anders ist, dass gar Verzerrungen hinzu kommen, so ist das verdächtig. Dann schaut man sich die Audio-Spur genauer an, indem man sie anklickt. Sie öffnet sich dann und man sieht das Signal als Frequenzkurve.

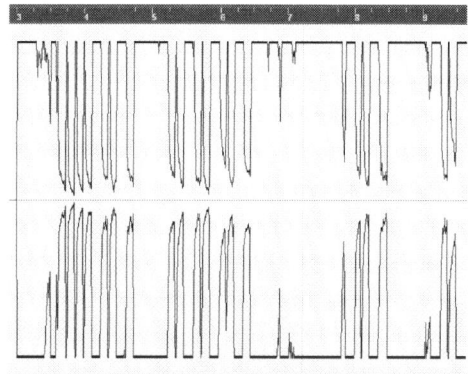

starke Übersteuerung des Audiosignals

Wenn diese Kurve eher blockartig erscheint und oben und unten wie abgeschnitten, so liegt eine starke Übersteuerung vor. Eine neue Aufnahme ist fällig, es sei denn man möchte es so. Ist die Kurve gut ausgefächert und endet sie oben und unten in ausgeprägten Spitzen, so ist die Aufnahme in Ordnung.

Allerdings sei noch ein Hinweis erlaubt: Hat man die Gitarre durch ein vorgeschalteten Effekt wie etwa einen Kompressor aufgenommen, so erscheint die Kurve auch blockartig, weil der Kompressor das Signal gewissermaßen zusammen presst. Die leisen Stellen werden lauter, die lauten leiser. Allerdings wird die Kurve bei gemäßigter Aussteuerung des Aufnahmepegels nicht bis an den oberen und unteren Rand des Fensters reichen. Die Aufnahme insgesamt ist also nicht übersteuert und kann noch weiter bearbeitet werden, etwa im Hinblick eine Pegelanhebung bzw. Normalisieren (siehe unten). Ob es

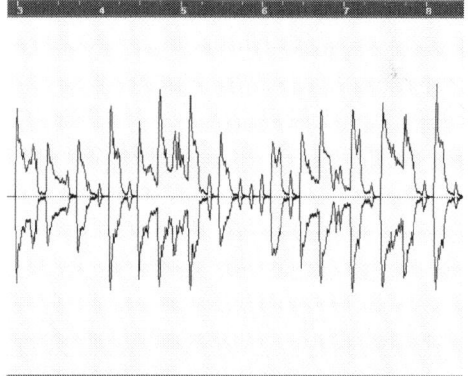

gute Aussteuerung des Audiosignals

aber sinnvoll ist, eine Rhythmusgitarre mit Kompressor aufzunehmen, hängt vom Musikstil ab. Wenn ich das volle Heavy Metal-Brett haben will, ist das sicher in Ordnung. Bei anderen Musikrichtungen fehlt womöglich die Klarheit des Klanges, denn ein Kompressor dickt Feinheiten ein. Er macht laute Stellen leiser und leise Stellen lauter. Also vorher genau überlegen, was man will. Auch mit den Lautstärken sollte man sich beim Rhythmus zurück halten. Weniger ist hier mehr.

Wenn wir auch mit unserem Spiel und dem Aufnahmeergebnis zufrieden sind (in der Regel ist man das nie und man spielt die Sache ohnehin mehrmals ein), behalten wir diese Rhythmusspur bei und speichern das Projekt zur Sicherheit schnell mal ab (Datei - Speichern).

Nun können wir die geöffnete Audiospur gleich noch ein wenig bearbeiten. Beim Abspielen sehen wir, dass an Stellen, wo eigentlich keine Gitarre zu hören ist, Verunreinigungen vorhanden sind. Da ist man vielleicht mal mit dem Plektrum an die Tonabnehmer gestoßen oder hat in der Stille die Seiten ein wenig zu heftig berührt. Dieses unerwünschte Signal entfernen wir, indem wir die Stelle mit der linken Maustaste hellblau markieren. Nun öffnen wir mit der rechten Maustaste das Kontextmenü und gehen auf „Effekte - Stille". Schon verschwinden innerhalb der Markierung alle überflüssigen Signalfragmente.

Im nächsten Arbeitsschritt bringen wir das Audiosignal auf eine günstigen Pegel. Dazu markieren wir das ganze Signal und gehen im Kontextmenü auf „Effekte - Normalisieren". Es öffnet sich ein Fenster und man kann dort den Grad der Normalisierung[67] wählen. Es ist sinnvoll, -2 oder -1 dB[68] einzustellen, dann hat man später noch ein paar Reserven beim Abmischen. Der Effekt ist, das nun die gesamte Spur eine gleichmäßige Lautstärke aufweist, auch wenn man ein wenig ungleichmäßig die Saiten bearbeitet hat.

8.2.2 Sologitarre

Ein Bluesstück ohne eine schöne Sologitarre ist fast nicht möglich. Denken wir doch an das begnadete Spiel von Größen wie B. B. King, Peter Green oder Gary More. Fragt man zum Beispiel bekannte Rockgitarristen nach ihren Vorbildern, dann taucht mit Sicherheit immer der Name B. B. King auf. Dazu vielleicht eine kleine Geschichte am Rande:

B. B. King

B. B. King spielt auf Gibson-Gitarren, denen er traditionell seit den 1950er Jahren den Kosenamen „Lucille" gibt. Der Grund dafür liegt in einem Erlebnis, das er in einem Club in den USA hatte. Er spielte mit seiner Band in einem kleinen Lokal, das durch ein offenes Feuer in einer Blechtonne beheizt wurde. Während des Auftritts gab es ein Gerangel zwischen zwei Männern – sie stritten um eine Frau. Dabei wurden sie handgreiflich und stießen die Tonne mit dem Feuer um. Plötzlich brannte das ganze Lokal und alle flüchteten nach draußen. B. B. King bemerkte im Freien, dass er auf der Bühne seine Gitarre vergessen hatte. So rannte er unter Einsatz seines Lebens zurück, um die Gibson ES 335 zu retten. Aus dem lichterloh brennenden Club kam er mit seiner Gitarre gerade noch heraus. Es stellte sich heraus, dass die Frau, wegen der die beiden Männer sich geprügelt hatten, „Lucille" hieß. Seitdem heißt auch B. B. Kings Gitarre so.

Doch zurück zu unserer Aufnahme. Natürlich ist der Klang eines Gitarrensolos immer mit Effekten angereichert. Kompressor, Verzerrer oder Hall gehören zum Standardinstrumentarium. Man kann diese Effekte vorab im Aufnahmeweg verwenden, man kann aber auch zunächst eine klares Signal aufnehmen und später im Cubase-Mixer mit dem Klang experimentieren. Gerade bei Audiospuren bietet es sich an, VST-Effekte zu verwenden, die Cubase schon von Haus aus mitbringt. Der Vorteil dabei ist, dass die Aufnahme eines unverfälschten Gitarrensignals ergebnisoffen ist. Man kann es im Nachhinein beliebig bearbeiten. Nachteilig wirkt sich auf einen Musiker vielleicht aus, das ein effektloses Gitarrensignal womöglich kein Feeling aufkommen lässt. Denn es ist schon etwas anderes, ein sustainreiches, leicht angezerr-

---

[67] Normalisieren - Als Normalisierung wird in der Audiotechnik der Vorgang bezeichnet, analoge oder digitale Audiodaten auf ein einheitliches Lautstärkeniveau zu bringen
[68] dB = Dezibel, zehnter Teil eines Bels = Maßeinheit zur Kennzeichnung von Pegeln

tes Solo zu spielen, als in glasklar klingende Saiten zu greifen. Aber das muss jeder für sich entscheiden.

Bei der Aufnahme des Solos gehen wir genau wie bei der Rhythmusspur vor: neue Audiospur anlegen, entscheiden ob mono oder stereo usw. (siehe oben). Man muss sich gewiss darauf einstellen, dass das Einspielen eines Gitarrensolos mehr Zeit in Anspruch nimmt. Während der Rhythmus sich an festgelegte Muster halten kann (Tonart, Bluesschema), wird ein typisches Bluessolo frei gespielt, muss sich aber trotzdem an die Muster halten. Der Solo-Gitarrist muss also mehrere Vorgaben gleichzeitig beachten und zusätzlich improvisieren[69]. Ist der Blues in a-Moll, kann er nicht in B-Dur spielen. Und er muss die entsprechenden Wechsel in den 12 Takten beachten. Es ist daher nicht falsch, wenn man sich das Schema vorher mal notiert, etwa so:

Grund-Schema Blues in Am:

```
|| Am7 / / /   | Am7 / / /   | Am7 / / /   | Em7 / Am7 /   |
|  Dm7 / / /   | Dm7 / / /   | Am7 / / /   | Am7 / / /   |
|  Em7 / / /   | Dm7 / / /   | Am7 / / /   | Dm7  D#m7 Em7 / ||
```

Ein Solo wird weitgehend improvisiert (was nicht ausschließt, dass man dieses Solo etwa bei Auftritten immer genauso spielt). In der Improvisationspraxis begrenzt man sich im Tonvorrat oft auf die Pentatonik[70]. Dabei verwendet man entweder die Pentatonik der gerade verwendeten Dur- bzw. Molltonleiter oder aber die Pentatonik des gerade verwendeten Akkordes. Ausgehend vom Grundton einer Tonleiter oder eines Akkordes wird in Dur jeweils die Quarte und die Septime weggelassen, in Moll wird die Sekunde und die Sexte gemieden. Dabei ist es gleich, ob das entsprechende Intervall rein, groß, klein, vermindert oder übermäßig ist. Durch die Begrenzung auf die Pentatonik werden in einer freien Improvisation die Leittöne vermieden, welche im falschen Zusammenhang gebraucht einen Missklang ergeben könnten.

Wichtig beim Solospiel ist auch die Phrasierung, d. h. die Anlage der einzelnen Töne. Wenn alle Töne gleich klingen, wird´s langweilig. Also lange und kurze Töne abwechseln, langsame und schnelle Tonfolgen einbauen, Töne dehnen (Bending), möglichst alles einsetzen, was man an Kunststücken drauf hat. Aber Gitarristen, die sich pausenlos selbst überholen, ermüden den Zuhörer schnell. Es gilt die alte Weisheit, dass ein einzelner schöner Ton die Menschen oft mehr berührt als ganze Tonkaskaden.

Am besten, man lässt das bisher Aufgenommene in Cubase erst ein paar Mal durchlaufen und übt dazu ein Solo. Es wird sich sehr schnell herausstellen, was gut zum Stil passt und was man besser weg lässt. Hat man dann eine gewisse Spielsicherheit erreicht, kann es ans Aufnehmen gehen. Dabei bietet Cubase ja die schöne Möglichkeit an, mehrere Spuren fürs Solo einzurichten. Man nimmt also etliche Solos parallel auf und schaltet die bereits bespielten Spuren einfach auf stumm. Am Ende hat man fünf oder sechs Gitarrensolos, die man nun in Ruhe der Reihe nach abhören kann. Einige wird man sofort löschen, bei anderen wird man sich nicht entscheiden können, welche Aufnahme nun besser ist. Diese Spuren behält man bei bis zur endgültige Abmischung des Songs. Vielleicht hört ein musikbegeisterter Freund dann mal rein. Eine andere Meinung ist immer gut. Am Ende wird man sich aber für eine Spur und eine Aufnahme entscheiden müssen.

---

[69] Improvisation, improvisieren = lat. improvisus - unvorhergesehen = spontanes Erfinden und Ausführen von Musik

[70] Pentatonik = griech. penta = fünf - Fünftonmusik = Bezeichnet in der Musik die Verwendung einer Tonleiter (Skala), die nur fünf Töne umfasst. Eine solche Tonleiter wird auch „Fünftonleiter" genannt. Eine einfache Art Fünftonmusik zu spielen, ist auf einem Klavier nur die schwarzen Tasten (cis-dis-fis-gis-ais) zu benutzen.

Was in diesem Kapitel über die Aufnahme der Gitarre ausgeführt wurde, gilt natürlich auch für verwandte Instrumente wie zum Beispiel den E-Bass. Wer nicht unbedingt einen MIDI-Bass haben möchte, wird selbst Hand anlegen. Ein eigenhändig eingespielter Bass klingt sicher um Einiges natürlicher, da man auf echten Saiten ganz anders phrasieren kann als bei einem über ein Keyboard gespielten MIDI-Bass.

Wie immer und besonders wichtig: Niemals vergessen, das Aufgenommene zwischendurch öfter abzuspeichern! Der Computer oder auch Cubase können durchaus mal streiken. Es gibt nichts Schlimmeres, als wenn die Arbeit vieler Stunden im Daten-Nirwana verschwindet.

8.3 Gesang

Auch in großen Tonstudios ist eine Gesangsaufnahme nicht unbedingt einfach. Jede Sängerin, jeder Sänger schafft andere Ausgangsbedingungen aufgrund der stimmlichen Voraussetzungen. Dünne Stimmen oder schlechte Intonation bedürfen nach der Aufnahme oft noch erheblicher Nachbearbeitung. Das geht so weit, dass sogar falsche Töne mit geeigneter Software im Computer korrigiert werden.

8.3.1 Mikrofone

So weit wollen wir nicht gehen, sondern zunächst einmal die Bedingungen für eine ordentliche Aufnahme klären. Dazu gehört natürlich ein geeignetes Werkzeug, ein Mikrofon. Man sollte schon für eine gute Stimmkonservierung auf ein bewährtes Mikrofon zurück greifen. Das Billigmodell aus dem Elektronikmarkt ist nicht empfehlenswert. Das Mikrofon muss man sorgfältig auswählen, indem man verschiedene Typen in einem Musikgeschäft antestest. Wenn man von Natur aus eine tiefe kräftige Stimme hat, ist möglicherweise ein Mikro mit Naheffekt weniger geeignet. Oder umgekehrt: Ist die Stimme eher dünn, so kann sie eine kräftige Bassanhebung gut vertragen. Viele Mikros können auf beide Eigenschaften umgeschaltet

Shure SM58

werden. Genauso wichtig bei der Auswahl ist die Rückkopplungsfestigkeit des Mikrofons. Denn bei einer Gesangsaufnahme hat man in der Regel einen Kopfhörer auf. Deren Schall kann unter Umständen noch in das Mikrofon gelangen, was zu Rückkopplungen oder Verzerrungen führen kann. Mikrofone mit Supernieren-Charakteristik sind daher erste Wahl fürs Heimstudio. Superniere bedeutet, dass diese Mikros den Schall nur in einem engen Winkel einfangen. Ein solches Mikrofon wäre zum Beispiel das bewährte SM58 von Shure, bei dem sich auch der Preis noch im Rahmen hält. In Tonstudios verwendet man für den Gesang Großmembran-Mikrofone in Kondensator- oder Röhrentechnik. Die allerdings sind preislich für den Normalanwender unerschwinglich.

Eine weitere Maßnahme zur Erzielung einer einwandfreien Aufnahme ist der Ausschluss unerwünschter Effekte. Harte Vokale wie P oder K können - über Mikrofon verstärkt - sehr unangenehm wirken. Das gilt ebenso für Zischlaute. Man mildert diese Lautgebungen ab durch einen so genannten „Pop-Schutz", den man vor dem Mikrofon befestigt. Das ist einfach ein dünnes schallneutrales Stoffgeflecht, dass wie ein Filter für luftintensive Laute wirkt.

Pop-Schutz

8.3.2 Sprachtechnik und Artikulation

Eine genaue Lautartikulation ist besonders wichtig bei der Aufnahme von Gesang. Denn die Sängerin bzw. der Sänger muss ja im Verlaufe des Songs mit den anderen, oft sehr lauten Instrumenten konkurrieren. Ein verwaschener, unverständlicher Gesang kann die Wirkung der Komposition zunichte machen.

Bei der Beobachtung der Aussprache von Lauten achten wir darauf, was mit Lippen, Zähnen, Zunge und Kiefer passiert, denn dies ist für Außenstehende zu erkennen. Nicht sichtbar sind die Vorgänge, die im hinteren Teil der Mundhöhle und im Rachenraum geschehen. Auf sie kann nur jeder selber achten.

i - Die Lippen sind schmal geöffnet, in die Breite gezogen und gespannt. Die Zähne sind fast geschlossen und bis weit nach hinten sichtbar. Die Zunge hingegen ist kaum oder gar nicht zu sehen. Der Kiefer bewegt sich kaum.

u - Die kaum geöffneten Lippen werden gerundet und stark vorgestülpt. Zähne und Zunge sind nicht sichtbar. Der Kiefer bewegt sich fast unmerklich nach vorn-unten.

e - Fingerbreit geöffnete Lippen, die breit gezogen und etwas gespannt werden, lassen die Zähne etwas sichtbar werden. Auch die Zunge schaut ein wenig hervor und stößt an die unteren Schneidezähne.

a - Die Lippen sind weit geöffnet und locker. Die Zähne klaffen weh auseinander und sind unten und oben sichtbar. Der Kiefer bewegt sich deutlich nach unten.

o - Gerundete Lippen bilden einen Kreis und sind leicht vorgestülpt. Zähne und Zunge bleiben verborgen, während der Kiefer sich etwas nach unten bewegt.

Von nicht unerheblicher Bedeutung ist also die Umsetzung des Songtextes in Gesang, egal ob man nun in Deutsch oder Englisch oder sonst einer Sprache singt. Auf Grund der Vokalbetontheit ist Englisch für Rock und Pop besonders geeignet, während Deutsch hart klingt wegen der vielen Konsonanten und Rachenlaute. Wer sich für Englisch entscheidet, sollte aber - bitte schön - diese Sprache auch einigermaßen beherrschen, und zwar beim Sprechen und Verstehen. Viele deutsche Sänger haben eine entsetzliche englische Aussprache und klingen lächerlich. Besonders beim "th" kommen viele ins Schleudern.

Das inhaltliche Verstehen einer Sprache ist insofern wichtig, als man ja als Sänger auch das zum Ausdruck bringen will, was der Song zum Gegenstand seines Inhalts hat. Emotional und expressiv kann man nur singen, wenn man versteht, was man singt.

Besonders wichtig ist das Sprachkönnen, wenn man eigene Texte in einer fremden Sprache verfasst. Macht man eigene in Englisch, so sollte man sie nach Möglichkeit von Engländern gegenlesen lassen. Viele idiomatische Feinheiten kennt man einfach nicht. Nebenbei lernt man auf diese Weise eine Menge zusätzlich.

Welch wichtiges Ausdrucksmittel deutliches Sprechen ist, wird einem klar, wenn man daran denkt, dass Schwerhörige lernen, Wörter vom Mund des Gegenübers abzulesen. Dabei kommt es auf genaue Artikulation an. Im Alltag nimmt man es nicht sehr genau mit der Aussprache: Silben werden verschluckt, Vokale durch geschlossene Zähne gepresst, oder es wird gar hinter vorgehaltener Hand gesprochen. Als Sänger(in) kann man sich das nicht leisten, wenn man Wert darauf legt, dass die Stimme sich deutlich von den Instrumenten absetzt.

Sprechübungen können daher nicht schaden. Man nehme irgendeinen Text, vielleicht sogar ein Gedicht, und spricht ihn auf einen Tonträger. Beim Anhören merkt man sofort, wo Mängel sind. Ist du zum Beispiel in der Lage, seinen Heimatdialekt abzulegen?

Schließlich wäre auch noch zu testen, ob man als Sänger in der Lage ist, einen Text dramatisch zu gestalten. Ist Steigerung möglich - von ganz leise nach sehr laut? Ist die Betonung abwechslungsreich, entspricht sie dem Inhalt? Wie werden Empfindungen rüber gebracht?

Als Beispiel sei empfehlohlen, eine Ballade (z. B. "Der Zauberlehrling" von Goethe) einmal laut vorzutragen und wiederum mit einem Recorder aufzunehmen. Auch hier wirst man beim Abhören feststellen, ob der Vortrag glaubwürdig ist. Gerade diese Ballade bietet sehr gut die Möglichkeit, mit der Stimme Spannung aufzubauen und die Dramatik der Handlung zu unterstützen.

All das sind Wege, Sprechsicherheit zu bekommen und diese dann auf das Singen zu übertragen. Allein durch den Ausdruck und die Artikulation kann man sehr unterschiedliche Wirkungen erzeugen. Nehmen wir einmal die sinnige und vielbenutzte Liedzeile "I love you". Auf Grund der Aussprache erreichst man es, die Zeile so zu gestalten, dass es auf der einen Seite total verliebt klingen kann, auf der anderen wie ein Schrei, eine Anklage. Eine solche Zeile beinhaltet von sich aus schon eine gewisse Melodik.

8.3.3 Gesangsaufnahme

Für den Gesang legen wir natürlich in Cubase wieder eine Audiospur an - für jede Gesangsstimme eine eigene. In diesem Fall sollte es eine Mono-Spur sein, denn wir haben ja zunächst keine räumlichen Effekte. Wir lassen alle Effekte außen vor und nehmen nur den reinen Gesang auf.

Schwierig wird es, Cubase auf die richtige Lautstärke im Aufnahmekanal einzupegeln, denn ein Sänger singt nicht mit gleichbleibendem Pegel. Er wird mal lauter, mal leiser. Wir erinnern uns: Verzerrungen bei digitalen Aufnahmen sind zu vermeiden, der höchste Pegel ist immer 0 dB.

Aber keine Angst, wir können Vorsorge treffen. Im Cubase-Mixer können wir in den Eingangskanal, also da, wo das Mikrofonsignal anliegt, unter „Insert-Effekte" das schon erwähnte VST-Plugin „VSTDynamics" einklinken. Dort aktivieren wir die Funktion „SOFT CLIP". So haben wir sichergestellt, dass zumindest von der Aufnahmeseite her keine Übersteuerungen stattfinden können. Natürlich kann es noch verzerren, etwa wenn man zu nah am Mikrofon ist und hinein brüllt. Aber die aufgenommene Gesangsspur zeigt nicht mehr als maximal 0 dB an.

Die Gesangsaufnahme selbst gestaltet sich nicht anders als die Instrumentalaufnahme. Cubase wird genauso bedient. Wir nehmen auf den eingerichteten Gesangsspuren auf und lassen die bereits fertigen Instrumentalaufnahmen mitlaufen. Eventuell muss man diese im Mixer ein wenig leiser einstellen. Natürlich muss man auch beim Gesang mehrere Durchgänge einplanen. Dabei empfiehlt es sich wie schon bei der Gitarre, ein und dieselbe Stimme mehrmals auf verschiedenen Spuren aufzunehmen. Auf diese Weise kann man später das beste Ergebnis auswählen und den Rest löschen.
Soll die Aufnahme Satzgesang enthalten, also eine zweite und dritte Stimme, so werden dafür weitere Mono-Spuren eingerichtet. Unter Umständen können die Aufnahmen für Satzgesang

länger dauern als für die erste Stimme, denn wir sind ja alle keine ausgebildeten Sänger, die mal eben locker in Terzen singen können.

Gehen wir davon aus, dass wir all unsere Stimmen zufriedenstellend eingefangen haben. Nun können wir uns daran machen, den Gesang noch ein wenig zu veredeln. Wir stellen zum Beispiel fest, dass der Gesang durchaus noch Power vertragen kann. Also schauen wir uns in der Gesangspur unter den „Insert-Effekten" um. Dort findet sich unter „Dynamics" der „MultibandCompressor". In ihm aktivieren wird die Einstellung „Vocals". Beim Anhören merken wir: Das bringt ordentlich Dampf. Aber schön wäre es, wenn die Stimme noch ein wenig Hall bekäme.

Cubase bringt auch Hall-Plugins mit, etwa Reverb[71] A oder Reverb B. Als Einstellung für Gesang bieten sich immer Vorgaben wie „Vocals" oder „Vocal Plate" an. Andere VST-Hall-Effekte bieten da noch weit mehr Möglichkeiten. Die Devise dabei ist immer, das weniger mehr ist. Zuviel Hall oder gar Echo machen die Stimme schwammig und das Klangbild unruhig. Überbordende Effekte machen erst dann Sinn, wenn sie für den Song gewissermaßen „strategische" Bedeutung haben, wenn der Inhalt zum Beispiel die Form eines Echos erzwingt.

Entscheiden wir uns nun für Hall im Gesang, so müssen wir die Reihenfolge der Insert-Effekte in der Gesangsspur ändern: 1. Hall, 2. MultibandCompressor. Denn der Compressor steht immer am Ende der Kette, weil er das Gesamtsignal bearbeiten soll. Also fügen wird an die Stelle des MultibandCompressores den Hall ein und diesen eine Etage tiefer. Soll der Gesang mit weiteren Effekten behandelt werden, so verschiebt sich die Kette der Inserts entsprechend weiter nach unten. Denkbar ist in einer Gesangsspur etwa ein Effekt wie „AutoTune". Er beseitigt - wie oben angedeutet - schiefe Töne. Oder ein „Harmonizer". Mit ihm erspart man sich womöglich den Satzgesang, denn der wird damit automatisch erzeugt. Solche Effekte allerdings kommen nicht von Haus aus mit Cubase, man muss sie zusätzlich erwerben und sie sind nicht billig.

Den Abschluss der Arbeiten am Gesang bilden ein vielfaches Anhören und die richtige Einstellung der Stimme(n) im Gesamtbild. Die 1. Stimme sollte im Stereo-Panorama immer mittig gesetzt werden, dort ist sie am durchsetzungsfähigsten. Weitere Satzstimmen können dagegen nach links oder rechts versetzt werden, damit man sie von der Hauptstimme unterscheiden kann. Aber nicht zu extrem, denn ganz an den Rand gedrängt wirken sie eher unnatürlich. Und nicht vergessen (wie immer): abspeichern, abspeichern, abspeichern!

8.4 Abmischen

Im Grunde sind die Vorgänge beim Abmischen von MIDI- oder Audio-Projekten ähnlich. Grundlegendes dazu wurde schon in der 7. Einheit beschrieben. Wir haben hier ein gemischtes Projekt aus unserem ursprünglichen MIDI-Blues-Projekt und den neuen Audio-Spuren. Allerdings muss man bei Audio-Dateien noch ein wenig sorgfältiger vorgehen, denn - wie oben schon erwähnt - Übersteuerungen sind absolut zu vermeiden. Haben wir schon bei der Aufnahme der einzelnen Spuren sorgfältig auf die Vermeidung von Übersteuerungen geachtet, so müssen wir dies natürlich auch beim Summensignal aller Audio-Spuren tun.

Zunächst gilt es, ein vernünftiges Lautstärkeverhältnis aller MIDI- und Audio-Spuren zuei-

---

[71] Reverb = engl. Hall

nander zu finden. Im Mixer ist das eine einfache Angelegenheit, denn alle Kanäle liegen schön nebeneinander. So kann man durch das Hoch- und Runterziehen der Volumenregler sehr schnell per Experiment herausfinden, welche Instrumente eher zurückhaltend zu behandeln sind und welche einer Hervorhebung bedürfen. Es dürfte klar sein, dass Gesang immer in der Lautstärke vor den anderen Instrumenten stehen muss.

Am besten gehen wir so vor: Wir stellen alle Volumenregler (Schieberegler) aller Kanäle auf 0 dB und hören uns den Song in dieser Einstellung an. Schnell ist zu erkennen, welche Instrumente nun zu laut sind und andere oder den Gesang überdecken. In diesen Kanälen fahren wir die Lautstärke zurück. Genaue Werte kann man kaum angeben, die müssen sich aus den Versuchen (und zunehmender Erfahrung) ergeben. Generell lässt sich sagen, das breite Flächensounds aus dem Keyboard das restliche Klangspektrum schnell überlagern. Hier muss man also die Lautstärke oft erheblich zurücknehmen. Auf der anderen Seite sollen Solopassagen ebenso wie der Gesang im Vordergrund stehen. Die Lautstärkeeinstellung bleibt hier im Bereich 0 dB.

Der nächste Schritt gilt der Anpassung aller aufgenommenen Spuren an das Stereo-Panorama. Der Gesang (Satzgesang) wird so angeordnet wie oben beschrieben. Drums und Bass werden ein wenig nach links und rechts verschoben, damit sich ihre ähnlichen Frequenzen nicht überlagern. Ein breiter Stereoklang eines Keyboards sollte auch so bleiben und mittig eingesetzt werden. Rhythmische Instrumente wie Rhythmusgitarre oder Percussion machen sich gut ganz am rechten oder linken Rand des Panoramas. Soloinstrumente kann man in den Raum dazwischen setzen. Aber auch bei diesem Arbeitsschritt gilt die Devise des vielfachen Experiments.

Sollten jetzt noch klangliche Mängel auftauchen, so kann man versuchen, sie über den in jedem Kanal vorhandenen Equalizer (EQ) auszugleichen. Dabei ist sehr viel Fingerspitzengefühl gefragt, denn mit überbordenden Frequenzkorrekturen kann man auch viel kaputt machen.

Zum Schluss widmen wir uns noch dem Stereo-Ausgangskanal. Als erstes „Insert" wählen wir den Effekt der Stereo-Basisverbreiterung. Danach sorgen wir auch hier dafür, dass der Endmix nicht übersteuert wird bei maximaler Aussteuerung und setzen das Plug-In „VSTDynamics" mit der Funktion „Softclip" ein. Fällt das abschließende Abhören zufriedenstellend aus, so können wir auch unser Audio-Projekt als Wave-Datei exportieren (Datei - Exportieren - Audio Mixdown). Nicht vergessen: rechter und linker Lokator müssen an den Anfang und das Ende des Songs gesetzt werden! Wir exportieren wie schon beim MIDI-Projekt mit den Vorgaben „PCM / Uncompressed Waves, Stereo Interleaved, 16 Bits, 44.100 kHz, Stereo Out 1".

B. Übungen

1. Übung

Aufgabe 1

Ergänze die Grafik mit den richtigen Texten. Welcher Satz gehört wo hin?

1. Der PC kann das digitale Musiksignal auf eine CD brennen.
2. Das digitale Musiksignal der CD kann über Kopfhörer analog gehört werden.
3. Der Gesang ist ein analoges Musiksignal und wird mit dem Mikrofon aufgenommen.
4. Der PC wandelt das analoge Musiksignal in ein digitales um.

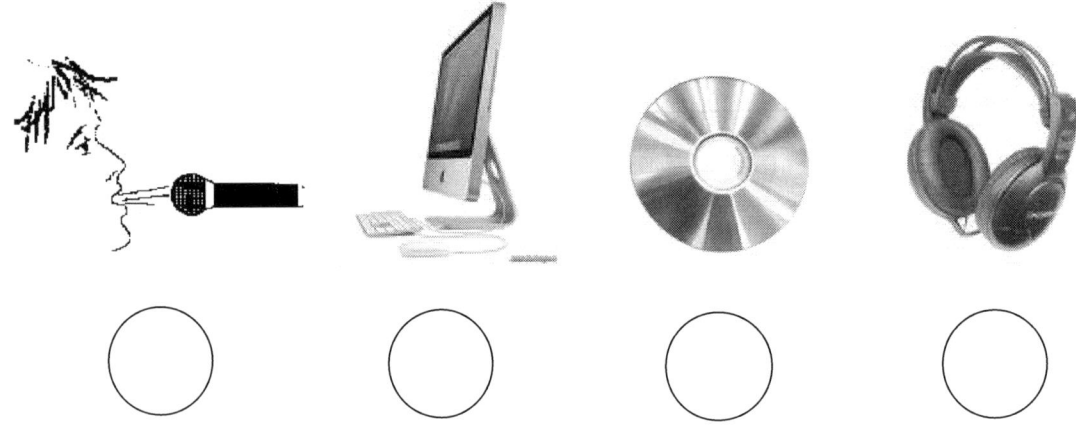

Aufgabe 2

1. Bezeichne mit einem großen roten Kreuz in der Grafik oben die Stellen, an denen die A/D-Umsetzer oder D/A-Umsetzer arbeiten müssen.
2. Fasse in einem kurzen Artikel zusammen, warum der Computer gut zur Bearbeitung von Musik geeignet ist.

Aufgabe 3

1. Gib eine Beispiel für ein PC-Model, das ohne Gehäuse auskommt.
2. Suche weitere schöne Beispiele für Case-Modding im Internet.
3. Zähle einige Berufe auf, in denen der Computer besondere Bedeutung hat.
4. Berichte, wie du mit dem Computer umgehst.

Aufgabe 4

Kläre die folgenden Begriffe. Tipp: Bei Wikipedia findest du alles.

CPU _____

_____

RAM _____

_____

IDE _____

AGP _____

_____

PCI _____

_____

ATX _____

_____

BIOS _____

_____

Northbridge _____

_____

Southbridge _____

_____

Peripherie _____

_____

Steckplatz _____

_____

Kühler _____

_____

Sockel _____

_____

Aufgabe 5

1. Forsche nach: Was ist im Zusammenhang mit einem PC-Monitor unter Auflösung zu verstehen?
2. Warum müssen aktuelle Spiele durch eine leistungsfähige Grafikkarte unterstützt werden? Denke an Bewegungen im Raum!
3. Sicher kennst du CDs, die man selber brennen kann. Wie groß ist das Datenvolumen insgesamt, das man auf eine solche CD übertragen kann (steht auf der Verpackung oder auf der CD)? Was bedeutet das für die Größe von Audiodateien, wenn du bedenkst, dass eine Musik-CD gut gefüllt ist?

Aufgabe 6

Informiere dich bei anderen Herstellern über Soundkarten für Musiker, z. B. http://www.digidesign.com oder http://www.rme-audio.de. Liste Gemeinsamkeiten und Unterschiede auf.

Aufgabe 7

1. Suche weitere Beispiele für Computer-Schnittstellen. Denke an unser Thema „Musik"!
2. Gibt es auch Schnittstellen, die kabellos (wireless) arbeiten?
3. Finde heraus, welche Geräte der Computer-Peripherie an welche Schnittstelle angeschlossen werden können.

Aufgabe 8

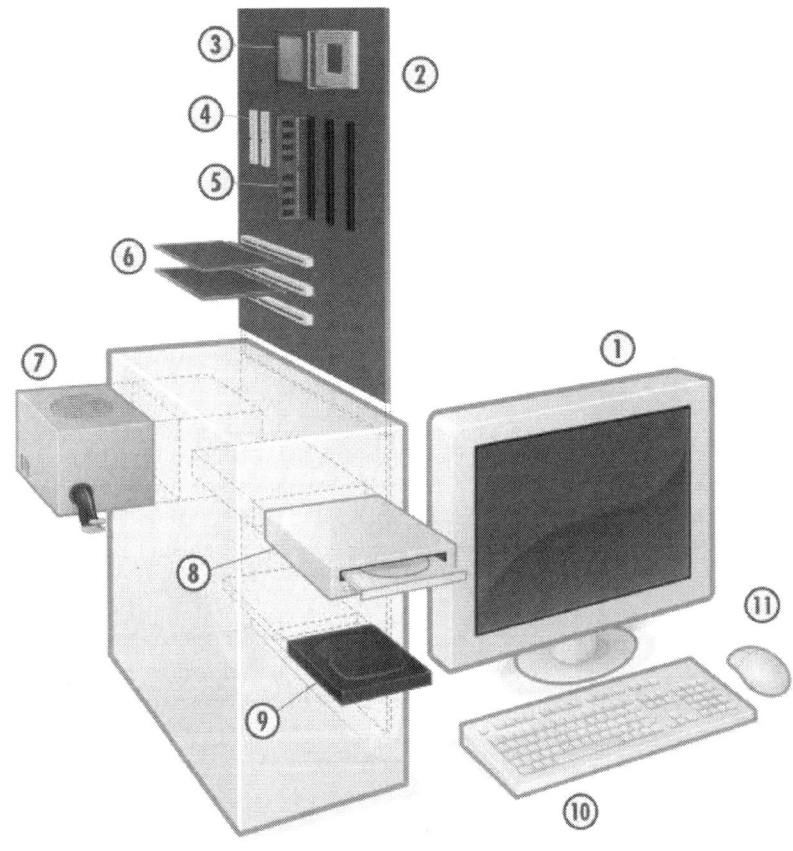

Welche Komponenten bilden den PC?

1. _____   7. _____

2. _____   8. _____

3. _____   9. _____

4. _____   10. _____

5. _____   11. _____

6. _____

2. Übung

Aufgabe 1

Beantworte folgende Fragen:

1. Was muss ein Computer aufweisen, damit er MIDI-Daten empfangen kann?

_____

_____

_____

_____

2. Wie werden Daten im MIDI-Verbund übertragen?

_____

_____

3. Welche Vorzüge hat MIDI?

_____

_____

_____

4. Auf wievielen Kanälen kann MIDI gleichzeitig senden und empfangen?

_____

_____

5. Warum ist MIDI hervorragend für den Einsatz im Heimstudio geeignet?

_____

_____

_____

_____

Aufgabe 2

Verkabele diese MIDI-Anlage, indem du Linien oder Pfeile einzeichnest! Wie könnte das aussehen?

Bedenke: Die Art der Verkabelung kann zahlreiche verschiedene Kombinationsmöglichkeiten bieten, welche dann alle durch entsprechende Einstellungen in der Software, aber auch beim Keyboard und beim Soundmodul zu steuern sind. Je nach Bedarf müssen Audiosignale über ein Mischpult gesandt werden. Andererseits sollen Audiosignale, die direkt vom Keyboard kommen, auch direkt im PC aufgenommen werden können.

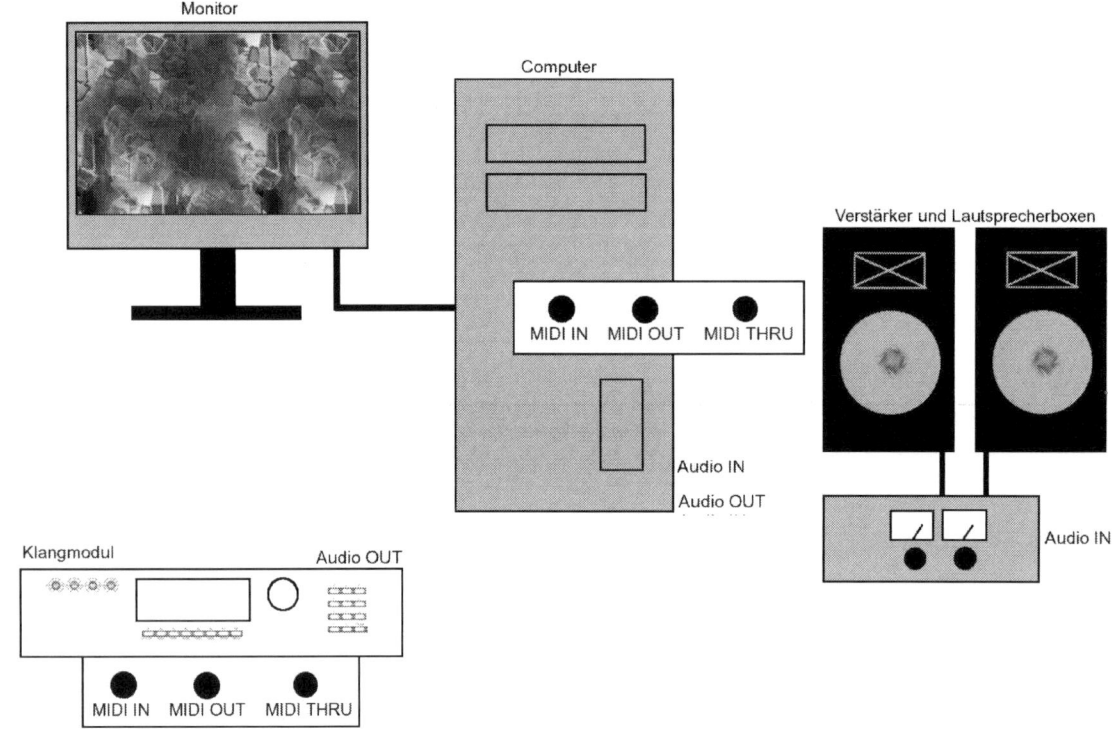

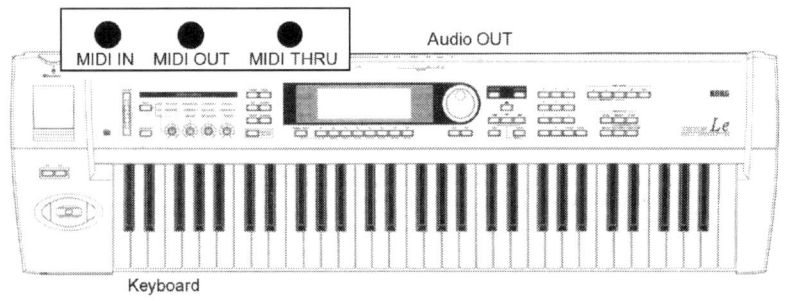

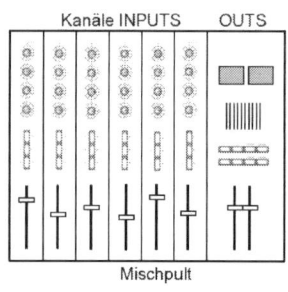

Aufgabe 3

1. Kennzeichne die Unterschiede, die bestehen, wenn man nur mit einer Soundkarte arbeitet oder zusätzlich ein Mischpult einsetzt.

_____

_____

_____

_____

_____

2. Welchen Zweck hat das Abhören mit Kopfhörern?

_____

_____

3. Welchen Zweck hat das Abhören mit Lautsprechern?

_____

_____

4. Informiere dich genauer über den Einsatz von Nahfeld-Monitoren. Was kannst du dazu sagen?

_____

_____

_____

_____

_____

3. Übung

Aufgabe 1

1. Erkläre den Unterschied zwischen einem Klavier und einem Keyboard.

2. Was ist ein Stage-Piano?
3.

Aufgabe 2

1. Welche Vorzüge hat ein Masterkeyboard?

2. Was entfällt bei einem Masterkeyboard?

Aufgabe 3

1. Was zeichnet Workstations aus?

2. Ist eine Workstation auch ein Keyboard?

Aufgabe 4

1. Was unterscheidet einen analogen Synthesizer von einem digitalen?

2. Welcher analoge Synthesizer erreichte Kultstatus?

Aufgabe 5

1. Was versteht man unter einem Expander?

2. Was ist ein Sampler?

4. Übung

Aufgaben

1. Welche Funktionen kannst du in dem Anvil-Sequenzer-Bild aus Abschnitt 4.9 erkennen? Stelle eine Liste auf!

2. Zähle auf, welche Arten von Musik-Software es gibt.

_____

_____

_____

_____

_____

3. Beschreibe den Einsatz eines Sequenzers.

_____

_____

_____

_____

_____

4. Beschreibe, was bei einer Audiobearbeeitung (Mastering) geschieht.

_____

_____

_____

_____

5. Welchen Sinn hat Composer- und Arrangersoftware?

_____

_____

_____

_____

_____

_____

5. Übung

1. Stelle dar, wie sich Home-Recording im Lauf der Jahre gewandelt hat.

_____

_____

_____

_____

_____

_____

_____

_____

_____

2. Was versteht man unter einem Gerät namens „Kompaktstudio"?

_____

_____

3. Was muss man sich unter einem „High End-Studio" beim Home-Recording vorstellen?

_____

_____

_____

_____

4. Was bedeutet „Sampling"?

_____

_____

5. Was unterscheidet das Datenformat „wav" vom Datenformat „mp3"?

_____

_____

6. Was ist gemeint mit „HD-Recording"?

_____

_____

6. Übung

1. Was ist ein Sequenzer-Programm? Welche Möglichkeiten bietet es?

_____

_____

_____

_____

_____

_____

_____

2. Wie ist ein Programm wie Cubase gegen unberechtigtes Kopieren geschützt?

_____

_____

3. Was versteht man unter einem VST-Instrument? Wie bindet man es in Cubase ein?

_____

_____

_____

_____

4. Auf welche Weise werden in Cubase die Lautstärke- und Klangverhältnisse geregelt?

_____

_____

_____

5. Welche Voraussetzungen müssen für eine Musikaufnahme mit Cubase erfüllt sein?

_____

_____

_____

_____

_____

_____

7. Übung

1. Was ist ein MIDI-Projekt?

2. Welche VST-Instrumente passen gut zu einem Blues?

3. Wie wirkt sich das Tempo auf einen Song aus?

4. Was ist eine Klickspur?

5. Erkläre das Blues-Schema! Woher kommt es?

8. Übung

1. Warum klingt eine direkt ins Mischpult gestöpselte E-Gitarre für Musiker nicht besonders gut?

_____

_____

_____

_____

_____

_____

_____

2. Was ist das Wesen eines Audio-Projekts?

_____

_____

3. Welche Spuren nimmt man am besten zuerst auf?

_____

_____

4. Warum ist beim Blues das Solospiel so wichtig?

_____

_____

_____

5. Was versteht man unter „Abmischen"?

_____

_____

_____

_____

_____

C. Lösungen

1. Einheit - Lösungen

Aufgaben 1 und 2

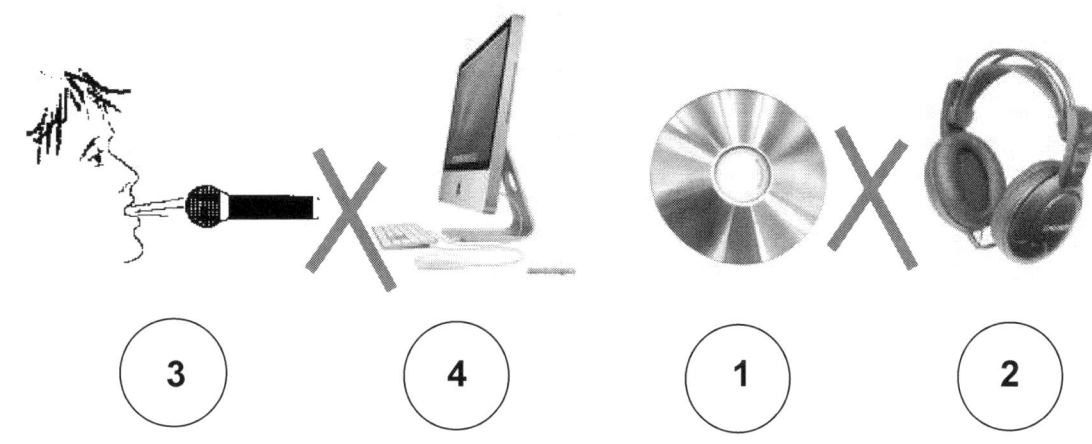

Aufgabe 3

1. Apple iMac
3. Arzt, Buchhaltung, Lagerverwaltung, Internetverkauf, Fräsen/Drehen

Aufgabe 4

CPU = Central Processor Unit = Hauptprozessor

RAM = Speicher mit wahlfreiem Zugriff; Speicher, der besonders bei Computern als Arbeitsspeicher Verwendung findet

IDE = Integrated Device Electronics (integrierte Anschlusselektronik) = geführt als ATA/ATAPI (Advanced Technology Attachment with Packet Interface) = eine Schnittstelle zwischen Massenspeicher und Computer. ATA/ATAPI wurde hauptsächlich verwendet, um Festplatten bzw. Laufwerke für CD-ROM und DVD mit dem Mainboard von Computern zu verbinden

AGP = Accelerated Graphics Port (weiterentwickelter Grafikanschluss) = Anschluss zur direkten Verbindung der Grafikkarte mit dem Chipsatz/Northbridge

PCI = Peripheral Component Interconnect (Zusammenschluss anliegender Geräte); ein Bus-Standard zur Verbindung von Peripheriegeräten mit dem Chipsatz eines Prozessors

ATX = Advanced Technology Extended (ausgedehnte, fortgeschrittene Technik) ist eine Norm für Gehäuse, Netzteile und Hauptplatinen von Mikrocomputern

BIOS = Basic Input Output System (grundlegendes Eingangs-, Ausgangssystem); Bezeichnung für ein Programm, das in einem nichtflüchtigen Speicher auf der Hauptplatine des PCs abgelegt ist und das unmittelbar nach dessen Einschalten zur Ausführung gelangt. Es ist unter anderem die Aufgabe des BIOS, den PC zunächst „zum Leben zu erwecken" und im Anschluss das Starten eines Betriebssystems einzuleiten.

Northbridge = Nordbrücke; Begriff aus der Computertechnik, der einen bestimmten Chip auf der Hauptplatine moderner IBM-PC kompatibler PCs bezeichnet. Die Northbridge befindet sich im Gegensatz zur Southbridge dicht an der CPU, um Daten schnell übertragen zu können.

Southbridge = Südbrücke; Hardwarekomponente einer modernen PC-Hauptplatine (auch Motherboard oder Mainboard genannt). Sie befindet sich nahe an den PCI-Steckplätzen, um auf möglichst kurzem Weg eine elektrische Verbindung herzustellen

Peripherie = im Computerwesen alle Geräte, die direkt oder indirekt an die Hauptplatine angeschlossen sind

Steckplatz = auch Slot (engl. für *Schlitz*, *Platz*); Bezeichnung bei elektronischen Geräten für eine mechanische und elektrische Schnittstelle, in welche weitere Komponenten hineingesteckt werden können

Kühler = Kühlkörper im PC, die auf die speziellen Anforderungen bei der Kühlung von Mikroprozessoren ausgelegt sind. Meist sind es Kühler-Lüfterkombinationen, verbreitet sind auch rein passive Kühlkörper und Wasserkühler.

Sockel = eine Vorrichtung, um einen Prozessor austauschbar auf einer Hauptplatine zu montieren

Aufgabe 5

1. Mit Bildauflösung bezeichnet man gemeinhin die Anzahl der Pixel (Bildpunkte), aus denen eine Rastergrafik besteht. In der Regel wird sie durch Breite x Höhe angegeben. Je höher die Auflösung, desto besser das Bild.

2. Nur Grafikkarten mit hoher Rechenleistung sind in der Lage, schnelle Bewegungen und räumliche Darstellungen (3D) auf natürliche Weise wiederzugeben.

3. Normale CDs haben ein Volumen von 700 Megabyte (MB) = 80 Minuten Musik. Wenn auf einer Musik-CD 10 Musikstücke sind, dann hat jedes davon im Durchschnitt einen Umfang von 70 MB.

Aufgabe 7

2. Es gibt keine spezielle Schnittstelle, aber einen Standard für Wireless LAN (W-LAN, WLAN). Damit bezeichnet man ein drahtloses, lokales Funknetz, das in der Regel unter der Norm IEEE-802.11 betrieben wird. Als Schnittstellen für WLAN-fähige Geräte dienen PCI, USB oder PC-Cardbus.

Aufgabe 8

1. Monitor
2. Hauptplatine (Mainboard/Motherboard)
3. CPU/Prozessor
4. SATA-Schnittstelle und/oder ATA-Schnittstelle
5. Hauptspeicher
6. Peripherie-Karten
7. Netzteil / Stromversorgung
8. Optisches Laufwerk
9. Festplatte

10. Tastatur
11. Maus

2. Einheit - Lösungen

Aufgabe 1

1. Der Computer muss ein MIDI-Interface haben.
2. Daten werden seriell und im binären Code übertragen.
3. Mit MIDI kann man mehrere geeignete Geräte ansteuern und auch besondere Klange-igenschaften übermitteln.
4. MIDI kann über 16 Kanäle verfügen.
5. Die MIDI-Daten der aufgenommenen Musik können im PC beliebig bearbeitet wer-den.

Aufgabe 2

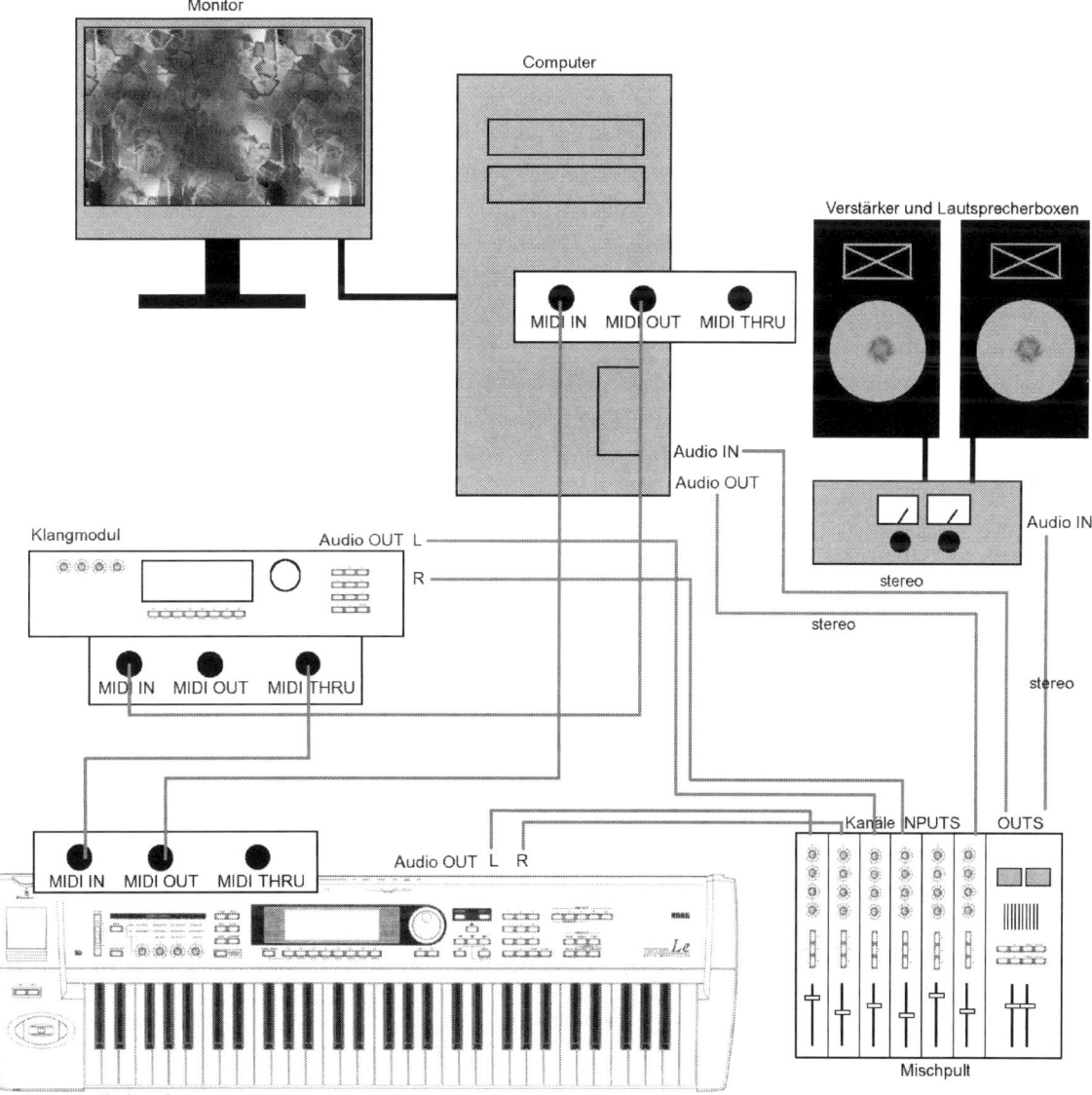

3. Einheit - Lösungen

Aufgabe 1

1. Ein Klavier hat eine natürliche Tonerzeugung mit Schallwellen, die durch den Anschlag eines Hammers auf eine Saite entsteht. Ein Keyboard ist ein elektronisches Instrument, das keine Schallwellen erzeugen kann.
2. Ein Stage-Piano ist ein elektrisches/elektronisches Klavier für den Bühneneinsatz. Es muss transportabel sein.

Aufgabe 2

1. Ein Masterkeyboard hat in der Regel eine klavierähnliche Hammertastatur und weist umfangreiche Regelmöglichkeiten zur MIDI-Steuerung auf.
2. Ein Mastrekeyboard hat keine eigenen Sounds.

Aufgabe 3

1. Mit einer Workstation kann man unabhängig vom Computer Musik komponieren, aufnehmen und abspeichern.
2. Auch eine Workstation fällt unter die Bezeichnung Keyboard.

Aufgabe 4

1. Ein anloger Synthesizer basiert auf analogen Schaltungen, er verarbeitet durch die Schaltungen erzeugte Wellenformen, die wiederum gefiltert werden. Ein digitaler Synthesizer verarbeitet programmierte Wellenmuster, die er - ähnlich der Erzeugung von Klängen von einer CD - in Musik umwandelt.
2. Der Minimoog gilt auch heute noch als **der** analoge Synthesizer schlechthin.

Aufgabe 5

1. Ein Expander ist eine Klangeinheit ohne Tastatur, die zur Ansteuerung von gespeicherten Klängen per MIDI dient.
2. Ein Sampler ist eine Expander, mit dem man Klänge aufnehmen und digitalisieren kann. Ein Sampler kann ebenfalls über MIDI gesteuert werden. Sample-Funktionen können auch in Keyboards und Workstations enthalten sein.
3. Ein Drumcomputer dient der Erzeugung von Schlagzeugklängen und der Programmierung von Schlagzeug-Rhythmen. Er wird über MIDI angesprochen.

4. Einheit - Lösungen

Aufgabe 1

1. Anzeige von Zeit und Verfolgung
2. Transportfeld
3. Zuordnung der Instrumente zu MIDI-Kanälen
4. Einstellung der Instrumentenlautstärke
5. Panoramaeinstellung
6. Notendarstellung der MIDI-Events einschließlich Texteingabe
7. Wahl von Tonart, Taktart, Notenwerten
8. Eingabe der Noten über virtuelles Keyboard, Notenbearbeitung

Aufgabe 2

1. Sequenzer
2. Audiobearbeitung und Mastering
3. virtuelle Instrumente (VST)
4. virtuelle Effekte (VST)
5. Composer- und Arranger-Software

Aufgabe 3

Ein Sequenzerprogramm steuert und verwaltet die Aufnahmen und Wiedergabe von Musik mit dem PC. Sowohl MIDI- als auch Audio-Dateien können mit einem Sequenzerprogramm hergestellt werden. In ein Sequenzerprogramm können über die VST-Schnittstelle externe Programme wie Instrumente und Effekte eingebunden werden. Gleichzeitig bietet ein solches Programm eine umfangreiche Mischfunktion einschließlich der Möglichkeit, die aufgenommene Musik (MIDI und Audio) zu mastern. Insgesamt bildet eine Sequenzerprogramm eine virtuelle Studioumgebung ab.

Aufgabe 4

Unter Mastering (auch Audio-Mastering) versteht man die letzte Bearbeitung des Audio-Materials einer Musikproduktion vor der Tonträgererstellung. Ziel des Masterings ist es, dem vorliegenden Tonmaterial die bestmögliche Qualität zu verleihen. Beim Mastering werden die verschiedenen aufgenommenen Spuren zu einem Stereosignal zusammen gefasst. Das Stereosignal wird dahin gehend bearbeitet, dass der Frequenzgang ausgeglichen ist und der Gesamtklang optimiert wird. Zudem muss darauf geachtet werden, dass die in digitaler Form vorliegende Musik den technischen Vorgaben für eine CD-Pressung genügt.

Aufgabe 5

Composer- und Arrangersoftware versetzt den Musiker in die Lage, auf bequeme Art komplexe Musikstücke zu komponieren und zu arrangieren. Vorgegebene Stile und Songmuster können mit den eigenen Ideen verknüpft werden, virtuelle Instrumentalisten setzen das Ganze in Musik um und man kann das Ergebnis sofort per MIDI anhören. Ergänzungen, Korrekturen oder Veränderungen kann man sofort und unmittelbar vornehmen. Zugleich kann man die „Musiker" eines Sequenzerprogramms hervorragend als Bgleitband einsetzen, um mit ihnen in allen Stilen unserer Musikwelt zu jammen.

5. Einheit - Lösungen

Aufgabe 1

Angefangen hat Home-Rexcording mit einfachen Aufnahmen auf ein Spulentonbandgerät. Später, nach der Erfindung der Kompaktkassette, konnte man auch auf Kassetten aufnehmen. Nachdem Computer für den Heimgebrauch erschwinglich wurden, etwa der Commodore 64 oder der Atari, war es erstmals möglich, analoge Musikdaten zu digitalisieren. Endsprechende einfache Sequenzerprogramme und die Einführung des MIDI-Standards führten zu einem erweiterten Einsatz des Computers beim Erstellen von Musik. Mit der Erfindung von Workstations konnte komplexe Kompositionen unter Einsatz vielfältiger Klänge in einem einzigen Tasteninstrument verwirklicht werden. Nun kamen Sequenzerprogramme wie Cubase oder Logic auf den Markt, die Audio und MIDI verbanden und eine Studioumgebung auf dem

Heim-PC schufen. Neue Schnittstellen wie ADAT ermöglichten digitale Mehrspuraufnahmen. Mit digitalen Recordern mit bis zu 24 Spuren als Stand-alone-Geräte konnte direkt aufgenommen werden. Schließlich hielten auch digitale Mischpult Einzug ins Heimstudio.

Aufgabe 2

Ein Kompaktstudio vereint eine Mischpulteinheit und eine Aufnahmeeinheit in einem Gerät. Man kann mit ihm aufnehmen, bearbeiten und wiedergeben.

Aufgabe 3

Eine High-End-Anlage besteht aus einem Hochleistungsrechner mit möglichst viel Festplattenspeicher, einem digitalen Mischpult der gehobenen Klasse und natürlich dem bestmöglichen Sequenzerprogramm einschließlich umfassender VST-fähiger Musiksoftware.

Aufgabe 4

In der Musik bezeichnet Sampling den Vorgang, einen Teil einer Ton- oder Musikaufnahme (ein Sample; engl. für „Auswahl", „Muster" „Beispiel", von lat. exemplum: „Abbild", „Beispiel") in einem neuen, häufig musikalischen Kontext zu verwenden. Dies geschieht heutzutage in der Regel mit einem Hardware- oder Software-Sampler, mit dem eine analoges Tonsignal digitalisiert wird und so leicht (z. B. mit einem Sequenzer) weiterverarbeitet werden kann. Musikprogramme, die zum Beispiel echte Instrumente wie Blas- oder Streichinstrumente einsetzen, verwenden Samples solcher Instrumente.

Aufgabe 5

Das WAVE-Dateiformat ist ein Containerformat zur digitalen Speicherung von Audiodaten, das von Microsoft für das Betriebssystem Windows definiert wurde. Enthalten sind meist so genannte PCM-Rohdaten, die Abtastwerte des Audiosignals unkomprimiert digital darstellen. Es unterstützt verschiedene Quantisierungsauflösungen, Abtastraten und Kanalzahlen. Es stellt heute einen De-facto-Standard für die Speicherung von Audiodaten unter Windows dar.

MP3 (MPEG-1 Audio Layer 3) ist ein Dateiformat zur verlustbehafteten Audiodatenkompression. MP3 bedient sich dabei der Psychoakustik mit dem Ziel, nur für den Menschen bewusst hörbare Audiosignale zu speichern. Dadurch wird eine Datenkompression möglich, welche die Audioqualität nicht oder nur gering beeinträchtigt. Der Effekt ist, dass eine MP3-Datei erheblich kleiner ist als eine WAVE-Datei.

Aufgabe 6

HD-Recording bedeutet Hard Disc Recording. Damit ist die direkte Aufnahme von Audio-Dateien auf die Festplatte eines Computers gemeint. Ein eigener Recorder ist dabei nicht mehr nötig.

6. Einheit - Lösungen

Aufgabe 2

Als Kopierschutz dient bei vielen Musikprogrammen wie etwa Cubase ein so genannter Dongle. Das ist ein Steckmodul für die USB-Schnittstelle des Computers. Die Daten des

Dongles bilden gewissermaßen eine Einheit mit den Daten des Programms. Stimmen sie nicht überein, so kann das Programm nicht ausgeführt werden.

Aufgabe 3

Ein VST-Instrument ist ein Instrument, das in Form eines Programmcodes vorliegt (VST = virtuelle Studio-Technologie). Dieser Programmcode bildet die typischen Eigenschaften des jeweiligen Instruments nach und erzeugt in vielen Fällen eine beeindruckende Nachbildung. Ein gutes Beispiel ist die Immitation der Hammondorgel B3 als VST-Instrument B4.

VST-Instrumente werden über die VST-Schnittstelle in geeignete Computerprogramme wie Sequenzer eingebunden.

7. Einheit - Lösungen

Aufgabe 1

Unter einem MIDI-Projekt versteht man eine Musikaufnahme am PC unter Verwendung reiner MIDI-Dateien. Man nimmt die Musik in einem geigneten Programm (Sequenzer) auf, indem man sie zum Beispiel auf einem MIDI-Keyboard einspielt.

Aufgabe 2

Zu einem Blues passen gut VST-Instrumente wie Drums, Bass und Orgel.

Aufgabe 3

Das Songtempo kann den Charakter eines Songs entscheidend verändern. Man kann dies in einem Sequenzerprogramm leicht ausprobieren, da MIDI-Dateien dem Tempo immer folgen (im Gensatz zu Audiodateien).

Aufgabe 4

Eine Klickspur dient
1. als Einzähler für den Songbeginn.
2. als Orientierung für die Musiker während einer Aufnahme. Der Klick der Klickspur läuft immer im Takt des Stückes mit, sodass der Musiker auch bei schwierigen Passagen das Taktmaß nicht verliert. In Tonstudios läuft ein solcher Klick oft im Kopfhörer des Schlagzeugers mit, da das Schlagzeug häufig zuerst mit dem Bass aufgenommen wird, während alle übrigen Mitmusiker noch nicht vorhanden sind.

Aufgabe 5

Das Blues-Schema kommt - wie der Name schon sagt - aus dem Blues. Da die Blues-Musiker keine Profis waren, erleichterte ihnen dieses Schema die Artikulation ihrer Texte zum Spiel ihrer Gitarren. Das Blues-Schema besteht aus drei Akkorden auf der 1., 4. und 5. Stufe der Dur- oder Molltonleiter, die sich innerhalb von 12 Takten in einer bestimmten Weise wiederholen (Tonika = 1. Stufe, Subdominante = 4. Stufe, Dominante = 5. Stufe).

8. Einheit - Lösungen

1. Aufgabe

Eine direkt ins Mischpult geführte E-Gitarre klingt flach und ohne Leben. Außerdem stimmt die elektrische Anpassung in den seltensten Fällen. Der E-Gitarrist verwendet Verstärker, die den Gitarrenklang mit Obertönen anreichern, den Ton verlängern und eventuell sogar verzerren. All das macht den Gitarrensound lebendig.

2. Aufgabe

Ein Audio-Projekt verwendet nur Audio-Dateien. Das bedeutet, dass diese Daten aufgenommen werden müssen, wobei aus analogen Signalen auf dem Weg in den PC digitale Signale werden.

3. Aufgabe

Bei einem Audio-Projekt empfiehlt es sich, die Rhythmusspuren zuerst aufzunehmen. Dazu gehören Drums, Bass und Rhythmusgitarre. Sie bilden das Rückrat für die weiteren Aufnahmen wie Gesang oder Soli.

4. Aufgabe

Der Blues lebt aus der Spontanität des Musizierens heraus. Die Musiker des Blues planten ihre Songs nicht, sondern sie lebten sie gewissermaßen. Das gespielte Solo unterstreicht diese Freiheit und ermöglicht es, über den musikalischen Ausdruck den Gefühlen freie Bahn zu lassen.

5. Aufgabe

Beim Prozess der Abmischung (auch Mix oder Mixdown) während der Audio- bzw. Musikproduktion werden alle Tonaufnahmen eines Titels zusammengestellt, analog und/oder digital bearbeitet und zu einem Summensignale zusammengemischt.

Bei der Abmischung wird der Klang einer Produktion nach ästhetischen und künstlerischen Kriterien festgelegt. Neben dem Hinzufügen von Effekten, wie zum Beispiel Filtern, Equalizern, sowie Raum- und Halleffekten, werden die Tonspuren auf der Stereobasis beziehungsweise im Surround-Wiedergabefeld positioniert und die Lautstärke der Instrumente untereinander balanciert. Insbesondere wird die Balance der Pegel zwischen Rhythmusgruppe, Backgroundinstrumenten und Backgroundgesang sowie Leadinstrumenten und Leadgesang festgelegt.

D. Fachlexikon

A

Abhörumgebung
Kombination aus Lautsprecher und Verstärker, durch die Audiosignale hörbar gemacht werden.

Active Sensing
MIDI-Ereignis, das einige MIDI-Geräte in regelmäßigen Abständen versenden, um die aktive Verbindung zu anderen MIDI-Geräten zu überprüfen.

A/D-Wandler
A/D steht für Analog/Digital. Der A/D Wandler ist die Schnittstelle an der ein anloges Signal (z.B. von einer Tonbandmaschine) auf ein digitales Medium (z.B. Festplatte) überspielt wird. Alle physikalischen Informationen werden dabei in Bits und Bytes „gewandelt".

Abmischung
Zusammenführen, bearbeiten und zu einem Stereo- oder Surroundprodukt zusammenfügen der einzelnen Audiosignale einer Aufnahme.

Absorber
Schallschlucker; je nach Material (Teppiche, Vorhänge, Schaumstoffplatten) und Oberflächenbeschaffenheit werden gewisse Frequenzen besonders stark absorbiert.

Achtcharakteristik
Bezeichnung für eine bestimmte Richtungsabhängigkeit der Empfindlichkeit eines Mikrofons. Bei Achtcharakteristik nimmt ein Mikrofon Schall aus zwei entgegengesetzten Richtungen auf.

ADAT (Alesis Digital Audio Taperecorder)
Formatbezeichnung für das digitale achtkanalige Bandaufzeichungsverfahren der Firma ALESIS®, das durch eine Auflösung von 16 Bit und eine Sample-Rate von 48 kHz gekennzeichnet ist.

AES/EBU
Professionelle Digitalschnittstelle mit XLR-Anschlüssen.

Aged
Künstlicher Alterungsprozess für Instrumente und ihre Technik.

Airbucker
DiMarzio Pick-Ups mit weniger starkem Magnetfeld; sie haben etwas weniger Output, dafür mehr Sustain und Dynamik.

Aktive Lautsprecher
Studio- oder P.A.-Lautsprecher mit einem oder mehreren integrierten Verstärker(n).

Aktive Tonabnehmer
Ein in der Gitarre integrierter Vorverstärker sorgt für nebengeräuschfreien Betrieb und niederohmiges Signal, das eine verlustfreie Übertragung - unabhängig von der Länge des Signalweges/Kabellänge - gewährleistet.

Amerikanischer Sound:
Klischeehafte Bezeichnung für Amps, die mit Röhren des Typs 6L6 arbeiten und weicher/wärmer klingen als ihre britischen Brüder.

Amplitude
In der Akustik: Höhe/Größenordnung eines Schwingungsausschlags.

Amp-Modeling
Digitales Nachempfinden der Klangeigenschaften von Gitarren- bzw. Bass-Verstärkern.

analog
entsprechend, gleichartig; Bezeichnung für die Art der Musikverarbeitung; Musikhören ist ein anloger Vorgang über die Schallwellen; Musikspeicherung erfolgt heute digital im binären Code.

Anschlagdynamik (Velocity)
Je nach Geschwindigkeit und Stärke, mit der man eine Taste drückt, wird der Klang unterschiedliche wiedergegeben.

Arpeggiator
Gerät oder Software-Funktion, mit der gedrückte Akkorde in einzelne Noten aufgelöst und rhythmisch gespielt werden.

Arrangement
Die Anordnung musikalischer Bausteine zu einem Musiktitel.

Arrangieren
Das Anordnen musikalischer Bausteine, das Festlegen ihres zeitlichen Ablaufs und das Bestimmen der Dramaturgie eines Musiktitels.

ASIO (Audio Streaming Input Output)
Von Steinberg entwickelte Treiberarchitektur, die Audio-Hardware für den Einsatz mit Musiksoftware optimiert.

Attack
Als Parameter eines Dynamikprozessors bestimmt der Attack-Wert die Verzögerung, mit der die Signalbearbeitung nach Überschreiten der Einsatzschwelle (Threshold) beginnt.

Audio
Audio umschreibt alles, was man hören kann: Geräusche, Sprache und Musik.

Audio-Datei
Datei, die digitalisierte Audiosignale enthält; im musikalischen Zusammenhang auch als Sample bezeichnet.

Audio-Daten
Audiosignale, die mit einer Audio-Hardware aufgenommen oder vom Computer errechnet wurden.

Audio-Editor
Software, die der detaillierten Bearbeitung einzelner Audiodateien und dem Mastering fertig abgemischter Songs dient.

Audio-Hardware
Dient dem Computer zur Aufnahme (Analog/Digital-Wandlung) und Wiedergabe (Digital/Analog-Wandlung) beliebiger Audiosignale, in der Regel in Form einer Soundkarte.

Ausgangsleistung
Elektrische Leistung eines Verstärkers, beispielsweise einer Endstufe. Da diese jedoch von der Impedanz der angeschlossenen Lautsprecher abhängt, sind Zahlen auf Datenblättern nur unter Vorbehalt zu werten.

Aussteuerung
Optimierung des Signalpegels bei Tonaufzeichnungen. Ein zu hoher Pegel führt zu Verzerrungen. Ein zu niedriger Nutzpegel verschlechtert den Rauschabstand.

Aux Path/Send/Return
Ein separater Signalweg zum Anschluss von Outboard-Equipment. Generelle Nutzung durch Effektgeräte. Dynamikprozessoren nutzen üblicherweise Inserts.

Aux-Return
Bezeichnet die Regler und Anschlüsse, die ein Signal führen, das vom Effektgerät zum Mischer geht. Der Aux-Return-Regler bestimmt, wieviel Effekt-Anteile vom Effekigerät zurückgelangen. Der Aux-Return geht direkt auf die Summe und kann je nach Pult auch auf jene Aux-Sends geschaltet werden, die ein Monitor-Signal führen, um die Effekte auch auf Bühnen-Monitoren hören zu können. Die Aux-Return-Anschlüsse verbindet man mit den Ausgängen eines Effektgeräts. Benötigt man nicht alle Aux-Returns, kann man diese als einfache Stereo-Eingänge nutzen. Ebenso kann man die Return-Signale

eines Effektgeräts in die normalen Eingänge eines Mischers zu leiten. Einmal besteht so die Möglichkeit, das Signal noch im Klang zu bearbeiten oder ein Delay beispielsweise mit Hall eines anderen Effektgerätes zu versehen, und man kann es auch über die Aux-Sends auf die Monitore schicken.

Aux-Send
Bezeichnet die Regler und Anschlüsse, die ein Signal führen, das vom Mischer zum Effektgerät geht. Wird auch als Bezeichnung für die Aux-Wege benutzt. Mit dem Aux-Send-Master-Regler wird die Summe aller Kanal-Send-Regler beeinflusst. Dies ermöglicht eine schnelle Korrektur des Effekt-Anteils für alle Kanäle. Die Aux-Send-Anschlüsse verbindet man mit den Eingängen eines Effektgeräts.

Aux-Weg
Dieser erlaubt es, ein schon vorverstärktes Signal aus dem Mischpult herauszuleiten, um es beispielsweise mit einem Effekt zu versehen. Die Aux-Wege sind per Aux-Send von jedem Kanal aus ansprechbar und erlauben es, mehrere Kanäle gleichzeitig mit einem Effekt zu bearbeiten.

B

Backup
Andere Bezeichnung für Datensicherung oder Sicherheitskopie; wirkt Datenverlusten entgegen, die durch Falschbedienung, Software- oder Hardware-Fehler bedingt sind.

Balance
Lautstärkeverhältnis zwischen dem linken und dem rechten Kanal eines Stereosignals.

Balkensystem (Bracing)
Beleistung mit Verstrebungen an der Decke einer akustischen Gitarre. Für die Anordnung der Balken wurden von den Herstellern die unterschiedlichsten Muster entwickelt. Die Verstrebungen können z.B. an den Enden abflachen (scalloped Bracing) oder können X-förmig angebracht werden (X-Bracing). Die Konstruktion kann den Klang des Instruments beeinflussen.

Bandbreite
Frequenzumfang eines Audiosignals, d. h. der Bereich zwischen der höchsten und der tiefsten Frequenz, welche eine Audiokomponente verarbeiten kann. Das menschliche Ohr hört im Idealfall Frequenzen zwischen 20 Hz und 20 kHz.

Bandpass-Filter
Der Bandpass-Filter ist eine spezielle Form des Equalizers. Innerhalb zweier definierter Audio-Frequenzen, können diesen Filter alle Audio-Signale passieren. Außerhalb dieser zwei definierten Frequenzen aber nicht.

Bank Select
MIDI-Steuerbefehl zum Umschalten zwischen unterschiedlichen Soundbanken einer Klangquelle.

Bassreflexbox
Lautsprecherbox mit einer Öffnung auf der Frontseite, über welche tieffrequente Schwingungen nach aussen gelangen, die sonst vom Lautsprechergehäuse absorbiert werden. Bassreflexboxen besitzen einen höheren Wirkungsgrad als normale Boxen.

Basswood (engl.)
Holzbezeichnung für Linde

Battle Mixer
Battle Mixer sind einfache, kompakte DJ-Mischpulte mit meistens zwei Kanälen. Sie zeichnen sich durch einen relativ kurzen Crossfader-Weg aus, was sie für bestimmte Mixtechniken wie z. B. Scratching prädestiniert.

Beat Counter
Komponente zur Ermittlung der Geschwindigkeit (Beats per Minute, BPM) eines Tracks. Zu unterscheiden sind manuelle Beat Counter, bei denen ein Taster im Rhythmus eines Tracks mehrmals

gedrückt werden muss, und automatische Beat Counter, die direkt an die Klangquelle angeschlossen werden und den BPM-Wert durch Analyse des Audiosignals ermitteln. Einige DJ-Mischpulte verfügen über integrierte automatische Beat Counter.

Beat Indicator
Ein Beat Indicator ist eine (LED-)Anzeige, die jeweils einem Kanal eines DJ-Mixers zugeordnet ist. Wenn die Anzeige des laufenden Tracks und die des einzublendenden Tracks gleichzeitig blinken, laufen die Tracks beider Kanäle synchron. Ein Beat Indicator kann die Arbeit des DJs visuell unterstützen.

Belastbarkeit
Maximale Leistung, welche ein Lautsprecher oder Kopfhörer verarbeiten kann, ohne dass er übermässige Verzerrungen erzeugt oder gar beschädigt wird.

Bend
Das Dehnen einer Saite, um die Tonhöhe zu erhöhen.

Bi-Amping
Verfahren der Beschallung mit zwei separaten Verstärkern. Ein Signal wird zuerst durch eine aktive Frequenzweiche in hohe und tiefe Frequenzbereiche unterteilt, beide Signalteile werden anschließend über individuelle Endstufen/Lautsprecherboxen verstärkt und wiedergegeben.

Binding
Einfassung des Gitarrenhalses, des Korpus oder der Kopfplatte, meistens aus Kunststoff, Holz oder Perlmutt.

Blues Driver
Effektgerät oder -funktion aus der Gruppe der Distortineffekte. Er erzeugt nur eine leichte Verzerrung wie sie gerne beim Bluesspiel eingesetzt wird.

Bodeneffekt
Effektgerät, das auf den Boden gelegt und mit den Füssen bedient wird. Bodeneffektgeräte finden vor allem bei Gitarristen und Bassisten Verwendung und ermöglichen den schnellen Wechsel zwischen verschiedenen Effekteinstellungen.

Bolt-On-Neck
Eingeschraubter Gitarren-, Basshals, bietet ein kürzeres Sustain als der geleimte Hals.
Boost
Bei diesem Effekt wird die Lautstärke des Gitarrensignals so weit angehoben, dass die Röhren des Verstärkers stärker angefahren werden und so früher in die Sättigung, also in den Overdrive kommen. Der Originalsound des Verstärkers bleibt so weitgehend erhalten. Es gibt reine Booster, die wirklich nur die Lautstärke anheben, viele Gitarristen bevorzugen aber ein Overdrivepedal, stellen die Verzerrung (Gain, Drive) niedrig ein und drehen dafür den Lautstärkeregler auf.
Bouncing
Das Zusammenrechnen aller Audiospuren, Effekte und VST Instrumente in eine einzelne Audiodatei. In Cubase VST und Cubasis VST erfolgt das Bouncing über die Funktion Export Audio.

BPM (Beats Per Minute)
Anzahl der Viertel-Noten pro Minute. Maß für das Songtempo im Sequenzer.
Britischer Sound:
Klischeehafte Bezeichnung für Amps, die mit Röhren des Typs EL34 arbeiten und robuster bzw. rauher klingen als die 6L6 Varianten.
Bulk Dump
Das Senden bzw. Abspeichern aller Klangparameter eines MIDI-Geräts.

Bypass
Umgehung eines Schaltkreises in einem elektronischen Gerät. Mit Hilfe eines Bypass-Schalters kann schnell zwischen dem ursprünglichen und dem bearbeiteten Signal hin- und hergeschaltet werden.

C

Cardioid

Richtcharakteristik von Mikrofonen, die bestimmt, welcher Signalpegel in Abhängigkeit von der Mikrofonpositionierung aufgenommen wird. Bei der Nierencharakteristik (cardioid) werden von vorne einfallende Signale aufgenommen und rückwärtige vernachlässigt. Variationen sind Super- und Hyper-Niere. Mikrofone mit Kugelcharakteristik (omnidirektional) nehmen von alle Seiten den gleichen Signalpegel auf.

Channel Fader

Schieberegler zur Einstellung der Kanallautstärke.

Chorus

Wird der auf- und abmodulierende Ton des Vibratoeffekts leicht verzögert und mit dem Original vermischt, ergibt das den den Choruseffekt. Originalsignal und verzögerte Modulation verursachen aufgrund ihrer unterschiedlichen Tonhöhe Schwebungen, der Sound wird „verdoppelt" und breiter (auch in der Mono-Variante). Bei Stereoausführung (seit langem Standard) kann man zwei Amps oder Mischerkanäle (die dann im Panorama weit auseinander gelegt werden) ansteuern. Auf der einen Seite hat man in der Regel den Originalsound, auf der anderen das modulierte Signal. Die Schwebungen entstehen dann praktisch im Raum, was ein klareres und doch deutlich breiteres Stereosignal ergibt. Besonders aufwändige Geräte ermöglichen es sogar, mehrere Choruseffekte zu kombinieren, um noch komplexere Modulationen zu erzielen. Leadsounds bekommen mit einem dezent eingestellten Chorus noch ein bisschen mehr Glanz. Regelbar sind Geschwindigkeit und Intensität, oft auch die Delayzeit, was verschiedene Soundvarianten von weich bis brilliant ermöglich.

Chromatik (griech. „Farbe")

Die Umfärbung diatonischer Stufen, die Hoch- oder Tiefalteration um einen Halbton. Der Begriff Chromatik setzt voraus, dass die siebenstufige Diatonik als Grundbestand des Tonsystems gilt. Durch eine chromatische Stufe (fis in der untransponierten diatonischen Skala) wird ein Ganzton (f-g) in einen chromatischen (f-fis) und einen diatonischen Halbton (fis-g) gespalten. In der harmonisch-reinen Stimmung unterscheidet man zwischen einem großen und einem kleinen chromatischen Halbton, 24:25 und 128:135. Chromatik ist am Sinnfälligsten wenn eine diatonische Stufe und eine ihrer chromatischen Varianten einander unmittelbar folgen, z. B. f-fis oder f-fes. Außer Stufen werden auch Intervalle und Tonleitern als chromatisch bezeichnet. Chromatisch sind alle übermäßigen und verminderten Intervalle. Die chromatische Tonleiter beruht auf der Ausfüllung der siebenstufigen Diatonik durch fünf chromatische Zwischenstufen. In der freien und dodekaphonischen Atonalität gelten die 12 Stufen der Halbtonskala als gleichberechtigt, so dass der Ausdruck Chromatik seinen Sinn verliert.

Chromatischer Tuner

Stimmgerät, das alle 12 Halbtöne einer Oktave verarbeiten kann. Spezielle Stimmgeräte für Gitarre oder Bass können nur für die 6 bzw. 4 Grundtöne dieser Instrumente verwendet werden.

Cinch (RCA)

Unsymmetrische Steckverbindung für analoge Audioverkabelungen hauptsächlich im HiFi-Bereich, die ebenfalls bei der digitalen S/PDIF-Schnittstelle Verwendung findet.

Class A:

Schaltungslayout bei Röhrenamps. Bekanntester Vertreter ist der Vox AC30. Ein warmer, dynamischer Sound, eine durchsetzungsfähige und dennoch cremige Verzerrung sind die herausragenden Eigenschaften mit denen alle Amps dieser Bauart aufwarten können. Da die meisten Amps ohne Mastervolumenregler auskommen, muß man sich allerdings darauf einstellen satt verzerrte Sounds, nur bei absoluter Kampflautstärke geliefert zu bekommen. Nachteil der Class A Technik ist auch der relativ hohe Röhrenverschleiß, der eine regelmäßige Wartung und Austausch der verwendeten Bauteile nach sich zieht.

Class B:

Schaltungslayout bei Röhrenamps. Endstufen, die auf einer Class B Schaltung basieren, bleiben länger clean, eine Tatsache die sie zur idealen Verstärkungsinstanz bei Mehrkanalamps werden läßt.

Clean:

Ist die allgemein verbreitete Bezeichnung für einen sauberen, unverzerrten Klang. Zu viele Mitten sind hier meist unerwünscht, klare Höhen und sauber Bässe dürfen dem Klang de E-Gitarre ruhig auch etwas akustischen Charakter verleihen. Die prägnantesten Cleansounds erhält man, wenn man z.B.

mit einer Strat per DI-Box direkt ins Mischpult geht, die meisten Gitarristen bevorzugen aber einen etwas volleren, wärmeren Clean-Ton. Die wohl bekanntesten Verstärker für gute Clean-Sounds sind der Fender Twin Reverb (Röhre) und der Roland Jazz Chorus (Transistor).

Coaxialverbindung (Digital Interface)
Schnittstelle zur Übertragung digitaler Audiosignale mit standardisierten coaxialen Kabeln. Wird in verschiedensten Anwendungsbereichen genutzt, z. B. Musik- und TV-Bereich.

Constant-Q
Gewährleistet konstante Bandbreiten der Filter unabhängig von der Amplitude und sorgt für präzise Frequenzkorrekturen bei einem Minimum an Phasenverschiebung.

Controller
MIDI-Steuerbefehle zum Verändern von standardisierten Klangparametern (z.B. Lautstärke, Sustain usw.).

Control Room Out
Anschlüsse für die Kontroll-Lautsprecher oder Studio-Monitore, über die man alternativ zu einem Kopfhörer Signale abhören kann.

Crossfader
Schieberegler zum Überblenden zwischen zwei Kanälen. Ist der Crossfader in Mittelstellung, so sind beide Kanäle in gleicher Lautstärke hörbar.

Crossfader Curve-Regler
Mit einem Crossfader Curve-Regler kann die Charakteristik des Überblendvorgangs zwischen den auf dem Crossfader liegenden Kanälen eingestellt werden, d. h. je nach Einstellung werden die einzelnen Kanäle sanfter oder abrupter ein/ausgeblendet.

Crossfader Reverse Switch
Schalter zum Vertauschen der dem Crossfader zugeteilten Kanäle. Bei Betätigung wird Kanal 1 zu Kanal 2 und Kanal 2 zu Kanal 1.

Crosstalk
Das Übersprechen eines Kanals, Signalweges oder Mikrofonsignals in einen benachbarten Kanal, Signalweg oder ein Mikrofon.

Crunch:
Als die Tüftler von Mesa Boogie Ende der 80er Jahre als eine der ersten Firmen ihrem Mk. III Amp einen dritten Kanal spendierten, nannten sie diesen liebevoll lautmalerisch „Crunch". Gemeint ist damit ein Sound, der gerade vom cleanen in den verzerrten Bereich übergeht, aber noch nicht sustainreich singt, sondern eben „cruncht". Gerade für Riffs oder rockige Rhythmen, aber auch für bluesige Soli ist dieser Sound sehr gut geeignet. Die klassische Variante dieses Sounds wird durch das Aufdrehen eines Amps ohne Master Volume erzeugt, in modernen Amps ist meist ein Kanal so ausgelegt, man kann aber durch gefühlvolles Regeln des Gain-Reglers auch im Lead-Kanal Crunch-Sounds erzeugen. Gerade kleinere Amps wie der Vox AC 30 und der Fender Deluxe sind für ihre sehr harmonischen Crunchsounds legendär, aber auch alte Marshalls (ohne Master Volume) liefern diesen Sound (allerdings lauter...).

Curve Control
Regelt die Charakteristik eines Faders, z.B. linear oder logarithmisch.

Cutaway
Ausschnitt am Gitarren-Korpus, damit auch die hohen Lagen des Griffbretts problemlos erreicht werden können.

Cutoff Frequency
Engl. für: Abschneide-Frequenz. Die Cutoff Frequency legt fest, ab welchem Frequenzbereich ein Filter zu wirken beginnt. Bei einem Tiefpassfilter werden alle Klanganteile oberhalb der Filterfrequenz abgedämpft. Bei einem Hochpassfilter werden entsprechend die Klanganteile unterhalb der Filterfrequenz abgedämpft, während die höheren Frequenzen ungehindert passieren können.

D

D/A-Wandler
Gerät bzw. Chip auf Soundkarte, das (der) ein digitales Signal in ein analoges Signal wandelt.

dB
Kürzel für (Dezibel); Einheit für Schalldruck und Lautstärkedefinition.

Dämpfung
Abschwächen des Klanges durch diverse Massnahmen wie Erhöhung des Luftwiderstandes, z. B. durch Schallisolation an den Wänden.

Daisy Chain (engl. „Verkettung")
Hintereinanderhängen von Geräten. Gitarreneffekte werden meist so verkabelt

DAO (Disc At Once)
CD-Recording-Verfahren, bei dem die CD lückenlos und in einem Durchgang beschrieben wird. Essenzielle Voraussetzung zur Einhaltung der Red Book-Spezifikation.

Decay
Abklingzeit, etwa eines Halles

Decke
Oberseite des Gitarren-Korpus mit dem Schalloch. Für die Schwingungs- und Klangentfaltung der Gitarre ist die Decke besonders wichtig.

De-Esser
Gerät oder Algorithmus zur Reduzierung von Zischlauten. Unter Zischlauten versteht man gesprochene oder gesungene Buchstaben wie „S" oder „Z", die später in der Aufnahme störend wirken.

Defragmentieren
Optimierung der Datenanordung auf einer Festplatte. Für Windows und Mac OS gibt es dazu spezielle Tools.

Delay (engl. „Verzögerung, Verzögerer")
Bezeichnung für einen Delay-Prozessor oder für einen Verzögerungsalgorithmus. Die verzögerte Signalwiedergabe ist die Basis für die wichtigsten Modulationseffekte wie Flanger und Chorus sowie für Echo-Effekte. In eionem Delay-Effektgerät wird das Eingangssignal für eine einstellbare Zeit zwischengelagert und dann zum Ausgang geführt. Diese einmalige, zeitverschobene Wiederholung kann durch eine Schleifenschaltung (Feedback) beliebig oft wiederholt werden. Weitere Parameter ermöglichen die Programmierung der Abklingzeit, was zu einem natürlich ausklingenden Echo führen kann. Diverse Geräte können tempomässig über MIDI oder ein manuell eingegebenes Tempo (Tap) gesteuert werden, was rhythmisch genaue Echos ermöglicht. Die meisten Multieffektgeräte bieten eine grosse Zahl vorprogrammierter Delay-Arten an.

DI-Box
Wandelt unsymmetrische Signale (mit hoher Impedanz) in symmetrische Signale (mit niedriger Impedanz) zur Vermeidung von Brummen, Einstreuungen und Impedanzproblemen.

Diffusschall
In jedem Raum entsteht durch Reflexionen Diffusschall, der im Gehör die Raumwahrnehmung mit auslöst.

Digital Audio
Sammelbegriff für digitale, tontechnische Anwendungen zur Aufnahme, Bearbeitung und Wiedergabe von Klängen.

Digital Recording
Aufzeichnen von Audio-Informationen in Form von digitalen Informationen. Als Speichermedium können sowohl Magnet-Bänder (Video-Cassetten, Dat-Cassetten), als auch Festplatten, oder Wechselspeicher-Medien wie Disketten, Zips, MDs oder Smart Media Cards dienen.

Direct-Out
Ausgang, der benutzt wird, um einzelne Kanäle auf eine Mehrspur-Maschine schicken zu können. Die Direct-Outs werden hinter den Vorverstärkern, aber je nach Hersteller-Philosophie vor oder nach den Equalizern abgegriffen. Manchmal wird dem Anwender eine Umschaltungsmöglichkeit für den Abgreifpunkt gegeben.

DirectSound
Von Microsoft entwickelte Treiberarchitektur, die unter anderem zur Optimierung der Latenz von Audio-Hardware dient.

Direktschall
Schallanteil, der den Hörer oder das Mikrofon direkt erreicht.

Distortion
a) Analoger Verzerrungseffekt - wird durch die gezielte Übersteuerung der Vorverstärkerstufe erzeugt. Dadurch werden dem Klang zusätzliche Obertöne zugefügt. Distortion ist ein im Rock- und Metal-Sound fester Bestandteil, der auch digital erzeugt werden kann. b) Gefürchteter Effekt bei einer übersteuerten Aufnahme: Verzerrte Pegelspitzen machen in den meisten Fälle eine Tonaufnahme unbrauchbar.

Drive
Bei Effektgeräten erhöht der Drive (etwa auch Gain genannt) die Verzerrung.

Druckempfänger
Bei einem Druckempfänger ist nur eine Seite der Mikrofonmembran dem Schallfeld ausgesetzt. Die Rückseite der Kapsel ist luftdicht abgeschlossen.

Druckgradientenempfänger
Die Membran eines Druckgradienetenempfängers ist mit beiden Seiten dem Schallfeld ausgesetzt.

Dump
Der Speicherinhalt eines Instruments wird zum Datenaustausch oder zur Sicherung über die MIDI-Schnittstelle an ein anderes Gerät gesendet.

Drumloop
Audiodatei, die eine gesampelte Rhythmusphrase enthält.

DSP (Digitaler Signal-Prozessor)
Spezieller Chip, der eigens für die Erzeugung und Bearbeitung von Klängen entwickelt wurde.

Dynamik
Bezeichnung für den üblicherweise in dB angegebene Bereich zwischen Eigenrauschen und Übersteuerung. Real nutzbar ist allerdings nur der Bereich Nennpegel und Eigenrauschen. Schwankt eine Signalquelle in ihrer „Lautheit", spricht man von einer hohen Dynamik. Die Dynamik der menschliche Stimme ist z.B. sehr hoch. Bereits in einem gesprochenen Satz kann jedes Wort eine andere Lautstärke besitzen. Kompressoren sorgen im Bereich der Tonbearbeitung dafür, diese Lautstärkeunterschiede zu „komprimieren", um die Dynamik zu verringern und die Laustärke auf einen gleichmäßigen Pegel zu bringen. Dadurch wird eine Verständlichkeit und Durchsetzungsfähigkeit erreicht.

Dynamikbandbreite
Die Dynamikbandbreite eines Audiosystems, in Dezibel ausgedrückt, stellt den Unterschied zwischen den minimalen und maximalen Ausgabe Lautstärken ohne Verzerrung dar. Je größer die Bandbreite, desto getreuer die Klangwiedergabe. Was ein einzelnes Instrument betrifft, ist es die Bandbreite vom lautesten bis zum leisesten Ton des Instruments.

Dynamikprozessor
Gerät oder Algorithmus zur Steuerung des Signalpegels und damit des Dynamikumfangs, wie z. B. Kompressor, Limiter oder Expander.

Dynamischer Equalizer
Mit einem dynamischen Equalizer können Frequenzen in Abhängigkeit von der Signalamplitude bear-

beitet werden. Ein dynamischer Equalizer beeinflusst nur die Pegelspitzen, eine permanente Manipulation des Signals wird vemieden.

E

Ebony (engl.)
Holzbezeichnung für Ebenholz.

Echtzeit
Änderungen an Tonhöhe, Klang oder Lautstärke werden genau in dem Moment hörbar, in dem sie vorgenommen werden.

Eckfrequenz
Angriffspunkt eines Filters, ab diesem Punkt beginnt die Filterwirkung, und mit dieser Tonhöhe schwingt es auch bei Selbstoszillation.

Editieren
Bearbeiten von Audiomaterial mit Hilfe von Tools wie Copy- oder Insert-Funktionen. Der Begriff wird auch im Zusammenhang mit dem Anpassen der Parameter von Effekten an bestimmte Einsatzgebiete benutzt.

Editoren
Bearbeitungsfenster, in denen sich MIDI- und Audiospuren detailliert bearbeiten oder korrigieren lassen.

Effekte, Effektgeräte
Geräte (auf ausnahmslos digitaler Basis) oder PlugIns, mit denen Audiosignale veredelt oder verfremdet werden. Bekannte Effekte sind Hall, Echo oder Chorus.

Effekt-Loop
Spezieller Anschluss für externe Geräte, wie Effekt- oder andere Signalprozessoren.

Elektroakustik
Befasst sich mit der Umwandlung des Schalls in elektrische Schwingungen und umgekehrt.

Endstufe
Letzte Stufe einer Audiokette vor den Lautsprechern. Der meist nicht regelbare Verstärker liefert das notwendige Signal für die Lautsprecher, das im normalerweise regelbaren Vorverstärker (z. B. Mischpult) auf den Linienpegel gebracht wird. Immer öfter werden heute Endstufen direkt in die Lautsprecher eingebaut, was den Vorteil hat, dass diese zwei Bausteine optimal auf einander abgestimmt sind. Während bei HiFi-Anlagen die Stereo-Endstufe meist in der Zentraleinheit untergebracht ist, findet man im Hi-End-Bereich und in Beschallungsanlagen getrennte Endstufen, was unter anderem wegen der enormen Wärmeentwicklung und möglicher Trafoeinstreuungen vorteilhaft ist.

Enhancer
Gerät oder Algorithmus zur Aufhellung eines Signals durch dynamische Verstärkung der Obertöne.

Enhanced IDE (Integrated Device Electronics)
Mit diesem Standard schließt man Festplatten und andere Massenspeicher im Computer an.

Enkodieren
Reduzieren der Datenmenge von Audio- und Videoaufnahmen durch den Einsatz verschiedenster Datenkompressions-Verfahren. Zu den bekanntesten Varianten gehört das MPEG 3 (MP3) Format.

Ensemble-Effekt
Erweiterter Chorus-Effekt, der aus einem monophonen Eingangssignal ein stereophones Klangbild erzeugen kann. Kann zum Beispiel einem einfachen Gitarrensignal die gewünschte Weite geben. Schwebungseffekt.

Equalizer
Gerät oder Algorithmus zur differenzierten Klangregelung eines Signals. Kann z. B. zur Erzielung einer spezifischen Klangfarbe, zur Unterdrückung von Störgeräuschen oder zur Vermeidung von Feedback

eingesetzt werden.

Exciter
Gerät oder Algorithmus zur Aufhellung eines Signals durch das Hinzufügen von nicht im Original vorhandenen Obertönen.

Expander
1. Erweitert das Dynamikspektrum eines Signals. Durch eine kontinuierliche Absenkung des Signals beim Unterschreiten eines bestimmten Threshold-Wertes kann Rauschen unterdrückt werden.
2. Bezeichnung für ein MIDI-fähiges Gerät, dessen Klangspeicher über ein Keyboard oder einen Computer angesteuert werden können; überwiegend im 19"-Format.

Expander-Port
Schnittstelle, die das Kaskadieren mehrerer Mischpulte oder den Anschluss an eine größere Konsole erlaubt.

F

Fader
Ein Schieberegler, über den bestimmte Klang- oder Geräteparameter geregelt und ggf. auch über MIDI übertragen werden, um z.B. in einem Sequencerprogramm aufgenommen zu werden.

Feedback
Rückkopplung

Filter
Elektronische Schaltung oder Algorithmus, der bestimmte Frequenzen unterdrückt und andere passieren lässt. Der Wirkungsgrad wird durch die Flankensteilheit bestimmt, z. B. -12 dB/Oktave oder -24 dB/Oktave.

Fingerstyle
Spieltechnik; mit den Fingern spielen, zupfen.

Flanger
Effektgerät oder -funktion aus der Gruppe der Delays. Durch die leicht zeitverzögerte Zweitwiedergabe des Signals entstehen Phasenverschiebungen und periodische Auslöschungen, die zu Klangverfärbungen führen. Flanging ist die extremste Form des Choruseffekts.

Floyd Rose Tremolo
Durch Klemmen der Saiten am Sattel und am Steg so gut wie verstimmungsfreies Tremolo. Größere Veränderungen der Tonhöhe möglich als bei Vintage-Tremolos. Gestimmt wird durch einen Feinstimmer am Steg. Saitenwechsel ist aber nur mit Werkzeug möglich.

Frequenz (Maßeinheit Hertz)
Anzahl der Schwingungen pro Sekunde, Maß für die Tonhöhe.

Frequenzgang
Gibt Auskunft über das Übertragungsverhalten eines einzelnen Audiogerätes oder eines ganzen Audiosystems. Als ideal gilt ein linearer Frequenzgang, der keine Frequenzen anhebt oder absenkt. Sobald Mechanik hineinspielt (Mikrofone, Lautsprecher) wird die Sache wesentlich komplexer. Der Frequenzgang von Mikrofonen und Lautsprechern lässt sich in speziell dafür konstruierten Räumen messen und wird auf einem individuellen Messprotokoll den meisten Produkten beigelegt. Interessant sind meist die Bereiche ganz unten oder ganz oben. Ungeübte Ohren können allerdings erst Abweichungen von etwa 3 dB wahrnehmen. Die Toleranzen bei rein elektronischen Geräten sind wesentlich geringer, und die Frequenzkurven dieser Geräte werden im allgemeinen Datenblatt abgedruckt. Gezielte Veränderungen des Frequenzganges erfolgen mit Filtern.

Frequenzweiche
Ermöglicht das Betreiben unterschiedlicher Lautsprecherarten in einer PA. Sie wird zwischen Misch-

pult und Verstärkern angeschlossen, um das Signal in mehrere Frequenzbänder zu teilen.

Frettless
bundlos; Saiteninstrument ohne Bundstäbchen im Griffbrett.

F-Spaced
Speziell für den Einsatz in Gitarren mit Floyd Rose Tremolos konzipierter Pick-Up. Der Abstand der Pole Pieces wurde hier etwas üppiger ausgelegt, als bei normalen Tonabnehmern, so dass eine perfekte Abnahme der einzelnen Saiten gewährleistet wird. Je nach Hersteller firmiert diese Bauart auch unter dem Bezeichnung Trembucker.

Fuzz
Verzerrereffekt, der analog durch die Übersteuerung eines Verstärkerbausteins (Transistor) und digital durch eine Rechenfunktion (Algorithmus) erzeugt wird. Variante des Distortion-Effekts. Das Originalsignal wird dabei derart übersteuert, dass eine Rechteckwelle entsteht, die den originalen Sound der Gitarre nur noch erahnen lässt. Eine Sustainverlängerung tritt auf, die aber – anders als bei guten Overdrives oder Röhrenverzerrung - nicht langsam ausschwingt, sondern abrupt abbricht, Nebengeräusche sind kein Thema, da praktisch der gesamte Sound mehr Geräusch als Ton ist.

FX-Loop:
Ein Ausgang (preamp out, send) und ein Eingang (main in, return), in den Effekte, die nicht durch die Vorstufenverzerrung verbogen werden sollen, eingeschleift (bitte nicht „geschliffen" sagen!) werden. Modulationseffekt wie Chorus und Flanger gehören hierher, ebenfalls Zeiteffekt wie Delay/Echo und Reverb/Hall. Wichtig ist, dass die Effekte durch das verstärkte Signal nicht übersteuert werden, deshalb haben viele bessere Amps die Möglichkeit, das Signal im Loop abzuschwächen (z.B. –10 dB). Eine weitere Variante ist der parallele Effektweg: Im Gegensatz zum seriellen, wo das komplette Signal die Effektkette durchläuft, wird hier nur ein regelbarer Teil durchgeschickt und dem Originalsignal des Verstärkers zugemischt. Interessant in erster Linie für Studio-/Rackeffekte, bei denen das Direktsignal ausgeblendet werden kann. Das Gitarrensignal durchläuft also den Effekt zu 100 % und wird dann dem Originalsignal zugemischt.

G

Gain-Regler
Mit einem Gain-Regler wird der Pegel eines Musiksignals direkt am Eingang justiert. Gain-Regler ermöglichen eine optimale Aussteuerung und gewährleisten, dass Musiksignale aller Kanäle bei gleicher Fader-Stellung gleich laut sind. Eine Gain-Anpassung kann insbesondere beim Mixen unterschiedlicher Signalquellen (CD/Vinyl) vorteilhaft sein.

Gain/Preamp/Volume Regler
bei Amps mit Mastervolumen: Hier wird die Übersteuerung in der Vorstufe geregelt.

Gameport
An vielen PC-Soundkarten befindliche Steckbuchse, die dem Anschluss von Joysticks dient. Kann über einen MIDI-Adapter zu einem einfachen MIDI-Interface erweitert werden.

Gate
Ähnlich einem Expander vergrößert ein Noise Gate das Dynamikspektrum eines Signals. Das Signal wird jedoch unterhalb eines bestimmten Threshold-Wertes stummgeschaltet. Generelle Verwendung zur Vermeidung von Rauschen und Übersprechen.

General MIDI (GM)
Ein Standard, der die Belegung von Klängen und MIDI-Controllern regelt. Der General MIDI Standard spezifiziert die 128 am häufigsten genutzen Klänge sowie Controller für Effekte und Bankwechsel.

Geräuschspannungsabstand (Fremdspannungsabstand, Rauschabstand)
Pegeldifferenz zwischen Pegel ohne Audiosignal und einem Normpegel.

Gewichtung
Damit ist im Zusammenhang mit Tasteninstrumenten das Gewicht und die Ausbalancierung der Tas-

ten gemeint. Im Idealfall bietet eine gewichtete Keyboardklaviatur die gleichen Spieleigenschaften wie ein Flügel.

Griffbrett
Auf den Hals von Saiteninstrumenten aufgeleimtes Brett, auf das die Saiten beim Spielen gedrückt werden - hierdurch werden die Saiten verkürzt und die Tonhöhe wird verändert.

GS Standard
Erweiterung des General MIDI Standards, entwickelt von der Firma Roland. Der GS-Standard umfaßt vor allem Sound- und Controllerinformationen, die von allen GS-kompatiblen Geräten verstanden werden.

Guitar-to-MIDI-Converter
Wandelt die Tonsignale einer Gitarre in MIDI-Noten um (Pitch, Velocity, Note on). Dadurch lassen sich Gitarren als MIDI-Eingabegerät benutzen. Mitte der 90er Jahre wurde dieses System durch die Firma Roland (in Zusammenarbeit mit Fender): der V-Guitar, der virtuellen Gitarre weiter entwickelt. Ziel der V-Guitar ist es nicht, beispielsweise einen Klarinettenklang über eine Gitarre anzusteuern, sondern vielmehr mit der persönlichen Lieblingsgitarre sämtliche nur erdenklichen Gitarrensounds zu synthetisieren.

H

Hall
Der Nachhall, der durch die Schallreflexionen in einem Raum entsteht, löst in unserem Gehör den Eindruck der Raumgrösse und Beschaffenheit aus. Hall (engl. Reverb) wird in zwei Stufen, in die ersten Reflexionen (Early Reflections) und den diffuseren Nachhall unterteilt. Das Zeit- und Laustärkeverhältnis der ersten Reflexionen vermitteln den Eindruck der Distanz der Schallquelle, der Nachhall erzeugt den Raumeindruck. Pop- und Rockproduktionen werden oft so trocken wie möglich (in gedämpften Studios) aufgenommen; der Hall wird erst bei der Abmischung beigemischt. Somit ist es wesentlich einfacher, aus einer grossen Anzahl von Spuren ein einheitlich klingendes Ganzes zu schaffen.

Hammermechanik
Mechanik, die durch den Druck auf eine Klaviertaste einen Hammer in Bewegung setzt, der die Klaviersaiten anschlägt. Dadurch können sehr vielfältige Ausdrucksmöglichkeiten erreicht werden. In modernen Stage-Pianos oder Masterkeyboards wird in hochwertigen Modellen eine solche Hammermechanik nachgebildet, die etwa Parameter wie Anschlagstärke oder Tasetndruck an die Elektronik weiter gibt.

Hard Bypass
Direkte Verbindung zwischen Eingang und Ausgang eines Gerätes. Bei Stromausfall kann das Signal das Gerät passieren. Einige BEHRINGER-Geräte besitzen eine Relaisgesteuerte Hard Bypass-Funktion.

Harddiskrecording
Verfahren, mit dem Audiodaten auf Festplatte aufgenommen werden.

Harmonizer
Die Rechte für diese Bezeichnung hat eigentlich die Firma Evidente, die diesen Effekt entwickelt hat. Dem Originalsignal wird ein zweites in der Tonhöhe verschobenes (im Gegensatz zu Chorus und Vibrato aber nicht moduliertes) Signal zugefügt. Minimale Verstimmungen (zwischen 5 bis 15 cent) ergeben eine schwebende Verdoppelung, ein vor allem für Vocals heute unverzichtbarer Effekt; auch Gitarren klingen damit gut. Es entsteht ein „Naturchorus" (ähnlich, wie wenn zwei oder mehrere Geigen dieselbe Melodie spielen), der natürlicher und weniger aufdringlich wirkt als ein Choruspedal. Verwendet man Intervalle, kann das ganz extreme Effekte ergeben: Quinten (Trevor Rabins Solo auf „Owner Of A Lownly Heart"), Quarten, Oktaven (siehe Octivider/Octaver) klingen interessant, Terzen besonders schräg. Heute gibt es sogar „intelligente Pitch Shifter", die - passend zur eingegebenen Tonart - eine zweite (oder sogar zweite und dritte) Stimme hinzufügen. Ähnliches macht auch der Vocalizer, der eigens für Gesang entwickelt wurde und z.B. einem Alleinunterhalter ermöglich, seinen eigenen Backgroundchor zu erzeugen. Nur bei Gitarren klingt das nicht so schnell unnatürlich; die einfachste

Methode, auch live ein bisschen Satzgitarre á la Brian May zu spielen! Die verwendete Tonart muss dabei eingestellt werden. Regelbar sind natürlich die Tonhöhe (meist in Grob- und Feinschritten möglich) und die Lautstärke des Effektsignals. Bei „Intelligent Pitch Shiftern" lassen sich zusätzlich der gewünschte Intervall und die Tonart eingeben.

Head
Anderer Begriff für Top-Teil, ein Verstärker, der oben auf der Box steht.

Headless
Gitarre oder Bass ohne Kopfplatte.

Headstock
Kopfplatte der Gitarre

High-Distortion Pick-Up
Tonabnehmer mit besonders hoher Ausgangsleistung. Verhelfen verzerrungsschwächeren Amps zu mehr Power und Distortion.

High-End-Studio
Recording-Studio, das mit besonders hochwertigen und teuren Geräten ausgestattet ist und allen Anforderungen moderner Tonaufnahmen genügt.

Hochpass-/Low-Cut Filter
Senkt tiefe Frequenzen ab, um Störgeräusche zu eliminieren. Generell per Schalter wählbar, manchmal auch als stimmbare Variante vorhanden.

Hochtöner
Speziell für die Übertragung hoher Frequenzen konstruierter Lautsprecher.

Humbucker
Tonabnehmer mit 2 gegenphasig geschalteter Spulen zur Brummunterdrückung.

Hybrid-Amp:
Ein Verstärker der die Vorzüge der Transitortechnik mit den Klangeigenschaften von Röhren kombiniert.

Hypernierencharakteristik
Bezeichnung für eine bestimmte Richtungsabhängigkeit der Empfindlichkeit eines Mikrofons. Für die Abnahme eines Schlagzeugs werden vielfach Mikrofone mit Hypernierencharakteristik verwendet, da sie sehr gut gegen das Übersprechen von anderen Instrumenten abgeschirmt sind.

I

IGC
Interactive Gain Control-Schaltung; begrenzt in zwei Phasen und schützt gegen Übersteuerung ohne Beeinträchtigung der Klangqualität.

IKA
Interaktive Knee Adaptation-Schaltung; kombiniert die Vorteile von Hard Knee- und Soft Knee-Charakteristik für eine „unhörbare" Dynamiksteuerung.

Impedanz
Scheinwiderstand, wichtig für den korrekten Zusammenschluss verschiedener elektronischer Geräte (z. B. Gitarre an Mischpult, Lautsprecher an Endstufe) . Ungeeignete Impedanzwerte können zu Signalverzerrungen, Leistungsverlusten oder gar zu Beschädigungen der Geräte führen.

Impulsverhalten
Die Art und Weise, wie ein Lautsprechers kurze Signalspitzen (Impulse) wiedergibt. Da dies von der Bauart der Membran abhängt und durch deren Trägheit negativ beeinflusst wird, gibt ein gutes Impulsverhalten zumindest einen Anhaltspunkt über die Wiedergabequalität des Lautsprechers.

Inlays
Einlagen; Verzierungen zur Verschönerung des Instruments, oft aus Perlmutt.

Inline
Jeder Kanal eines Inline-Mischpultes hat einen zweiten Signalweg (Mix B) mit verschiedenen Funktionen, der generell als Anschluss für die Ausgänge von Multi-Track-Rekordern genutzt wird.

Insert
Anschlussmöglichkeit für Outboard-Equipment zur Bearbeitung von Signalen. Häufigste Nutzung durch den Anschluss von Dynamikprozessoren oder ähnlichen Geräten, wobei das Signal üblicherweise mit einer symmetrischen Verbindung zum externen Gerät und zurück in den Kanal geführt wird.

Instrument-Level-Signal
Signal eines elektrischen Instruments oder einer ähnlichen Quelle, i. d. R. unsymmetrisch, mit geringem Pegel und hoher Impedanz, das vor einer weiteren Verwendung einer Vorverstärkung bedarf.

Interface
Standardisierte Schnittstelle zum Datenaustausch.

Interferenzen
Direkte Folgen von Frequenzüberlagerungen. Interferenzen können z.B. Radioempfang und Funkverkehr stören.

Intermodulation
Unerwünschte Verfälschungen und Verzerrungen des per Funk übertragenen Signals. Wird meist durch ungünstige Aufstellung der Geräte oder durch andere in der Nähe betriebenen Funkgeräte hervorgerufen.

Insert-Effekt
Bezeichnet einen Effekt, der zwischen einer Audiospur und dem Mischpult eingefügt wird.

Intro
Beginn eines Arrangements. Leitet schrittweise in den Song ein und baut dadurch langsam einen musikalischen Spannungsbogen auf.

Invisible Mic Preamp
Extrem rauscharmer und verzerrungsfreier Mikrofon-Vorverstärker, basierend auf paarweise abgestimmten Transistoren für eine extreme Bandbreite und enormen Headroom.

IRC
Interactive Ratio Control'-Schaltung zur automatischen Regelung der Expansion-Ratio bei Unterschreitung des Threshold-Wertes durch das Signal.

J

Jitter
Zeitbasierter Fehler im digitalen Audiobereich, der durch Verzögerungen unterschiedlicher Komponenten im Signalweg verursacht wird. Technisch betrachtet gibt es verschiedene Arten von Jitter, alle machen sich in Frequenzmodulationen bemerkbar und sind manchmal hörbar.

K

Kammerton
Referenzton (440 Hz), nach dem Instrumente gestimmt werden; kann z. B. in Orchestern geringfügig verschoben werden, eine Erhöhung auf 442 oder 444 Hz lässt den Klangkörper brillanter erscheinen.

Kill-EQ
Funktion von DJ-Mixern, die eine extreme Absenkung bestimmter Frequenzen ermöglicht.
Kill-Schalter

Mit Kill-Schaltern kann man bestimmte Frequenzbereiche stark abdämpfen. Häufig sind pro Kanal drei Schalter für Bässe, Mitten und Höhen vorhanden.

Klangerzeuger
Gerät oder Software, die musikalisch nutzbare Klänge erzeugt.

Klangregelung:
Diese besteht im Normalfall aus Höhen/Treble, Mitten/Mid und Bass. Bei den meisten Gitarrenverstärkern beeinflussen sich die Regler gegenseitig, sodass z.B. ein Aufdrehen der Höhen bewirkt, dass auch der Mittenbereich neu eingestellt werden muss – das ist von Firma zu Firma verschieden. Manche Klangregelungen sind vor der Vorstufe und dienen quasi auch als Verzerrungsregler des jeweiligen Frequenzbereiches, andere hinter der Vorstufe, was eine größere Flexibilität fürs Klangverbiegen bewirkt. Die Auslegung dieser Klangregelung bestimmt den Ampsound maßgeblich, deshalb kopieren moderne Modelingamp-Hersteller auch diese möglichst originalgetreu.

Klirrfaktor
auch THD (total harmonic distortion) genannt: Alle aktiven Elemente in der analogen Signalverarbeitung „verbiegen" die Kurvenform des Signals mehr oder weniger und erzeugen dadurch Oberwellen. Messtechnisch erfassbar sind solche Störungen durch ein definiertes Signal am Eingang (meist sinusförmig) und Analyse des Ausgangssignals

Koaxialer Ein/Ausgang
Digitalschnittstelle zur unsymmetrischen Übertragung eines Stereosignals nach dem S/PDIF-Protokoll über Cinch-Anschlüsse.

Kompressor
Regelt die Lautstärke extrem lauter oder leiser Passagen, begrenzt das Dynamikspektrum von Signalen und erhöht die Präsenz, Dichte und Lautheit.

Kugelcharakteristik
Bezeichnung für eine bestimmte Richtungsabhängigkeit der Empfindlichkeit eines Mikrofons. Mikrofone mit Kugelcharakteristik nehmen Geräusche unabhängig von ihrer Richtung mit der gleichen Empfindlichkeit auf.

L

Latenz
Beschreibt die Verzögerungszeit, die Computer und Audio-Hardware benötigen, um Audiosignale zu erzeugen oder zu bearbeiten.

Lautheit
Andere Bezeichnung für Lautstärke-Eindruck.

Lautsprecher
Gerät zur Umwandlung elektrischer Schwingungen in akustische Schwingungen. Hierzu besitzt der Lautsprecher einen Magneten, an dem die elektrischen Schwingungen anliegen. Durch die wechselnde Polarität des Magneten wird wiederum eine Membran in Schwingung versetzt, die die umgebende Luft mitschwingen läßt. Diese akustischen Schwingungen sind dann hörbar. Lautsprecher können nur einen bestimmten Frequenzbereich wiedergeben. Sie werden daher auch in Bass-, Mitten- und Hochtonlautsprecher unterschieden.

Layer
Layer heißt soviel wie übereinander legen. Mit Layer bezeichnet man zwei Klange, die von der gleichen Tastatur gleichzeitig gesteuert werden.

Lead
a) Leadgitarrist; führender Gitarrist, derjenige, der überwiegend die Solos spielt. b) führende Stimme in einer Notation/Partitur.

LED

Leuchtdiode; dient zur optischen Kontrolle von Parameterwerten.

Leslie-Simulatoren

sind Geräte, die darauf ausgelegt sind, den klassischen Schwebe-Sound eines rotierenden Lautsprechers (Leslie heißt die Firma, die diese speziellen Boxen herausgebracht hat) elektronisch nachzuahmen. Ursprünglich war der Leslie-Speaker für die Verstärkung von Hammondorgeln gedacht, und gehört bis heute zum typischen Rockorgan-Sound dazu. Bald kamen auch die Gitarristen auf den Geschmack, und so ist bei „Something" von den Beatles deutlich eine „Lesliegitarre" zu hören, ebenso wie im legendären Break von Creams „Badge", gespielt von Eric Clapton. Man unterscheidet zwischen analogen und digitalen Effekten. Letztere finden sich in unterschiedlicher Qualität in den meisten Multieffektgeräten. Die wahrscheinlich erste Leslie-Simulation überhaupt wurde von Jimi Hendrix benutzt. Das Univibe wurde sogar eigens für ihn entwickelt und wird heute wieder von verschiedenen Firmen in mehreren Varianten nachgebaut. Dieses Pedal hat jedoch auch einen sehr eigenen charakteristischen Sound, so dass man es nicht wirklich mit heute verbreiteten digitalen Leslie-Simulationen vergleichen kann. Vielleicht kommt es der Sache am nächsten, wenn man den Sound als eine Mischung aus Leslie, Phaser und Stereochorus bezeichnet, auf jeden Fall lässt sich dieser einzigartige Effekt wirklich nur auf diese Weise erzielen.

LFO

Niederfrequenz-Oszillator, englisch: Low Frequency Oscillator. Ein spezieller Oszillator, der besonders langsame Schwingungen erzeugt, die unterhalb der Hörschwelle liegen. Der LFO wird meistens für Steuer- und Modulationsaufgaben benutzt.

Limiter

Begrenzt das Dynamikspektrum an den Pegelspitzen. Die maximale Lautstärke eines Signals wird mit Hilfe eines Threshold-Wertes definiert.

Linearer Frequenzgang

Alle Frequenzanteile eines Audiosignals werden gleichmäßig (linear) laut von einer Audio-Hardware wiedergegeben .

Line In

An Line-Eingänge können Geräte wie CD- und MD-Player sowie Drum Computer angeschlossen werden.

Line-Signal

Signal mit hohem Pegel von CD-Playern, DAT-Rekordern, Synthesizern, Samplern usw., welches vor einer weiteren Verwendung keiner Vorverstärkung bedarf.

Locator

Elektronische Markierung bestimmter Songparts zur Orientierung und zum Eingrenzen zu ersetzender oder zu kopierender Bereiche eines Audio-Tracks.

Longscale

Bezeichnung für E-Bässe mit langer Mensur (langer Hals, große Bundabstände).

Low Boost

Equalizer zur Verstärkung der unteren Frequenzen.

M

Marker

Elektronische Markierung bestimmter Songparts zur Orientierung und zum Eingrenzen zu ersetzender oder zu kopierender Bereiche eines Audio-Tracks.

Mastering

Akustischer und technischer Feinschliff eines fertig abgemischten Musiktitels. Letzter Schritt vor dem CD-Recording.

Master Keyboard

MIDI-Keyboard zum Ansteuern von Soundmodulen bzw. zum Einspielen in den Sequencer. Das Masterkeyboard bietet i.d.R. keine eigenen Klänge, sondern lediglich eine gute Tastatur und ggf. Tasten oder Regler zum Ansteuern von MIDI-Geräten und zum Umschalten von Klängen.

Master-Sektion
Mit der Mastersektion wird der Bereich eines Mischpults bezeichnet, in dem alle Signale zusammenlaufen.

Master Volume:
regelt die Gesamtlautstärke. Wird die Verzerrung in der Vorstufe erzeugt, kann man also auch bei Zimmerlautstärke verzerrt spielen, allerdings klingen die meisten Verstärker schon besser und dynamischer, wenn auch die Endstufe etwas gekitzelt wird. Bei mehrkanaligen Verstärkern kann hier die Lautstärke verändert werden, das Verhältnis der einzelnen Kanäle zueinander bleibt jedoch erhalten.

Megahertz
Einheit für die Taktfrequenz, mit der ein Prozessor betrieben wird. Dient als Merkmal, das Aufschluss über die Rechengeschwindigkeit und Leistungsfähigkeit eines Computers gibt.

Mehrspurverfahren
Bezeichnet die gleichzeitige Wiedergabe mehrerer Spuren und ermöglicht die schrittweise Konstruktion eines Musiktitels.

Melodielinie
Einstimmige, wiedererkennbare Notenfolge, mit der eine bestimmte musikalische Stimmung geprägt wird.

Merger
Ein Gerät, das mehrere MIDI In-Ports anbietet und die Signale dieser Eingänge mischt und auf einen oder mehrere MIDI Out-Ports weiterleitet.

Mic In
An Mic-Eingänge können Mikrofone angeschlossen werden. Mikrofone benötigen i. d. R. eine XLR-Anschlussbuchse und eine entsprechende Vorverstärkung.

MIDI (Musical Instrument Digital Interface)
Seit 1982 bestehender Industriestandard zur Übertragung von Steuerbefehlen für elektronische Musikinstrumente und Studiogeräte.

MIDI-Adapter
Kabeladapter, der den Gameport einer Soundkarte um MIDI-Anschlüsse erweitert.

MIDI-Clock
Zeit- und Tempospezifische MIDI-Ereignisse, die zur Synchronisation von Sequencern benutzt und parallel zum normalen MIDI-Strom übertragen werden. Bei der gleichzeitigen Verwendung zweier Sequencer oder Recorder regelt die MIDI Clock, dass beide gleich schnell ablaufen.

MIDI-Event
Bezeichung für einen einzelnen Befehls-/Datensatz, der per MIDI übertragen wird.

MIDI-Filter
Ein MIDI Filter ist ein Gerät oder eine Software zum Herausfiltern unerwünschter MIDI-Ereignisse.

MIDI-Hardware
MIDI-kompatibles Gerät.

MIDI In
Der Anschluß für eingehende MIDI-Signale. Hier werden die MIDI-Daten empfangen und in dem Gerät verarbeitet.

MIDI-Instrumente
Klangerzeuger, die über MIDI gespielt werden können.

MIDI-Interface
Schnittstelle, die den Anschluss von MIDI-Geräten an den Computer ermöglicht.

MIDI-Kabel
Standard-Kabel zur Verbindung von MIDI-Equipment. Ein MIDI-Kabel darf bis zu 25 Meter lang sein und verbindet den MIDI Out Port einer Datenquelle mit dem MIDI In Port eines Tonerzeugers/Computers bzw. bei verkettetem MIDI-Equipment den MIDI Thru Port eines Tonerzeugers mit dem MIDI In Port eines weiteren.

MIDI-Kanal
Der MIDI-Standard sieht 16 verschiedene Kanäle vor, über die verschiedene Klänge bzw. MIDI-Geräte unabhängig angesteuert werden können. Jedes MIDI-Gerät reagiert auf mindestens einen MIDI-Kanal, moderne Tonerzeuger mit Multimode bieten bis zu 16 Kanäle gleichzeitig an (16-facher Multimode). Um einen bestimmten Kanal nutzen zu können, muß das jeweilige MIDI-Steuergerät (z.B. Keyboard oder Sequencerprogramm) den selben Kanal benutzen, wie der entsprechende Tonerzeuger. Wenn also z.B. ein Keyboards ein Soundmodul ansteuern soll, dann muß der MIDI-Kanal des Keyboards mit dem des Soundmoduls übereinstimmen. Wenn mehrere Tonerzeuger in einer Kette den selben MIDI-Kanal benutzen, erklingt auch auf allen Geräten der Ton. Bei der Verabschiedung des MIDI-Standards vor ca. 20 Jahren dachte man wohl, dass 16 MIDI-Kanäle ausreichend seien. Inzwischen nutzen einzelne Geräte schon sämtliche Kanäle aus und man kann sich nur damit behelfen, indem man ein MIDI Interface mit mehreren separaten Ausgängen benutzt (4 Ausgänge an einem MIDI-Interface bedeuten z.B. 4 x 16 Kanäle) oder einzelne Kanäle stumm schaltet.

MIDI-Keyboard
Klaviatur zum Spielen von MIDI-Tonerzeugern. Kann, muss aber keine eigene Tonerzeugung besitzen.

MIDI Out
Der Anschluß für ausgehende MIDI-Signale. Ein Masterkeyboard oder ein Keyboard/Synthesizer senden über diesen Ausgang MIDI-Signale an einen Klangerzeuger oder Sequencer. Hierfür muß der MIDI Out Anschluß über ein MIDI-Kabel mit dem MIDI In Anschluß der Tonquelle bzw. des Sequencers verbunden werden.

MIDI Thru
Über den MIDI Thru-Port werden die am MIDI In Anschluß eintreffenden Daten unverändert ausgegeben. So ist es Möglich, mehrere Klangerzeuger in einer Kette aneinander zu schließen. Bei mehr als vier Geräten bzw. bei zu langen Kabelwegen kann es jedoch zu Timingproblemen kommen. Zu beachten ist allerdings, dass die MIDI-Geräte an einem Strang auf MIDI-Kanäle reagieren müssen, damit sie nicht gleichzeitig erklingen. Bei modernen Synthesizern und Tonerzeugern sind bereits alle 16 verfügbaren Kanäle von einem Gerät belegt und es müssen ggf. Kanäle deaktiviert oder stumm geschaltet werden, um ein weiteres Gerät im selben Strang unabhängig ansteuern zu können. Auch Sequencerprogramme bieten i.d.R. eine MIDI Thru Funktion, die allerdings etwas anders arbeitet. Über MIDI Thru in einem Sequencerprogramm werden sämtliche am MIDI In Port anliegenden Daten mit den Daten des Sequencerprogramms zusammengemischt und über den/die MIDI Out Ports am MIDI Interface ausgegeben, d.h. die MIDI Thru Funktion im Sequencer ist gleichzeitig auch ein Merger für eingehende Signale und die Informationen im gerade abgespielten Song.

Mikrofon-Level-Signal
Signal mit geringem Pegel und i. d. R. mit niedriger Impedanz, welches vor einer weiteren Verwendung einer Vorverstärkung (mit internem oder Outboard-Mikrofonvorverstärker) bedarf.

Mini Disk
Datenträger im Diskettenformat zum Speichern von bis zu 80 Minuten Musik. Der Klang erreicht fast CD-Qualität.

Mischpult
Gerät, mit dem die Signale mehrerer Tonquellen klanglich bearbeitet und in ein gemeinsames Audiosignal zusammengemischt werden.

Mixdown

Zusammenfassung aller Spuren in einer Mischung. Jede Spur erhält dabei ihre eigenen Equalizer-, Lautstärke- und Effekteinstellungen.

MLAN

Übertragungsstandard sowie Kommunikationsprotokoll für Noten-, Klang- und Audioinformationen, im Jahr 2000 von der Firma Yamaha ins Leben gerufen. MLAN orientiert sich am Firewire-Standard (IE-EE1394) und ist theoretisch um das tausendfache schneller, als MIDI. Während der MIDI-Standard keine Übertragung von Audio-Informationen zuläßt, können über MLAN auch mehrere Spuren mit Gesang, Gitarre o.ä. in Echtzeit übertragen werden. Derzeit gibt es kaum Geräte mit serienmäßiger MLAN-Unterstützung.

Modulation

Synthesizer und Master Keyboards verfügen i.d.R. über ein Modulationsrad oder einen Modulation-fähigen Joystick. Über Modulation kann, ähnlich wie bei Pitch Bend, das Klangverhalten der ange-spielten Noten in Echtzeit beeinflußt werden. Modulation regelt z.B. das Vibrato bei Orgel- und Bläser-klängen oder die Filter Cutoff Frequenz bei Synthesizer-Sounds. Sämtliche Bewegungen am Modula-tionsrad können auch in einem Sequencer aufgezeichnet werden.

Mono-Kanal

In einem solchen Kanal werden die Signale keineswegs nur Mono verarbeitet, sondern es liegt nur ein einzelnes Signal wie beispielsweise ein Mikrofon oder eine Gitarre an. Man kann dieses Signal mit der Klangregelung bearbeiten und über die Aux-Wege nach außen leiten. Der Panorama-Regler be-stimmt, ob der Kanal in der Summe mehr links oder rechts zu hören ist.

Monokompatibilität

Eigenschaft eines Signals, das ohne nennenswerte Qualitätsverluste auch in Mono abgespielt werden kann. Bei Stereomikrofonie und bestimmten Arten der Signalbearbeitung besteht die Gefahr nicht monokompatibler Klangresultate.

Monophon

Mono, eine Vorsilbe aus dem Griechischen, heißt allein, einzeln; phono, ebenfalls griechisch, bedeutet „chall, Laut, Stimme, Ton. Eine monophone Klangerzeugung kann, was schon der Name nahe legt, nur eine Stimme mit einem Klang gleichzeitig erzeugen. Die klassischen Analog-Synthesizer oder Modular-Synthesizer-Systeme waren in der Regel monophon. Heutige monophone Synthesizer wer-den auch als Solo-Synthesizer bezeichnet.

MP3 (MPEG 1 Layer 3)

Vom Fraunhofer Institut entwickeltes Datenreduktionsverfahren für Audiodateien. Im Internet etablier-tes Format zur Distribution von Musik.

MTC

MIDI Time Code. Der MIDI Time Code wird mit dem MIDI-Datenstrom übertragen und dient z.B. zur Synchronisation zusätzlicher Bandmaschinen oder Digitalrecoder. Da der MTC einiges an MIDI-Bandbreite in Anspruch nimmt, sollte er im Sequencer deaktiviert werden, wenn keine Synchronisation benötigt wird.

Multimedia-Software

Programme zur Wiedergabe oder Bearbeitung von Bild, Audio und Video.

Multi Mode

Ein Klangerzeuger mit Multi Mode bietet gleichzeitig unterschiedliche Klänge auf verschiedenen MIDI-Kanälen an. So ist z.B. ein Gerät mit 8-fachem Multimode in der Lage, acht unterschiedliche Klänge auf acht verschiedenen MIDI-Kanälen zu nutzen. Moderne Synthesizer und Soundmodule bieten 16-fachen Multimode, sie nutzen also bereits alle verfügbaren MIDI-Kanäle aus.

Mute

Stummschalten eines Mischpult-Kanals per Schalter.

Musikerportal

Website zur Veröffentlichung der selbstproduzierten Musik und zum Erfahrungsaustausch mit anderen Musikern.

Musikproduktion
Damit ist die gesamte musikalische Aktivität von der Songidee bis zum fertigen Musiktitel gemeint.

N

Nahfeldmonitor
Studioabhörlautsprecher, dessen Schallabstrahlung so konzipiert ist, dass sich ein korrekter Frequenzgang in etwa ein bis zwei Meter Entfernung einstellt. Durch den geringen Abstand zu den Lautsprechern kann von einem geringen Einfluss des Raums auf das Klangbild ausgegangen werden.

Nebengeräusche
Bezeichnet Störgeräusche wie Rauschen oder akustische Einstreuungen durch andere Computerkomponenten, etwa Festplatten.

Netzteile
Versorgen Geräte mit Strom, indem der Wechselstrom in Gleichstrom umgewandelt und auf eine niedrigere Spannung herunter transformiert wird. Man unterscheidet interne und externe Netzteile. Für gute Klangwerte müssen Netzteile in Tonanlagen ausreichende Leistungsreserven aufweisen.

Nichtdestruktive Bearbeitung
Die auf der Festplatte befindlichen Audiodaten verbleiben im Originalzustand, werden also durch die Bearbeitung physikalisch nicht verändert.

Nierencharakteristik
Bezeichnung für eine bestimmte Richtungsabhängigkeit der Empfindlichkeit eines Mikrofons. Die in „Nierenform" vor dem Mikrofon lokalisierten Schallquellen werden bevorzugt aufgenommen. Zwei korrekt positionierte Mikrofone mit Nierencharakteristik ergeben ein gutes Stereoabbild einer akustischen Situation.

Noise Gate
Ähnlich einem Expander vergrößert ein Noise Gate das Dynamikspektrum eines Signals. Das Signal wird jedoch unterhalb eines bestimmten Threshold-Wertes stummgeschaltet. Generelle Verwendung zur Vermeidung von Rauschen und Übersprechen.

Normalisieren
Die Übersteuerung digitaler Medien führt sofort zu Störgeräuschen. Aus diesem Grund behält man sich bei Digitalaufnahmen eine gewisse Reserve in der Aussteuerung vor. Über Normalizing wird später der maximale Pegel (Peak) mit dem maximal möglichen Pegel verglichen. Die Lautstärke des gesamten Stückes (oder markierten Bereiches) wird dann um diese Differenz angehoben.
Der maximale Pegel für digitale Aufnahmen ist 0 dB.

Notch Filter
Der Notch Filter ist ein spezieller EQ mit dem man einen extrem dünnen und tiefen Schnitt in den vorher definierten Frequenzverlauf einbauen kann. Mit dem Notch Filter können störende Frequenzen (z.B. Feedback, Brummschleifen) teilweise oder vollständig eleminiert werden.

O

Oktaver
Spezieller Gitarren-Effekt. Zum Originalsound wird der gespielte Sound 1 oder 2 Oktaven (je nach Ausstattung des Gerätes) tiefer beigemixt bzw. ausschließlich wiedergegeben.

Omni Mode
Ein MIDI-Gerät, das sich im Omni Mode befindet, reagiert auf sämtliche MIDI-Kanäle. Der Omni Mode wird heutzutage kaum noch genutzt.

OMS (Open Music System)
Systemerweiterung für Mac OS, die der Kommunikation zwischen MIDI-Geräten und Apple-Computern dient.
Optical Digital Interface

Überträgt digitale Audiosignale mit Hilfe von Glasfaserkabeln. Signale werden in Licht gewandelt, übertragen und anschließend in digitale Audiosignale zurückgewandelt. Das Format leistet eine Übertragung auch über große Strecken.

Opto-Technologie
Diese Technologie basiert auf Opto-Kopplern und wird in hochwertigen Kompressoren/ Limitern verwendet zur Erzeugung eines 'Vintage' Sounds und zur Verbesserung des Rauschspannungsabstands in Abhängigkeit von den technischen Charakteristiken.

Overdrive
Effektgerät oder -funktion aus der Gruppe der Distortineffekte. Overdrive-Pedale sollen den Klang eines übersteuerten Röhrenverstärkers auch bei geringeren Lautstärken ermöglichen.

P

PAF (Patent Applied For - zum Patent angemeldet)
Legendärer Tonabnehmer (Humbucker) von Gibson aus der 50er-Jahren.

Panic Funktion
Funktion in vielen Sequencerprogrammen und Synthesizern, um auf allen Kanälen die MIDI-Noten stumm zu schalten.

Panorama
Durch zwei Lautsprecher abgebildetes Stereobild oder Parameter eines elektronischen Geräts zur Positionierung eines Signals im Stereobild.

Parameter
Veränderliche Größe eines elektronischen Geräts, z. B. Tonhöhe, Filterfrequenz, Lautstärke usw.
Parametrischer EQ
Im Gegensatz zum Graphic EQ, bei dem Mittenfrequenz und Bandbreite fest sind, erlaubt ein parametrischer EQ die Einstellung der Mittenfrequenz, Bandbreite und Amplitude für jedes Frequenzband.

Partitionen
Unterteilung der Datenbereiche einer Festplatte. Jede Partition verfügt über eine eigene Laufwerkskennung.

Parts
Einzelne Abschnitte einer MIDI- oder Audiospur.

Patchbay (Steckfeld)
Man kann auf dessen Rückseite verschiedene Ein- und Ausgänge von Mischpulten, Effektgeräten und Synthesizern anschließen, die auf der Vorderseite mit kurzen Patch-Kabeln verbunden werden.

Patcheditor
Software, mit deren Hilfe die Instrumentenklänge der MIDI-Tonerzeugung einer Soundkarte ausgetauscht oder bearbeitet werden.

Patches
Fertiggestellte Effekteinstellungen.

Pattern
Sich ständig wiederholende („geloopte") Kombination von mehreren Spuren / Parts im Sequenzer oder Drumcomputer. Die Abfolge mehrerer Pattern bildet einen Song.

PC Card (frühere Bezeichnung: PCMCIA)
Standardisierter Steckplatz, um mobile Computer mit Hardware-Zubehör zu erweitern.

PCI-Bus (Peripheral Component Interface)
Steckplatz (Bus) für rechnerinterne Erweiterungskarten im PC oder Mac.

PCMCIA (Personal Computer Memory Card Industry Association)
Ursprünglich für die Speicherkartenerweiterung von Laptops vorgesehene Schnittstelle, die heute beispielsweise auch bei digitalen Signalprozessoren anzutreffen ist.

Peak
Kurzzeitige Pegelspitze.

PFL (Pre Fader Listening, engl.: vor dem Fader abhören)
Mit dieser Funktion kann man die aktivierten Kanäle auf dem Kopfhörer hören, ohne dass diese von der Stellung des Kanal-Faders beeinflusst werden. Da bei der PFL-Funktion die anderen Kanäle nicht verändert werden (siehe Solo-Funktion), wird diese zur Kontrolle während eines Konzerts oder einer Aufnahme benutzt.

Phantomspeisung
Kondensatormikrofone benötigen eine Stromversorgung, um intern Ladungen zu trennen und zur Versorgung des internen Vorverstärkers. Phantomspeisung wird generell von Outboard-Mikrofonvorverstärkern oder von Mischpulten zur Verfügung gestellt, dabei wird die Verbindung des symmetrischen Signalweges genutzt.

Phaseninvertierung
Drehung der Phase des Audiosignals um 180° zur einfachen Korrektur von Phasenproblemen, wie z. B. Frequenzauslöschungen, die bei Verwendung mehrerer Mikrofone oder durch fehlerhafte Verbindungen entstehen können.

Phasenverschiebung
Der zeitliche Unterschied zwischen zwei Schwingungen bzw. deren Nulldurchgängen wird als Phasenverschiebung bezeichnet. Dadurch können positive und negative Halbwellen aufeinandertreffen. Da sich diese gegenseitig auslöschen können, kann es zu Pegelverlusten führen. Im Extremfall löschen sich die Signale total aus. Deshalb sollte man bei seinen Mixes immer darauf achten, dass sie auch Mono gespielt noch o.k. klingen. Hier werden dann nämlich die Auswirkungen der Phasenverschiebung besonders deutlich. Deshalb im Mixer immer mal wieder auf Mono stellen.

Phaser
Effektgerät oder -funktion aus der Gruppe der Delays. Ähnlicher Effekt wie der Flanger, das Phasing verursacht jedoch weniger starke Veränderungen. Flanger und Phaser modulieren stärker als Choruspedale. Es sollen Phasenverschiebungen imitiert werden, die entstehen, wenn man ein identisches Signal gleichzeitig auf zwei Bandmaschinen synchron laufen lässt und dabei eine der Spulen immer wieder etwas bremst. Der Phaser-Effekt kann wie ein gleichmäßig bewegtes Wah Wah klingen, bei dezenten Einstellungen aber auch wie ein Leslie-Rotorkabinett. Regelbar sind Geschwindigkeit, Intensität und Feedback.

Phono In
Phonoeingänge sind nur für den Anschluss von Plattenspielern geeignet. Sie beinhalten einen Vorverstärker und einen sogenannten Entzerrer, die zur Wiedergabe von Phonosignalen benötigt werden.

Phono-Signal
Das Signal von Schallplattenspielern benötigt eine hochempfindliche Vorverstärkung mit Frequenzkorrektur. Ein Phono-Eingang kann nicht für Line-, Instrumenten- oder Mikrofonsignale verwendet werden.

Pickguard
Schlagbrett bei der Gitarre zum Schutz des Lacks.

Pick-Up (engl. „to pick up" = abgreifen)
Tonabnehmer bei der E-Gitarre bzw. dem E-Bass; Elektromagnetischer Tonabnehmer wandelt die Schwingungen einer Saite in einen elektrischen Strom um, der über einen Gitarrenverstärker hörbar gemacht werden kann.

Piezo
a) Tonabnehmer, der mit Piezokristallen die Schwingungen am Steg gleichmäßig abnimmt und in

elektrische Schwingungen umwandelt. Der Piezo-Tonabnehmer wird meistens unter der Stegeinlage eingesetzt. b) Hoch-, Mitteltonhorn auf Kristallbasis.

Pitch Bend
Veränderung der Tonhöhe über ein entsprechendes Rad oder über einen Joystick am Synthesizer bzw. Masterkeyboard.

Pitch Shift
Algorithmus zur Veränderung der Tonhöhe eines Audiosignals ohne Längenveränderung. Mit geeigneten Filtern bleibt der Klangcharakter des Originalsignals erhalten.

PlugIns
Software-Module, die allein für sich nicht lauffähig sind, sondern einen Sequenzer um neue Klangerzeuger oder Effekte ergänzen.

Polyphonie
Die Polyphonie gibt an, wie viele Stimmen an einem elektronischen Instrument (Synthesizer, Keyboard, Drum Machine) gleichzeitig gespielt werden können. Wenn z.B. von einer 32-stimmigen Polyphonie die Rede ist, dann bedeutet das im Prinzip, daß 32 Tasten gleichzeitig gespielt werden könnten - wird eine weitere Taste angeschlagen, verstummt die zuerst angespielte Taste.

Potentiometer (kurz: Poti)
Dreh-, Schiebewiderstand zur Regelung von Lautstärke, Klang usw.

Power Amp/Endstufe
Leistungsverstärker ohne weiter gehende Regelmöglichkeiten. Hier wird das Signal auf die gewünschte Endlautstärke gebracht. Letzte Stufe einer Audiokette vor den Lautsprechern.

Power Amp/Endstufe:
Hier arbeiten bei Röhrenamps die Endstufenröhren und verstärken das Signal, das aus der Vorstufe kommt, auf die gewünschte Endlautstärke. Werden diese Endstufenröhren sehr laut angefahren, geraten sie in die Sättigung und erzeugen den klassischen verzerrten Rocksound. Diese Art der Verzerrung ist natürlich mit einer hohen Lautstärke verbunden, ist aber für den typischen Rocksound nach wie vor die geeignetste Methode. Den typischen „punch" und die Dynamik kann mit reiner Vorstufenverzerrung einfach nicht erreichen - (siehe Preamp). Eine gute Lösung für Gitarristen, die mit Endstufenverzerrung arbeiten wollen, auf Gehörschäden und hysterisch fuchtelnde Clubbesitzer und Bandkollegen aber verzichten können, sind kleinere, leistungsschwächere Röhrenamps – weniger ist hier (wie so oft) mehr!

Preamp/Vorstufe:
Nach dem Eingang (Klinke) die erste Stufe, die das Gitarrensignal durchläuft. Das ist technisch ein bisschen vereinfacht ausgedrückt; eigentlich sind es mehrere Stufen: Bei Amps ohne Master, wo die Verzerrung nur in der Endstufe erzeugt wird, reichen 2 „gain stages", für klassischen Crunch 3, moderne High Gain Amps haben schon 5. Ursprünglich sollte das Signal hier nur auf einen Level verstärkt werden, mit dem die Endstufe dann arbeiten kann, um es schließlich auf die gewünschte Lautstärke zu bringen. Da die Rockgitarristen in den späten 60ern und 70ern aber immer mehr Verzerrung für ihren typischen Sound wünschten und diese mit einer extremen Lautstärke verbunden war, kamen findige Köpfe wie Randy Smith, der mit seinen Mesa Boogie Amps (die mehrere Vorstufen hintereinander kombinieren – die sogenannte „cascade"-Schaltung) sehr erfolgreich wurde, auf die Idee, bereits in der Vorstufe Verzerrung zu erzeugen, und so den gewünschten Sound auch bei Zimmerlautstärke erzeugen zu können. Der Amp verfügt dann über einen Preamp- oder Gain-Regler für die Vorstufe (hier wird die Verzerrung definiert) und einen Master-Regler, mit dem die Endstufenlautstärke begrenzt wird. Viele Gitarristen ziehen allerdings die Enstufenverzerrung eines voll aufgedrehten Röhrenamps ohne Master der dünneren, „fuzzigeren" und komprimierteren Vorstufenverzerrung vor, sehr häufig wird auch eine mäßig verzerrende Vorstufe mit einer in die Sättigung gefahrene Endstufe kombiniert. Auch der Musikstil spielt hierbei eine große Rolle.

Presence-Regler
Diese in vielen Amps vorhandene Regler stellt eine Besonderheit dar, weil er hinter der Endstufe sitzt und hier sehr effektiv das Höhenverhalten dieser bestimmt. Die meisten Gitarristen finden „ihre" Einstellung und belassen den Regler dann so.

Program Change
Standard MIDI-Befehl zum Umschalten von Klängen. Pro MIDI Kanal kann nur ein Klang aus maximal 128 ausgewählt werden. Bei Geräten mit mehr als 128 Klängen kann mittels Bank Select zwischen unterschiedlichen Soundbanken gewechselt werden.

Prozessor
Hochkomplexe Recheneinheit, die sich in einem Chip befindet. Sozusagen das Gehirn eines Computers.

Punch In/Out
Aufnahmeverfahren bei dem in Aufnahmespuren an vorher gekennzeichneten Stellen automatisch oder per Tasten- oder Fußschalterdruck einsteigt.

Q

Quantize
Korrekturfunktion des Sequenzers. Noten, die außerhalb des gewünschten rhythmischen Rasters liegen, werden automatisch angepasst.

R

RAM (Random Access Memory)
Bezeichnung für den Arbeitsspeicher eines Computers.

Ratio
Bezeichnet die Stärke der Kompression also die Verminderung des Pegels nach Überschreitung des Threshold-Wertes. Eine Ratio von 4:1 bedeutet, dass eine Erhöhung des Audiosignals um 4dB nur zu einer Erhöhung des Ausgangssignals um 1dB führt.

Receiver
Empfänger; wandelt das hochfrequente Funksignal möglichst originalgetreu wieder in ein Niederfrequenzsignal um.

ReCycle
Software-Tool, mit dem das Tempo von Drumloops und ähnlichen Samples verändert werden kann.

Reifchen
Bei akustischen Instrumenten wie Gitarre und Geige werden Decke und Zargen mit hölzernen Winkeln verleimt. Die Reifen werden zur Vergrößerung der Verleimflächen von Decke und Boden am Rand eingesetzt.

Release
Als Parameter eines Dynamikprozessors bestimmt der Release-Wert die Zeit, in der das Signal nach dem Unterschreiten der Einsatzschwelle (Threshold) weiter bearbeitet wird.

Red Book
Von Sony und Philips entwickelte Spezifikation, die das Format einer Audio-CD beschreibt.

Refrain
Wichtiger Arrangement-Abschnitt, der das musikalische Thema eines Songs trägt. Sorgt für Wiedererkennung und basiert in der Regel auf einer eingängigen Melodielinie.

ROM-Speicher
Read Only Memory; Speicher-Chip, in dem die Daten unveränderlich abgelegt sind, man kann sie nur (aus)lesen. In Samplern z. B. sind die Wellenformen, aus denen die einzelnen Sounds bestehen, in einem solchen bleibenden Speicher (ROM) abgelegt. Die Größe dieses Speichers bzw. der Kompressionsgrad des Audio-Materials entscheidet über die Klangqualität.

Rosette

Kreisrunde Verzierung rundum das Schalloch einer akustischen Gitarre.

Rosewood (engl.)
Holzbezeichnung für Palisander oder Rosenholz.

Routen
Diese Bezeichnung benutzt man als Synonym für Verkabeln oder Verschalten.

Rückkopplung (Feedback)
Rückführung des Ausgangssignals auf den Eingang eines Übertragungssystems. Die als Pfeifton hörbare, akustische Rückkopplung entsteht, wenn ein von Lautsprechern ausgegebenes Signal von Mikrofonen aufgenommen, verstärkt und erneut aufgenommen wird. Sie kann eine Beschädigung von Verstärkern und Lautsprechern verursachen.

S

Sampler
Elektronisches Instrument, das die Aufnahme und Weiterverarbeitung von Samples (engl. „Kostproben") erlaubt. Samples können auch Stellen aus anderen Musikstücken sein.

Sampling-CD
Zur Integration in eigene Musiktitel dienendes Sound-Archiv mit digitalisierten Musikphrasen, Drumloops, Gesangsaufnahmen, Instrumenten oder Naturklängen.

Sattel
Eingelassene Querleiste als Übergang zur Kopfplatte mit Einkerbungen zur Führung der Saiten. Der Sattel beendet den schwingenden Teil der Saite. Durch Barré und Kapodaster wird ein die Saitenlänge verkürzender „künstlicher" Sattel geschaffen.

Schneiden
Entfernen nicht benötigter Segmente aus einer Audio- oder MIDI-Aufnahme.

Schwingung
Luftbewegung, die von klingenden Körpern ausgeht und als Töne wahrgenommen werden.

SCMS (Serial Copy Managing System)
Verhindert die Vervielfältigung digitaler Medien (DAT, CD, MD) mit Hilfe eines „Copy Prohibit Bit", welches nur eine einzige digitale Kopie gestattet.

SCSI (Small Computer Systems Interface)
Mit diesem Standard schließt man Festplatten und Endgeräte wie Scanner oder auch Sampler am Computer an.

Send-Effekt
Bezeichnet einen Effekt, der mehreren Spuren gleichzeitig zur Verfügung steht.

Sender
Moduliert die von der Mikrofonkapsel erzeugten Schwingungen in ein hochfrequentes Signal, das von einem Receiver empfangen werden kann. Es gibt Handsender, in denen die Mikrofonkapsel und der Sender im gleichen Gehäuse untergebracht sind und Bodypacks, welche durch ein Kabel mit dem Mikrofon verbunden sind und in der Tasche oder an einem Clip möglichst unauffällig untergebracht sind.

Sequencer
Gerät bzw. Software zur Aufnahme und Wiedergabe von MIDI-Informationen, wie z.B. Noten- und Klangdaten. Hardware-Sequencer sind unabhängige Geräte, die sich durch ihre Portabilität auszeichnen, allerdings deutlich weniger Funktionen anbieten, als Software-Sequencer. Auch einige Keyboards oder Synthesizer Workstations enthalten eingebaute Hardware Sequencer. Software-Sequencer laufen auf PC- oder Macintosh-Computern und zeichnen sich vor allem durch ihre komfortablen Schneide-, Mixing- und Nachbearbeitungsfunktionen aus. Moderne Software-Sequencer unter-

stützen neben MIDI-Informationen auch Audio-Daten, wie z.B. Gesang. Des weiteren bieten gute Sequencerprogramme komfortable Bearbeitungsfunktionen für MIDI-Daten (z.B. mit Notendarstellung) und Audio-Informationen (z.B. mit Wellenformbearbeitung, Surround etc.).

Shortscale
Bezeichnung für E-Bässe mit kurzer Mensur (kurzer Hals, geringe Bundabstände).

Side Chain
Erlaubt das Einschleifen eines externen Signals oder eines Gerätes zur exakten Bestimmung, wann und wie die Dynamikbearbeitung erfolgen soll. Bereitstellung eines Anschlusses für das externe Gerät und häufig verschiedene Regler und Monitoring-Funktionen.

Signal-Rausch-Abstand
Differenz zwischen eigentlichem Signal und Störgeräuschen (Rauschen). Die Angabe erfolgt in dB.

Single Coil
Einspuliger Tonabnehmer, mit charaktervollem Sound und überragender Dynamik. Im Normalfall etwas geringere Ausgangsleistung als ein Humbucker.

Slotted Headstock
Durchbrochene Kopfplatte bei einer Konzertgitarre.

Smart Media Card
Kompaktes Wechsel-Speichermedium zum Einsatz in digitalen Kameras oder Audio-Recordern.

SMPTE (Society of Motion Picture and Television Engineers)
Diese Gruppe legt die Standards für Film und Video fest und hat mit SMPTE einen Standard u.a. zum Synchronisieren von (analogen) Bandmaschinen geschaffen. Da die Aufnahme von analogem Material (z.B. Gesang, Gitarre) immer häufiger über den Computer abläuft, wird die Synchronisation von Bandmaschinen über SMPTE heutzutage nur selten genutzt. Bei SMPTE kann eine Bandmaschine oder ein analoger Recorder über ein SMPTE-Interface (meist in höherwertige MIDI-Interfaces integriert) angeschlossen werden. Auf einer Spur des Recorders wird dann ein Time Code aufgenommen, nach dem sich dann beim Abspielen des Bandes ein Sequencer richtet und im richtigen Moment bzw. im richtigen Tempo MIDI-Daten abspielt.

SMT (Surface Mount Technology)
Subminiaturbauteile erlauben eine maximale Packungsdichte, präzise Positionierung, höchste Zuverlässigkeit und reduzierte Maße und Kosten.

Soap Bar
Single Coil Pick-Up in speziellem Design, zu finden in Les Paul-Modellen, besonders der Goldtop-Serie.

Soft Mute
Spezielle Schaltung zur Vermeidung von Schaltgeräuschen im Zusammenhang mit dem Einschalten von Phantomspeisung.

Software Editoren
Spezielle Programme, die das komfortable Editieren und Archivieren per MIDI ermöglichen.

Solo
a) Funktion von Mischpulten, mit der einzelne Signale meist zu Kontrollzwecken separat abgehört werden können; b) hervorgehobenes Spiel eines Einzelmusikers.

Songtempo
Beschreibt die Geschwindigkeit, in der die Noten eines Musiktitels wiedergegeben werden. Wird vom Musikstil bestimmt und in BPM angegeben.

Soundkarte
PC-Steckkarte, mit der Audiosignale aufgenommen und wiedergegeben werden. Soundkarten enthalten oftmals auch einen MIDI-Klangerzeuger.

Sounds

Andere Bezeichnung für Instrumentenklänge.

S/PDIF Sony/Philips Digital Interface Format
Consumer-Standard bei der Übertragung digitaler Daten. Unsymmetrische Schnittstelle mit Cinch-Anschlüssen.

Speaker:
Das letzte (und nicht unwichtigste) Glied in der Soundkette. Ein und derselbe Verstärker kann mit verschiedenen Lautsprechern/-kombinationen völlig verschieden klingen. Die Auswahl an verschiedenen Speakern ist so groß, dass sich hier ein eigenes Special aufdrängt, für Gitarrensounds ist auf alle Fälle der 12"-Speaker Standard. Aber auch 10" oder 15" Speaker sind zu finden. Eine 4x12-Box klingt ganz anders (gerade bei Kollegen der härteren Gangart ist das die amtliche Box) als ein hinten halb offenes 2x12-Gehäuse oder der typische 1x12-Combosound.

Speaker Simulation
Digitales Nachempfinden der Klangeigenschaften von Gitarren- bzw. Bass-Boxen.

Split
Hierbei wird der Tastaturbereich in zwei (oder mehr) Teile unterteilt, es gibt einen Upper-Sound (oberer, höherer Klang) und einen Lower-Sound (tieferer Klang). Die Taste oder Midi-Notennummer, bei der die Teilung stattfindet nennt sich Splitpunkt, und ist i.d.R. frei wählbar. Sinn der Sache ist es, mit der linken Hand einen anderen Sound steuern zu können als mit der rechten.

Splitting
Bei einem Humbucker wird eine der beiden Spulen kurzgeschlossen, so dass der Tonabnehmer im Singlecoil-Modus arbeitet.

Spuren
Spuren sind die Träger für einzelne Musikbausteine und enthalten MIDI- oder Audiodaten.

Stack (Stapel):
engl. Bezeichnung für die Kombination Topteil und Box.

Stacked
Bei gestackten Humbuckern werden die Spulen nicht -wie üblich- nebeneinander angeordnet, sondern übereinander gestapelt. So wird das Format eines Singlecoil Pick-Ups erreicht.

Stage Piano
Ein Stage Piano ist der transportable Bruder des Digitalpianos; es bietet zwar keine (fest eingebauten) Pedale und i.d.R. weniger Klänge als der Wohnzimmerbruder, lässt sich dafür aber auch gerne mal mit zum Gig nehmen.

Standard
Bezeichnet ein einheitliches und herstellerunabhängiges Verfahren.

Step-Sequenzer
Gerät oder Software-Funktion zum intuitiven Finden und experimentellen Erstellen von Melodielinien oder Rhythmusphrasen.

Stereo-Kanal
In ihm sind zwei Mono-Kanäle zu einem Stereo-Kanal zusammengefasst. In der Regel schließt man hier Stereo-Geräte wie beispielsweise Synthesizer an, die ja eine gemeinsame Bearbeitung von linken und rechtem Kanal erfordern.

Stereo-Panorama
Durch zwei Lautsprecher oder im Kopfhörer abgebildetes stereophones Klnagbild oder Parameter eines elektronischen Geräts zur Positionierung eines Signals im Stereobild.

Strophe
Bezeichnung der musikalisch entspannten Passagen zwischen den Refrains.

Studioequipment
Allgemeine Bezeichnung für Geräte, die sich in einem Musikstudio befinden. Dazu gehören unter anderem Mischpulte, Effekte und Synthesizer.

Studioumgebung
Die Gesamtheit aller für eine Musikproduktion benötigten Geräte, beispielsweise Mischpult, Instrumente und Effekte.

Subgruppe
Stellt eine Art Summen-Fader vor dem Master-Summen-Fader dar. Über Zuordnungs-Schalter in den einzelnen Kanälen kann man Signale auf verschiedene Subgruppen leiten und diese gemeinsam in der Laustärke regeln, bevor sie auf die Master-Summe gelangen. Subgruppen eigenen sich sehr gut, um beispielsweise ein Schlagzeug zu summieren, Man stellt alle Kanäle im gewünschten Verhältnis zueinander ein und ordnet diese einer Subgruppe zu. Möchte man nun das gesamte Schlagzeug lauter oder leiser regeln, müssen nicht alle Kanal-Fader einzeln bewegt werden, wobei das gewünschte Lautstärkeverhältnis unter Umständen verloren geht; es reicht ein Griff zur Subgruppe, um die gewünschte Lautstärke einzustellen. Subgruppen eignen sich aber auch für Keyboards, Backround-Vocals oder Bläser. Sind die Subgruppen mit eigenen Ausgängen ausgestattet, kann man diese im Studio zu einer Mehrspur-Maschine leiten und durch Zuordnen einzelne Kanäle per Subgruppe direkt den Aufnahmespuren zuordnen. Haben die Subgruppen eigene Insert-Buchsen, kann man verschiedene Signale mit einem Effekt bearbeiten, der sich nicht über den Aux-Weg betreiben lässt (beispielsweise ein Kompressor). Da die meisten Mischer keinen Zuordnungsschalter für jede Subgruppe haben, findet man diese in der Regel paarweise beschriftet (1-2, 3-4, 5-6, 7-8). Drückt man einen der Schalter, wird das Signal gleichmäßig auf beide Subgruppen verteilt, und erst durch Regeln am Panorama-Poti kann eine einzelne Gruppe separat angesprochen werden. In der Regel wird die ungerade (odd) Subgruppe bei Linksanschlag des Panorama-Potis angesprochen, bei Rechtsanschlag die gradzahlige.

Sub-Mischer
Einfacher Mischer, der verschiedene Signale in einer Vor-Mischung zusammenfasst und als Stereo- oder Mono-Summe an den Hauptmischer gibt.

Supernierencharakteristik
Auch als „Superkardioid" bezeichnete Richtungsabhängigkeit der Empfindlichkeit eines Mikrofons, bei der der Schall vorzugsweise von vorne und weniger von der Seite aufgenommen wird. Schall, der von hinten auf das Mikrofon auftrifft, wird weitgehend ausgeblendet.

Sustain (engl. sustain = aushalten)
Aushaltephase, Dauer eines Tones.

Symmetrisch
Symmetrische Verbindungen nutzen drei Leiter, einen für die positive, einen für die negative Phase des Signals und einen für die Erdung. Dies gewährleistet ein Höchstmaß an Sicherheit gegen Brummen und Einstreuungen. Servosymmetrische Verbindungen erreichen dies elektronisch, während galvanisch isolierte Verbindungen auf einem Übertrager basieren.

Synchronisation
Laufen zwei oder mehr unterschiedliche Geräte genau zeitgleich und parallel zueinander, so spricht man von Synchronisation.

Synthesizer
Musikinstrument, mit dem sich Klänge elektronisch erzeugen und vielfältig manipulieren lassen.

SysEx
Abkürzung für „systemexklusive Daten". MIDI-Datenformat, das die Übertragung von Klangprogrammen und Systemdaten über die MIDI-Schnittstelle ermöglicht.

T

Talkback
Erlaubt einem Tontechniker, mit den Musikern oder dem Publikum Kontakt aufzunehmen. Die Funktion beinhaltet häufig ein im Mischpult integriertes Mikrofon und/oder verschiedene Routing-Optionen sowie einen Lautstärkeregler.

Talkover
Ähnlich wie Talkback erlaubt diese Funktion z. B. einem DJ, mit dem Publikum zu kommunizieren. Eine automatische Talkover-Funktion senkt die Lautstärke der Musik automatisch ab, wenn das Mikrofon benutzt wird.

Tape Out
Ausgang am Mischpult, an dem ein Aufnahmegerät zum Mitschneiden des Sets angeschlossen werden kann.

Threshold
Wählbare Einsatzschwelle, bei der eine signalbearbeitende Funktion, etwa eines Kompressors/Limiters, aktiviert wird.

Tiefpass-/High Cut-Filter
Senkt hohe Frequenzen ab, um Störgeräusche wie Rauschen zu eliminieren. Generell per Taster wählbar, manchmal auch als stimmbare Variante vorhanden.

Toolbox
Menü, das der Auswahl von Bearbeitungswerkzeugen zum Arrangieren und zur Detailbearbeitung in den Editoren dient.

Tone-Wheel-Generator
Elektro-mechanisches Bauteil, dass den typischen Klang der Hammond-Orgel erzeugt.

Track
Tonspur, Aufnahmespur

Track Bouncing
Das Zusammenfassen von mehreren Tracks auf einer Mono-Spur bzw. zwei Stereo-Tracks zwecks Erweiterung der Aufnahmekapazität.

Transistor:
Kam Ende der 60er Jahre auf, setzte sich aber trotz vieler technischer Vorteile (kein Röhrenwechsel, höhere Zuverlässigkeit bei mehr Servicefreundlichkeit, geringeres Gewicht, deutlich günstiger) nie ganz gegen die alten Warmluftbereiter durch. Das liegt in erster Linie an den akustischen Eigenschaften (und die interessieren den Musiker natürlich am meisten). Im Vergleich zu typischen Röhren-Amps klingen Tranistorverstärker eher kalt und zu sauber (was cleane Sounds betrifft haben sich einzelne Modelle daher schon einen gewissen Ruf gewinnen können, allen voran der Roland Jazz Chorus, der mit seinem eingebauten Choruseffekt maßgeblich für den Siegeszug diese heute beliebtesten Effektes verantwortlich ist), und die typische Transistorverzerrung klingt im Vergleich eher grausam. Heute lässt sich diese Sicht nicht mehr ohne weiteres aufrecht erhalten, denn schon bevor es Modelingamps gab, wurden auch Transistorverstärker gebaut, die den Röhrenvorbildern schon sehr nahe kommen. Auch die sogenannten Hybrid-Amps (Röhrenvorstufe und Transistor-endstufe, seltener umgekehrt) sind sehr beliebt, in der Vorstufe wird mit Röhrenverzerrung gearbeitet, auf Grund der Transistorendstufe bleibt der Amp aber angenehm leicht.

Transportfeld
Zentrales Bedienelement im Sequenzer. Dient unter anderem dem Aufnahme- oder Wiedergabe-Start und ermöglicht die Navigation durch das Arrangement.

Transpose (engl: transpose = verschieben)
Die Transponierungs-Schalter oder -Regler verschieben die gesendete Tonhöheninformation bzw. Tastennummer um einen in Halbtonschritten einstellbaren Wert gegenüber dem auf der Tastatur gespielten Wert. So kann z.B. ein Musikstück, das in der Tonart E-Dur erklingen soll, auf der Tastatur in C-Dur eingespielt werden. Oktav-Schalter (englisch: *octave shift*) verschieben die Sendedaten gegenüber den eingespielten um eine oder mehrere Oktaven nach oben oder unten (*octave up/down*). Das

ist für Tastaturen mit kleinem Umfang nötig, um auch die Tonhöhendaten zu erzeugen, die außerhalb des eigentlichen Tastaturumfanges liegen.

Treiber
Software, die für die Kommunikation zwischen der Hardware, beispielsweise Soundkarten oder MIDI-Interfaces, und den Anwendungs-Programmen zuständig ist.

Trembucker
Speziell für den Einsatz in Gitarren mit Floyd Rose Tremolos konzipierter Pick-Up. Der Abstand der Pole Pieces ist hier etwas üppiger angelegt, so dass eine perfekte Abnahme der einzelnen Saiten gewährleistet wird.Je nach Hersteller wird diese Bauart auch als F-Spaced bezeichnet.

Tremolo
Periodische Veränderung der Lautstärke.

U

ULN (Ultra Low-Noise)
Schaltungskonzept mit extrem niedrigen Impedanzen, das auch bei hohen Gain-Werten sowohl das thermische Eigenrauschen als auch das Übersprechen auf ein Minimum reduziert.

Undo Funktion
Viele digitale Recorder arbeiten mit einem sogenannten protektiven Aufnahmeverfahren. Beim Über-spielen von Tracks werden die gelöschten Daten solange gespeichert, bis man sie durch das Optimie-ren der Songdaten entgültig ins Datennirvana schickt. Solange sind die ursprünglichen Tracks durch die sogenannte Undo Funktion wiederherstellbar.

Unsymmetrisch
Unsymmetrische Verbindungen basieren auf zwei Leitungen, eine für das Signal und die andere für die Erdung. Sie sind stärker anfällig für Brummen und Einstreuungen als symmetrische Verbindungen. Consumer-Geräte verwenden generell unsymmetrische Verbindungen.

Update
Aktualisierte Softwareversion, die Fehlerbereinigungen und/oder neue Funktionen enthält.

Upright
E-Bass, der aufrecht wie ein Kontrabass gespielt wird.

USB (Universal Serial Bus)
Dient dem unkomplizierten Anschluss externen Computerzubehörs, unter anderem MIDI-Interfaces und Audio-Hardware.

USB-Port
Anschluss für USB-Geräte.

V

VCA (Voltage Controlled Amplifier)
Manche Fader-Beschaltungen benutzen diese Technologie, um einer Verschlechterung des Audiosig-nals durch mechanische Abnutzung vorzubeugen.

Velocity Engine
Zusätzliche Recheneinheit im G4-Prozessor. Erfordert eine spezielle Unterstützung seitens der Mu-siksoftware, sorgt dann aber für eine deutliche Leistungssteigerung.

Vibrato
Periodische Veränderung der Tonhöhe.

Virtueller Track
Möglichkeit eines digitalen Recorders, zu einer Hauptspur mehrere Untertracks einzuspielen und so verschiedene Versionen einer Aufnahme zum Vergleich zu haben. Erst zum Zeitpunkt des Abmi-

schens muss man sich für einen der virtuellen Tracks entscheiden.

Vollaussteuerung
Der größtmögliche Signalpegel, der ohne Verzerrung erzielbar ist.

Vorproduktion
Erste einfache (Demo-)Produktion eines Songs, die meist auch als Richtlinie bei der eigentlichen Produktion verwendet wird. Zum Teil werden auch einzelne Elemente der Vorproduktion als Basic- Tracks der Produktion verwendet.

Vorverstärker
Diese auch als Preamp bezeichnete Schaltung wandelt verschiedene Signale in standardisierte Signale mit Line-Pegel zur weiteren Verwendung.

VSP (Variable Sound Processing)
Erlaubt gleichzeitige Enhancer- und Exciter-Effekte für eine extrem flexible psychoakustische Bearbeitung.

VST Instrumente
Software-Klangerzeuger, die als PlugIn im Sequenzer eingesetzt werden. Die Klänge des VST Instruments werden vom Computer in Echtzeit errechnet.

VU-Meter (Volume Unit Meter)
Das VU-Meter zeigt auf einer Skala die Lautstärke an und ist in der Lautstärkeempfindung dem Gehör angenähert. D.h. erst ein Impuls von einer Länge mit ca. 300ms kann exakt angezeigt werden. Das hat zum Effekt, das z.B. Pegelspitzen von Percussioninstrumenten nicht mehr genau angezeigt werden können.

W

Wah-Wah
Lautmalerische Beschreibung eines Gitarren-Effekts aus den 60er-Jahren (Jimi Hendrix und viele andere Größen benutzten ihn). Dieser typische, schwer zu beschreibende Effekt entsteht durch die Bewegung eines Fußpedals. Je nach Pedalstellung wird ein bestimmtes schmales Frequenzband geboostet oder verstärkt bzw. ein Resonanzfilter verstimmt.

WDM-Treiber (Windows Driver Model)
32-Bit-Treiberarchitektur für Windows. MIDI-Interfaces oder Audio-Hardware, die unter Windows 2000 betrieben werden, benötigen WDM-Treiber.

Weißes Rauschen/rosa Rauschen
Signale, die bei der Analyse von Raumakustik genutzt werden. Weißes Rauschen beinhaltet das gleiche Maß an Energie in allen hörbaren Frequenzen. Bei Rosa Rauschen verhält sich die Energie proportional zur Amplitude, nimmt also in den höheren Frequenzen ab.

Wirbel
Stimmschrauben an der Kopfplatte von Saiteninstrumenten.

Workstation
Elektronisches Tasteninstrument für Komponieren, Arrangieren und Recording, das alle Funktionen des MIDI-Keyboards, Aufnahmegeräts, Samplers, Sequenzers, Drumcomputers in sich vereint.

X

XLR
Professionelle symmetrische Steckverbindung, die sowohl analoge als auch digitale Signale führen kann.

Y

Y-Kabel
Kabel-Adapter, der zwei Leitungen in eine führt oder umgekehrt.

Z

Zarge
Der Instrumentenform nachempfundene, gebogene Seitenwand von Saiteninstrumenten wie Gitarre oder Geige.

Zone Level
Ein Zone Level-Regler, auch Booth Level-Regler, dient zur Einstellung der Lautstärke eines weiteren Ausgangs (zusätzlich zum obligatorischem Master-Ausgang).

FSC C083411

FSC
www.fsc.org

MIX

Papier | Fördert
gute Waldnutzung

FSC® C083411

Zeitfracht Medien GmbH
Ferdinand-Jühlke-Straße 7
99095 Erfurt, Deutschland
produktsicherheit@kolibri360.de